인공지능, 플랫폼, 노동의 미래

AI, Platform and the Future of Work

인공지능 플랫폼 노동의 미래

조정환 이광석 김상민 김종진 박수민 신현우 윤정향 윤자영 최혜영 윤자호 정규식 지음 | 이광석 엮음

빨간소금

'노동의 종말' 혹은 '플랫폼 노동'의 새로운 단계?

오늘날 자본주의 기술은 현대인의 일상 삶과 미래를 규정하는 절대 변수가 됐다. 기술은 스스로가 지닌 문제를 숨기는 재주는 물론이고 능력치 이상으로 자기 외양을 화려하게 포장하는 데도 능하다. 기술은 인간의 소산이지만, 이를 창안한 인간 자신을 홀리는 '할루시네이션(Hallucination, 환각)'의 재주까지 지니고 있다. 근대주의적 성장의 주축에 기술에 대한 무한 신뢰가 존재했다면, 오늘날 탈근대의 기저에는 기술에 대한 광적 집착이 자리한다.

원래 '할루시네이션'은 챗지피티(ChatGPT) 등 생성형 인공지능(AI)이 지닌 어떤 기술적 미비나 결함을 지칭하며 유행하던 용어다. 정확히는 인공지능의 데이터 편향 혹은 데이터 학습 부족에서 오는 결함을 입증하기 위해, 인간이 의도적으로 인공지능에 거짓 진술을 유도하고 조롱하는 행위를 뜻한다. 하지만 환경운동가이자 저술가 나오미 클라인(Naomi Klein)

이 이 개념을 뒤집어 재전유했던 것처럼,[1] 실제 '환각'은 기술을 향한 인간의 조롱보다는 자본의 기술이 인간을 향해 벌이는 역방향의 조롱이 우세하다. 마치 인간이 기술 위에 군림한 듯 보이지만, 실상 현대인은 기술 신화 혹은 물신에 갇힌 채 허우적대기 일쑤다.

이 책은 (빅)데이터, 플랫폼, 알고리즘, 인공지능 등 지능 정보화 기술에 매인 인간 노동의 장밋빛 진단이나 기술 '환각'을 걷어 내려는 리얼리즘적 시도에 해당한다. 오늘날 지능 정보화 기술이 또 다른 생산성 혁명의 원천으로 크게 각광받고 있음에도 불구하고, 똑같은 기술이 사회에 적용되면서 사회관계와 인간 의식과 사유에 영향을 미치고(소셜미디어 알고리즘과 생성형 인공지능 등), 사람을 실제 다치게 하고(플랫폼 배달 노동 등), 누군가를 죽임에까지 이르게 하고(영세 상인의 가게 별점과 댓글 등), 당장 기후위기의 반환경적 걸림돌(생성형 인공지능의 에너지 소비 및 탄소 배출 등)이 되기 시작하는 현실을 동시다발적으로 목도하고 있다.

한편에서는 신기술이 인간 종에 효율과 편리의 문명 혜택을 주기도 하지만, 다른 한편에서는 빠르게 데이터 기반 자동화 사회가 구축되면서 일상 세계를 탈사물화와 탈실재화의 논리 구조로 이끌고 있다. 그로 인해 첨단의 자동화 기술이 곧장 인류를 노동의 굴레로부터 해방시킬 것으로 예단하는 '노동의 종말'이나 '노동 대체' 신화가 크게 번성한다. 마르크스적 의미에서 '필연의 영역'인 오늘날 노동의 모순과 질곡을 읽는 일에 대단히 소홀하면서, 근거 없는 '노동 소멸'을 무비판적으로 받아들이는 집단 '환각'이 흔해졌다. 좀 더 우리가 발 딛고 있는 노동 현실로부터 사태를 읽고 미래를 내다보는 지혜와 각성이 필요하다. 이 책은 현실의 질곡을 쉽게 거세

---

1   Naomi Klein, "AI Machines Aren't 'Hallucinating'", *The Guardian*, May 9, 2023.

할 것처럼 우리의 삶과 의식에 몰아치는 신기술 '환각'의 미몽에서 깨어나 인간 노동에 대한 비판적 사유와 대안적 실천의 방법을 함께 마련하기 위해 준비됐다.

동시대 노동의 새로운 조건들

동시대 노동의 새로운 물질적 조건과 관련해《인공지능, 플랫폼, 노동의 미래》에서 필자들은 다음의 몇 가지 전제를 공유한다. 먼저, 오늘날 지배적 노동의 형태로 '데이터·인지 노동의 일상화'를 주목한다. 글로벌 빅테크가 주도하는 '데이터 자본주의' 현실에서 '데이터' 가치의 특이성은 그것이 대체로 인간 신체로부터 무차별 '채굴'되고 '포획'되어 자본의 가치화 기제로 편입되는 데 있다. "데이터는 원유"라는 주류 정책 슬로건은 이를 방증한다. 마치 원유를 채굴하듯 우리 현대인의 생체리듬, 감각, 의식, 활동은 스마트폰 플랫폼 앱에 의해 추출되어 사유화된 인클로저(종획) 질서를 구축한다. 이를 통해 플랫폼 자본은 우리 일상 삶 데이터 활동을 일종의 (무급의 데이터) 노동으로 삼는 '데이터 자본주의' 현실을 주조한다. 데이터로 덧씌워진 자본주의 현실은 전통적인 노동의 범주와 기제를 새롭게 규정하고 노동과정 밖에서 벌어지는 데이터 활동이라고 불리는 데이터 '수탈' 양상을 교묘하게 감춘다. 그렇게 '데이터 자본주의'는 인간 노동의 정의, 범위, 성격, 과정에서 질적 전환을 도모한다. 결국, 동시대 노동구조 변화의 비판적 분석은 일상화된 데이터 활동의 다양한 변주와 비가시적 노동 유형들을 전통적인 노동의 범주 안에서 어떻게 통합해 읽어 낼수 있는가에 달려 있다. '데이터·인지 노동의 일상화' 논의는 이 책을 관통하는 핵심 의제다.

둘째, 첨단 지능 정보화 기술로 추동된 '노동 대체' 가설이나 '노동의 종말' 신화를 정면 반박한다. 우리 미래 삶의 경로를 움켜쥔 미국 실리콘밸리 혁신가들은 물론이고 '완전히 자동화된 화려한 공산주의(FALC)'를 이끄는 가속주의 좌파 모두에게서 지능형 기술에 의한 노동 소멸론이 주를 이룬다. 하지만 기술 변화가 곧 직업 변화 혹은 노동 소멸을 일으킨다고 보는 좌우 자동화론자들의 가설은 섣부르거나 상당한 오류를 안고 있다. 오늘날 '노동 저수요' 문제는, 자동화론자들이 흔하게 언급하는 자동화 기계에 의한 노동 대체와 '대량 실업'이 원인이라기보다는 제조업 영역에서의 생산능력 과잉과 과소 투자로 말미암은 '만성적 불완전 고용' 불안에 의해 주로 나타난다고 볼 수 있다.[2] 사태가 이러하다면, 오늘날 자동화에 의한 노동 대체 효과보다는 제조업의 생산성 악화로 인해 고용 안정이 어려워진 노동 과잉 인구가 오히려 서비스업 부문에 유입되고 위태로운(precarious) 플랫폼 노동 유형에 대거 흡수되는 상황에 내몰렸다고 볼 수 있다. 다시 말해 신기술 도입과 변화에 조응한 '노동 종말'이 사실상 지속해서 미끄러져 유예되고 신기술이 주로 서비스업에 접붙으면서, 관련 일의 성격이나 업무 내용이 탈숙련화하고 고도 유연화하는 새로운 노동 단계에 접어들었다고 볼 수 있다.

셋째, '노동의 종말' 논의를 반박하고, 신기술 자동화의 구체적 실상으로서 '위태로운(precarious) 노동'의 증식을 중요하게 다룬다. 이는 임시

---

2   자동화로 인한 노동 대체 효과보다는 제조업 분야의 생산성 침체에 따른 유휴 노동 과잉 진단을 하는 대표 주자는 아론 베나나브, 윤종은 옮김,《자동화와 노동의 미래: 탈희소성 사회는 어떻게 실현되는가?》, 책세상, 2022.

직화·불안정화·파편화하고 위험을 외주화하는 '플랫폼 노동'의 문제와 맞닿아 있다.[3] 2010년대 초·중반 이후 만성적 불안전 고용 혹은 노동 인구의 과잉 상황에서 주류 자본주의 체제는 서비스업의 성장을 도모했고, 그 가운데 포스트코로나 국면을 맞이하며 소위 '언택트 경제' 효과로 인해 가장 큰 성장을 이룬 영역이 플랫폼 유통·물류 산업이었다. 제조업에 비해 상대적으로 서비스 분야에서 로봇 적용이 어려운 자본주의 현실에서 보자면, 이에 전면 자동화보다는 오히려 '플랫폼화(plaformization)'와 플랫폼으로 중개되거나 흡수되는 위태로운 노동 증식이 더 유효했다고 진단해 볼 수 있다. 이는 서비스 영역에서의 신기술에 기댄 노동 유연화로 읽을 수 있다. 특히, 자본주의 장기 경기 침체 속에서 불안정 고용 노동의 거대 인력시장으로서 플랫폼 노동 모델이 일종의 산업 유휴 혹은 잉여노동을 끌어모으는 블랙홀 역할을 하고 있다. 양질의 일자리와 대비되어 광범위하게 확장하는 저임금의 위태로운 플랫폼과 인공지능에 매인 '기계 예속형 노동'의 지속적 양산은 자본주의 노동시장의 특징적 변화라 할 수 있다. 즉 동시대 노동의 재구조화를 얘기하기 위해서는 서비스 영역에서의 노동 플랫폼화와 플랫폼 노동의 유연화 문제를 언급하지 않을 수 없다.

넷째, 지능 정보화 기술이 촉매하는 동시대 '노동과정'의 변화에 주목한다. 특히 '디지털 테일러주의'의 작동 방식에 관심을 갖는다. 프레더릭 테일러(Frederick W. Taylor)가 19세기 말 노동자들의 숙련도를 제거하고 그들의 노동 수행성을 관리하고자 했던 효과적인 노동 관리 방식이 테일러주의라면, '디지털 테일러주의'는 지능 정보화 현실에 맞춰 알고리즘을

---

3 제이미 우드코크·마크 그레이엄, 이재열·박경환 옮김,《긱경제: 플랫폼 노동의 지리학》, 전남대학교출판부, 2021.

동원해 수행하는 노동 감시와 통제의 확장 국면을 일컫는다. 이렇듯 경영 관리자 측의 의도가 개입된 기술혁신은 '권력 편향적 기술 변환(power biased technical change)'을 가져올 공산이 크다. 이를테면, 플랫폼 알고리즘은 전통의 중간 관리자를 대신해 배달 라이더 등 긱 노동자들의 자동화된 노동 감시 및 통제 기제로 등장한다. 긱 노동자는 지능 "기계의 지시를 받아 일하는 노동자인 동시에 기계 성능을 향상하는 데이터 재료이자 실험체"가 되는 것이다.[4] '디지털 테일러주의'는 플랫폼 자본이 데이터 알고리즘을 통한 노동자의 업무 파악이나 노동과정에 대한 접근도를 상승시킨다. 이로 인해 고용주는 과거에 비해 실시간 노동 업무 파악 능력과 업무 수행 데이터의 통제력이 더 커진다. 이 책은 이렇듯 전통적인 공장 굴뚝 체제를 넘어서 일상에 작업 공간을 재구성하며 범용화되고 있는 '디지털 공장'[5] 체제와 이를 움직이는 알고리즘 기술 장치에 예속된 '산노동'의 통제 방식, 다시 말해 '디지털 테일러주의'적 노동 수행성의 통제 방식을 주목한다.

마지막으로 이 책은 현 단계 자본주의 노동 변화에 대한 현상 진단 및 의미 분석에 집중하면서도, 한국은 물론이고 중국 상황까지 아울러 동북아 지형에서 지능형 '알고리즘에 의한 노동 통제' 경향을 함께 읽어 내고자 했다. 그래서 이 책 마지막 8장 정규식의 글은 귀하다. 한국과 중국이 서로 정치체제와 노동문화는 다르나 두 국가 모두 플랫폼화와 플랫폼 노동에서 유사한 패턴을 보이고, 갈수록 인공지능 기술의 진화로 인해 노동

---

4   박정훈,《플랫폼은 안전을 배달하지 않는다: 배달 사고로 읽는 한국형 플랫폼 노동》, 한겨레출판, 2023, 127.
5   모리츠 알텐리트, 권오성·오민규 옮김,《디지털 팩토리: 디지털 자본주의 시대, 보이지 않는 노동》, 숨쉬는책공장, 2023.

통제의 밀도가 점점 강화되는 추세라는 점을 확인할 수 있다. 두 정부 공히 산업 일터에서 첨단 기술을 점차 내재화함으로써 노동 효율성과 유연화를 극대화하고 있다는 점 또한 비슷하게 확인된다. 특히 우리의 경우에는 자동화 기제나 기술 효율화에 적극적이면서, 동시에 전근대적 노동문화가 새롭게 이들 신기술과 결합하면서 노동권 억압의 풍토가 재점화되는 경우가 흔했다.

책 구성과 내용

앞서의 몇 가지 공통된 주요 특징들을 전제로《인공지능, 플랫폼, 노동의 미래》는 총 두 개의 파트와 여덟 꼭지의 글로 구성됐다. 책의 1부가 지능 정보화와 동시대 노동의 현실을 읽기 위한 인식론적인 렌즈를 마련하기 위한 목적을 지닌다면, 2부는 지능 정보화 기술에 기댄 노동 변화의 진면목을 읽기 위해 구체화된 노동 사례 분석에 방점을 두고 있다. 구체적으로, 전반부에 해당하는 '1부 인공지능 자동화와 노동의 리얼리즘'은 동시대 노동 변화의 지형을 추상적 수준에서 조감하기 위한 포괄적인 시도에 해당한다. 주로는 데이터·인지 활동에 기댄 자본주의 체제의 탄생, 자동화 테제와 '노동 종말론'과 달리 무한 증식되는 초단기 노동 유연화 양상, 인공지능 노동 관련 자동화 담론의 문제 지형, 플랫폼 노동의 유형과 현재 구도에 대한 밑그림을 그린다.

먼저 조정환의 글 〈인지자본주의 시대의 인공지능과 인지노동〉은 데이터 자본주의 시대 인공지능 기술의 문제를 좀 더 쉽게 이해할 수 있는 안내 글로 적격이다. 특히 새로운 인지화된 노동의 착취와 수탈의 기제와 작동 방식, 그리고 인공지능 자동화와 이윤율 저하 경향의 문제를 예리하게 풀어쓰고 있다. 그는 새로운 자본주의 국면에서 중요한 기술 작동 기제로 인공지능과 자동화를 평가하면서, 다중의 삶활동이 소위 '넷팩토리'를 통해 데이터·인지 노동이 되어 어떻게 착취와 수탈의 기제 안으로 병합되는지를 살핀다. 이어서 그는 이를 끊어내기 위해서 '다중의 공통장'을 통한 대안 마련을 강조한다. 구체적으로는 다중의 활동이 만들어 내는 "데이터를 다중 자신의 공통 활동의 산물로 직시"하고, 물화되어 "감각성과 유리된 인공지능 체계"의 방향을 틀어서 자본주의의 지능 기계를 "객체들의 민주주의와 공통장을 전개하는 무기로 전화"하자고 제안한다.

2장 이광석의 글 〈AI 자동화? 플랫폼 예속형 노동의 증식〉은 코로나바이러스 팬데믹을 거치며, 플랫폼과 인공지능 등 신기술의 폭주 경향과 '비대면(언택트)' 경제의 확장 속에서 새로운 질적 변화를 겪고 있는 인간 노동의 문제를 주목한다. 그는 AI 자동화가 우리가 알던 기술실업이 누적돼 노동의 종말론을 야기하는 것과 달리 디지털 플랫폼을 매개한 '질 나쁜' 위태로운 노동의 거대 증식을 낳는다고 평가한다. 구체적으로는 플랫폼 알고리즘 장치에 연결된, 양질의 전통 일자리와 대비되어 광범위하게 확장하는 유령 노동, 긱 노동, 크라우드워크, 그림자 노동, 미세 노동 등 현대판 '기계 예속 노동' 유형의 의미와 특징을 살핀다. 이 글은 섣부른 실리콘밸리 '탈노동' 신화와 '완전히 자동화된 화려한 공산주의'의 미래 가속주의 시나리오를 벗어나서, 좀 더 '자본주의 리얼리즘'의 시각에서 플랫폼 알고리즘 기제로 흡수 (재)배치되는 오늘 인간 산노동의 위상학을 읽어야 한다고 강조한다.

3장 김상민의 글 〈유령 노동에서 자동화된 공산주의까지: AI 자동화

이론의 지형〉에서는, 인공지능 자동화 기술에 대한 비판 이론들의 유형을 '최대주의'와 '최소주의'로 구분해 살펴보고, 이에 대한 상세한 지형도를 그려 낸다. 좌파 '최소주의'는 인공지능을 아직 미숙한 기술이며 이것이 기능하기 위해서는 인간의 보이지 않는 막대한 노동이 뒷받침되어야 한다고 본다면, 다른 한편에 있는 우파 '최대주의' 혹은 가속주의는 인공지능과 로봇 기술이 당장 우리 현실에 직접 영향을 미치며 앞으로 생산과 삶의 모든 면을 급격하게 변화시킬 것이므로 급진적으로 이를 전유해야 한다고 주장한다. 글은 '최소주의'와 '최대주의' 두 극단의 이론적 지형 '사이에서(in-between)' 자장하는 저자의 입장을 피력한다. 즉 그는 인공지능 자본주의가 야기하는 '필연의 영역'에서의 노동 감시와 통제를 살피는 동시에, 도래할 미래의 노동 해방된 공산주의 사회 즉 '자유의 영역'에 대한 적극적인 요구가 함께 필요하다고 역설한다.

4장 김종진의 글 〈디지털 플랫폼 노동 확산과 파견화된 고용을 넘어〉는 전 세계적으로 우버나 배달앱으로 표현되는 '플랫폼 노동'이 사회적 쟁점이 된 노동 현실에 대한 구체적 지도 그리기에 해당한다. 그는 플랫폼 노동을 '웹 기반 플랫폼 노동'과 '지역 기반 플랫폼 노동'으로 구분해 살핀다. 한편으로, '지역 기반 플랫폼 노동'은 기존의 임금노동자와 비슷한 일을 하고 있음에도 비임금노동자로 분류된다. 그로 인해 플랫폼 노동의 쟁점은 전통적인 특수고용노동자 문제와 유사한 형태로 노동자성 문제와 산업재해를 중심으로 전개되고 있다. 다른 한편으로, '웹 기반 플랫폼 노동'은 기존과 다른 새로운 형태의 노동 특성이 더 많고 계약 방식이나 작업 과정 및 노동 통제에서도 지역 기반 플랫폼 노동과 차이가 크다고 본다. 그는 이 두 유형의 플랫폼 노동의 등장과 확산이 고숙련 영역의 일부를 제외하면 중

범위 수준의 일자리들을 저임금의 불안정 일자리로 대체하는 경향이 크다고 본다. 저자는 마지막 대목에서 플랫폼 노동의 대안 모색을 위해 사회적 공동 규제와 포용적 연대의 실천을 제기한다.

이어지는 '2부 '인공지능과 플랫폼 노동의 구체적 양상'은 1부에서의 동시대 노동의 추상적 이론 지형 그리기에 대응해, 실제 지능 정보화 국면에서 노동의 구체적 양상이 어떠한지를 다양한 사례 분석을 통해 살핀다. 구체적으로 국내 음식 배달 플랫폼과 디지털 테일러주의의 양상, 유튜브 제국과 데이터 노동의 지대 추구형 인클로저 현실, 웹툰 창작 노동과 플랫폼 매개형 원하청 구조, 중국의 알고리즘 노동 통제라는 주제와 사례를 각각 다룬다. 총 네 편의 글은 인공지능 시대 새롭게 부상하는 노동의 쟁점과 문제를 흥미롭게 짚고 있다.

먼저 5장 박수민의 글 〈플랫폼 기업 빅데이터 vs. 배달인 빅데이터: 디지털 경제 시대, 배달 노동자의 새로운 일머리〉는 국내 음식 배달 플랫폼 노동자의 사례를 통해 디지털 경제의 발전이 일터와 노동의 성격을 어떻게 바꾸고 있는지를 현장 탐사한다. 그는 지능 정보화 기술을 매개로 가상성과 물질성이 결합하는 '혼종적 작업장'이 만들어지고 있다고 본다. 구체적으로 혼종적 작업장의 디지털 인프라격인 배달 플랫폼 앱을 분석하고, 바로 그 배달앱이 만드는 시공간의 특성을 분석한다. 그는 '빠른 배달'이라는 자본의 시간성이 배달앱의 공간을 지배하는 가운데 배달앱은 공간을 추상화·상품화하고 있다고 본다. 그럼에도 노동자들이 이 혼종적 작업장에서 기업의 알고리즘에 맞대응하면서 '디지털 테일러주의'에 포섭되지 않는 노동자 자신을 위한 자율의 데이터를 생산해 낸다는 점을 밝힌다.

6장 신현우의 글 〈유튜브, 제국, 네트워크 경제: 주목과 시간이 가치로 정제되는 기계 도서관〉은 "현대판 바벨의 도서관"이라 부를 수 있는 유튜브가 이용자들의 자발적 헌신(노동)에 기초한 공유지(커먼즈)로서의 성격에서 벗어나, 구글 인수 이후 자본의 지배에 예속되어 파괴되고 인클로저의 질서에 편입되는 과정을 살핀다. 그는 이를 자본의 원시적 축적 과정인 영국의 인클로저운동에 빗대어 살펴보고 있다. 실제 유튜브 이용자는 디지털 창의 노동자로 상찬됐지만 실제로는 '디지털 창의 농노'가 되면서, 새로운 빅테크 제국의 기계적 예속 상황에 처한다고 본다. 저자는 결국 유튜브에 의한 디지털 공유지의 인클로저 현실과 이용자 활동의 지능 기계적 전유 활동이 지배적 실재가 되면서, 광활한 무급 노동과 지대를 수탈하는 '디지털 중세'가 도래했음을 지적한다.

7장 윤정향, 윤자영, 최혜영, 윤자호가 함께 쓴 글 〈웹툰 작가의 노동과정: 원하청 구조와 성차별〉은 포털이나 웹툰 전문 플랫폼에 작품을 연재하는 국내 웹툰 작가의 노동과정을 원하청 구조와 성차별에 초점을 두고 분석한다. 저자들은 디지털 콘텐츠를 생산하는 문화예술 분야가 '창작의 속성'으로 말미암아 '노동자로서의 시민권'에 기반한 사회적 보호 체계에서 오래도록 차별받았다고 본다. 웹툰 산업은 K-컬처의 상징적 아이콘임에도 불구하고, 이와 같은 복합적이고 위태로운 노동 상황을 가장 잘 대변한다. 저자들의 글은 거대 플랫폼업체의 독점적인 수익 전유와 이를 뒷받침하는 원하청 구조의 산업 생태계가 시장 불공정 거래와 성차별, 더 나아가 창작자와 창작물의 다양성 훼손이라는 심각한 문제를 낳았다고 본다.

마지막으로, 8장 정규식의 글 〈디지털 전환의 시대, 부유하는 중국 플랫폼 노동(자): 중국 플랫폼 노동의 실태와 알고리즘 노동 통제〉는 중국 디지털 경제로의 전환 한가운데서 급속도로 커져 버린 플랫폼 노동의 주요 특성과 노동관계에서의 쟁점을 구체적으로 살핀다. 그는 중국 플랫폼 노동자의 사회 인구학적 특징과 플랫폼 노동시장의 특성과 함께, 플랫폼 고용구조의 복잡성과 노동관계의 불확정성으로 인해 발생하는 다양한 노동 문제를 분석한다. 더불어 '알고리즘' 노동 통제에 의해 더욱 불안정하고 위태로운 노동으로 전락하고 있는 중국 플랫폼 노동자의 실상을 심도 있게 들여다본다.

덧말

다채롭지만 무게감 있는 목차 구성에서 독자들이 가늠할 수 있는 것처럼, 책에 실린 여덟 편의 글은 애초 일반 독자를 위해 쓴 내용이 아니다. 학술 분과 영역에서 학회지나 무크지에 실었던, 어찌 보면 대단히 딱딱하고 전문적인 논문 형식의 글에 가깝다. 적어도 출간을 위해 이 쉽지 않은 글들을 최대한 일반 독자가 소화할 수 있는 준학술적 문장으로 바꾸기 위해 필자와 편집자가 함께 꽤 공을 들였다는 점을 독자에게 꼭 알리고자 한다.

책에 담긴 여덟 편의 글이 지닌 장점이라면, 플랫폼 노동에 관한 이렇다 할 국내 저작이 없는 현실에서 급변하는 첨단 기술 환경 속 노동 변화에 대한 문제의식을 편서의 정돈된 형태로 정리해 엮었다는 점에 있다. 한국 사회의 동시대 노동 의제를 여기에 다 모아 담을 수는 없었지만, 자본주의 노동의 질적 변화에 진심인 연구자들이 모여 최근 지능 정보화 국면 노동 의제를 살피려 했다는 점에서 단행본 발간의 의의를 찾을 수 있겠다.

책에 수록된 글과 필자 섭외는 지난 몇 년간에 걸쳐 내가 개별적으로 관련 노동 의제를 갖고 기획한 관련 포럼 참여자들과의 상호 학술 토론을 통한 교류의 결과로 이뤄졌다. 당시 노동 관련 포럼을 이끈 데에는 한국연구재단 지원의 개인 중견 연구 과제 "아시아 플랫폼 노동문화 연구"(2020~2023)가 큰 힘이 됐다. 당시 과제 수행을 앞두고 갑작스레 코로나 비상사태를 맞이하면서, 개인적으로 막막했던 현장 연구 상황에서 온라인 대중 포럼으로 틀을 바꾼 것이 2021년과 2022년 겨울에 연 "인공지능과 아시아 플랫폼 노동: 전문가 자문 포럼" 기획이었다. 당시 문화연대 안성민 활동가와 김소형 박사 원생의 도움을 받아 공개 포럼 형식을 갖춰 줌 회의 방식으로 총 12회차 학술 포럼을 열었고, 국내외적으로 다양한 이들이 참석해 함께 현 단계 노동 문제를 논의하는 귀중한 자리가 됐다. 당시 포럼에는 노동 관련 연구자는 물론이고, 일반 연구자, 대학원생, 시민 활동가, 예술가 등 각계각층에서 4백여 명이 사전 등록할 정도로 인공지능 시대 노동 문제에 큰 관심을 갖고 호응했다.

돌아보니 생각보다 편저서 구성이 쉽지 않았다. 몇 번이나 마음을 고쳐 잡아야 했다. 다행히도 이 책의 출간은 개인적으로 당시 뜨거웠던 포럼의 열기가 좀 더 오래 기억되길 바라는 마음과 그 당시 함께했던 연구자들의 지능 정보화 국면 노동 연구의 성과가 한데 모이는 계기가 됐으면 하는 바람의 결과다. 그리고 여러 논의를 모아 멋진 실물로 마주할 수 있는 데에는, 서울대 아시아도시사회센터 학술 사업 지원 덕이다. 단행본 출간을 위해 애써 준 박배균 센터장과 이승원 박사께 이 자리를 빌어 진심으로 감사드린다.

여전히 기술이 우리를 물질세계 속 노동의 굴레로부터 해방시킬 것이란 주류 시각이 득세한다. 이 책을 정리하는 와중에 생성형 AI의 출현으로 인해 우리 사회에서 '탈노동' 신화의 또 다른 소용돌이가 일기도 했다. 매번 새로운 지능 정보화 기술의 출현은 우리를 근거 없는 노동 종말의 미래로 안내하며 모두를 들뜨게 한다. 하지만 신기술이 인간 삶과 노동에 미치는 비판적이고 현실 리얼리즘에 기댄 논의는 우리 사회에서 매번 주변화한다. 자본주의의 기술이 만드는 공상의 미래에 부화뇌동하지 않고 신기술이 현재 인간 노동을 피폐화하고 분절화하는 현실에 좀 더 눈을 돌릴 필요가 있다. 기술 폭주에 기댄 무비판적 성장의 전제에서 벗어나 생태주의와 감속주의(decelerationism)에 근거한 새로운 노동 정치의 구성 가능성을 살피는 일이 중요하다.[6] 자본주의 이후를 도모하는, 즉 '자유의 영역'을 상상하고 전망하는 일은 단지 공상적 미래를 꿈꾸는 것만으로 이뤄지지 않는다. 오히려 지금 당장의 사회운동과 정치 투쟁의 강렬도와 연결될 때 분명해진다. 거의 모든 노동 영역에 파죽지세로 몰아치는 사유화된 신기술에 어떻게 대응할지에 대한 구체적 실천과 대항력 논의가 시작되어야 한다. 적어도 현재의 위태로운 노동 상황을 벗어날 수 있는 노동의 기술 민주주의적 대안과 더불어, 상생의 커먼즈적 노동 공동체 모델의 구체적 상이 요구된다.

2023. 10.

필자들을 대신해서, 이광석

---

6   러다이즘적 기계 파괴의 사보타주 전통에서 노동자의 정치 의식을 고양하는 '감속주의' 정치에 관한 논의는 개빈 뮬러, 하홍규 옮김,《하이테크 러다이즘: 디지털 시대의 기계 혐오》, 한울, 2023 참고.

1부

인공지능 자동화와 노동의 리얼리즘

2부

인공지능과 플랫폼 노동의 구체적 양상

1부

인공지능 자동화와 노동의 리얼리즘

1장

인지자본주의 시대의
인공지능과 인지노동

조정환

인지자본주의의 새로운 국면

인공지능과 결합된 사물인터넷은 현대 자본주의가 4차 산업혁명이라는 이름으로 추진 중인 자본 재구조화의 핵심 영역이다. 여기서 인공지능은 증기, 전기, 정보로 이어져 온 산업혁명의 새로운 동력이라고 주장된다. 나는 2011년 출간한 《인지자본주의》에서 노동의 인지화 과정을 규명하고, 자본이 산업 노동을 착취하던 산업자본주의를 넘어 이 인지화된 노동을 착취하고 또 수탈하는 것으로 재구성되어 가고 있다고 주장했다.[1]

---

1   조정환, 《인지자본주의》, 갈무리, 2011, 61-78.

증기력에 기초한 1차 산업혁명과 전기력에 기초한 2차 산업혁명이 산업 자본주의의 발전을 가져왔다면, 정보혁명에 기초한 3차 산업혁명이 산업 자본주의를 인지자본주의로 재구조화하는 계기이자 동력으로 작용하고 있다는 인식에 기초한 것이었다. 나는 이 이행 과정에서 자본주의의 헤게모니적 체제로 부상한 인지자본주의는 사람들의 개별적이고 집단적인 근력을 착취하는 것을 넘어서 우리의 지각, 감정, 마음, 욕망, 지식, 판단, 소통 등 개별적이고 집합적인 인지 활동을 수탈하고 착취하는 것으로 나아간다고 보았다.[2] 그리고 이를 위해 자본 자체가 인지적인 것으로 형태 전환하는데, 금융자본의 부상과 금융 지배가 이것을 표현한다고 보았다.[3]

이후 10년은 기술의 차원에서, 세계경제포럼 창설자이자 의장인 클라우스 슈바프(Klaus Schwab)가 2016년에 "4차 산업혁명"이라 명명한 일련의 산업 기술(나노 기술, 인공지능, 빅데이터 분석, 유전공학, 로봇공학, 3D 프린팅, 사물인터넷, 무인 운송 기술 등)이 확대되고 보급된 시간이다. 이것은 3차 산업혁명에서 부상한 온라인의 인터넷 정보통신기술(ICT)을 오프라인의 객체들(사물, 기계, 생명체)과 결합해 통합된 사이버–물리 체제를 구축하는 것을 목표로 삼는다. 다시 말해 4차 산업혁명은 메타데이터(데이터의 데이터)를 매개로 물리적·생물적·인지적 세계를 통합하려는 총체적 기술 기획이다.[4]

자본이 추구하는 이러한 기술혁명적 변화의 의미가 무엇일까? 나는 이것을 인지자본주의와는 다른 새로운 체제로의 '이행'이라기보다 인지자본주의의 새로운 '국면'으로 이해한다. 이 국면은 인지자본주의가 드러냈

---

2   위와 같음, 3장.
3   위와 같음, 6장.
4   가령 O2O(Online to Offline)나 증강현실 기술은 물리적 세계와 디지털적 세계를 연결하며, 마이크로칩, 스마트워치, 스마트밴드 등은 생물 세계와 디지털 세계를 연결한다.

던 경향들과 갈등들이 더 심층적인 방식으로 지속되고 그것의 한계들이 더 급진적인 형태로 드러나는 국면이다. 이 글에서 나는 인지자본주의의 이 진화 과정을 인지자본주의 제1 국면의 발전을 규정하는 동력이었던 '노동 인지화'의 맥락에서 살펴보면서, 노동 인지화의 급진화가 가져올 수 있는 사회적 결과들이 무엇이며 다중이 그 속에서 그리고 그에 맞서 취할 수 있는 대안적 추구의 방향이 무엇일지에 대해 생각해 보고자 한다.

사피엔스와 센티엔스

생산과정의 측면에서 보면 노동은 노동력 사용가치의 발현이지만, 사회역사적 과정의 측면에서 보면 그 노동자에게 강요되는 의무다. 생산수단에서 유리된 노동자가 생존하기 위해 불가피하게 자신의 노동능력을 자본에 판매함으로써 생산수단 소유자인 자본이, 노동자가 행하지 않을 수 없도록 강제하는 활동이 노동이기 때문이다. 역사적으로 공장은 이 강제된 노동이 수행되는 집중적 공간이었고 근대의 산업 노동은 노동의 전형이자 전경(前景)이었다. 산업 노동의 후경(後景)에서 가사 노동이 노동력을 재생산하는 강제 노동으로 수행되고 잉여가치 창출에 기여했는데도 자본은 직접 고용하지 않았다는 이유로 그것을 노동으로 간주하지 않았고 임금을 지급하지도 않았다. 가사 노동은 산업자본주의 시대의 그림자 노동, 유령 노동으로 남아 있었다.[5]

---

5   마리오로사 달라 코스따, 이영주·김현지 옮김, 《페미니즘의 투쟁》, 갈무리, 2020; 실비아 페데리치, 황성원 옮김, 《혁명의 영점》, 갈무리, 2013; 이반 일리치, 노승영 옮김, 《그림자 노동》, 사월의책, 2015 참고.

오늘날 산업 노동은 여전히 강고하게 존속하고 있다. 하지만 전 지구적 자본주의에서 헤게모니적인 노동 형태는 더 이상 육체적 근력 활동을 기초로 하는 산업 노동이 아니라, 감정 활동과 정신 활동을 기초로 하는 인지노동이다. 이 말은 인지노동이 산업 노동에 비해 수적으로 더 많다는 의미가 결코 아니다. 산업 노동조차도 인지노동을 매개로 노동장에 통합되어 기능한다는 의미다.[6] 노동이 아니라 운동의 맥락에서 제기된 것이지만, 20세기 초에 공식화된 노동계급 헤게모니론도 노동자가 비노동자 민중보다 수적으로 많다는 판단에 근거한 것이 아니었다. 그것은 노동계급이 탈소유 계급으로서 사적 소유 체제를 극복하는 데서 수행해야 할 역사적 역할에 의해 비노동계급 민중이 선도되어야 한다는 판단에 근거했다.

마르크스는《자본》에서 비물질 노동과 인지노동을 그 분석 대상에서 제외했다.[7] 자신의 시대에 유의미한 분석 대상으로 보지 않았기 때문이다. 하지만《자본》의 개요인《정치경제학 비판 요강》에서 그는 자본주의 발전 과정에서 인지노동의 헤게모니 시대가 도래할 것을 예상한 바 있다.[8] 그가 예상한 인지노동 헤게모니의 모습은 과학기술이 발전하고 그것이 생산에 응용되어 보편적 기계 체제가 직접적 인간 노동의 사용 없이 생산을 담당하는 것이었다. 정보혁명 훨씬 전에 상상된 기계 체제이기 때문에 여기서 그가 말하는 보편적 기계 체제를 보편적(범용) 인공지능으로

---

6   여기서 헤게모니는 일종의 포섭인데 새로운 포섭 형태는 이전의 포섭 형태를 대체한다기보다 계층적 상위에서 이전의 포섭 형태를 통합한다. 이에 대해서는 조정환, 〈1장 탈근대와 맑스의 포섭론〉,《제국기계 비판》, 갈무리, 2005, 30-51 참고.
7   비물질 노동에 대해 다루고 있는 〈직접적 생산과정의 제 결과〉(이 텍스트는 김호균 옮김,《정치경제학 비판 노트》, 이론과실천, 1988에 수록되어 있다)는《자본》의 6장으로 설계되었다가 최종고에서 제외되었다.
8   칼 맑스, 김호균 옮김,《정치경제학 비판 요강 2》, 그린비, 2007의 〈고정자본과 사회의 생산력의 발전〉 및 〈고정자본 및 유동자본의 유통과 재생산〉 참고.

까지 확대 해석하기는 어려울 것이다. 그런데도 대규모 기계 공장이 산업적 첨단이자 예외였다고 할 수 있던 19세기 중반에 그가 기계류 체제에 의한 공장의 자동화와 보편화가 이루어질 수 있을 정도의 과학기술의 사회적 발전 가능성을 예상했다는 것은 주목할 만하다. 과학기술의 이러한 보편적 발전에 그가 붙인 이름이 "일반지성(General Intellect)"이다. 그것은 정치적 통치의 차원에서 의지의 정치적 일반화와 주권화를 사유한 루소의 '일반의지(General Will)'와는 달리, 경제적 생산의 차원에서 지성의 과학기술적 일반화와 생산력화를 사유하기 위한 것이었다.

우리 시대 일반지성의 현실은 마르크스의 예상을 정도의 측면에서 훨씬 상회할 뿐만 아니라 질적으로도 그 개념을 극단적으로 혁신한다. 지성은 과학기술자의 연구실이나 실험실뿐만 아니라 다중의 생활공간을 비롯한 전 사회적 공간을 생산 공장으로 삼아 폭발적으로 증대한다. 지성의 작용 대상은 우주에서 미립자와 유전자에 이르기까지 광역에 걸쳐 있다. 그 생산물은 디지털 인터넷을 매개로 전 지구적 차원에 광속으로 일반화된다. 이렇게 실재화된 일반지성은 산업 공장의 기계에 물질화될 인지적 생산력으로 작용하는 것을 넘어 우리의 사회적 삶 자체를 인지 기술에 의해 매개되는 삶으로 재구조화한다. 인터넷과 스마트폰에 의해 매개되어 생산되고 재생산되는 현대의 삶의 과정이 전형적으로 보여주듯, 모든 사람의 사회적 삶이 점차 전 지구적으로 연결된 일반화된 인공지능 뇌에 부속된 기관들의 작동으로 되어 가고 있는 것처럼 보일 정도다.

그런데 이 인공지능 뇌는 결코 자립적이지 않다. 그것은 마키아벨리의 군주가 한 사람 한 사람의 개인을 세포로 해서 발생하는 것처럼, 다양한 존재들(다중) 하나하나의 활동과 관계, 즉 경험이 있어야 한다. 그 경험이란 인공지능 자본이 자신에게 선물로 '주어진다'고 생각하는 것, 즉 데이터이다. 데이터에 대한 자본의 이러한 지배 때문에 다중 각자의 존재와 삶을 위한 활동들은 자신이 의식하건 의식하지 못하건 상관없이 그 인공지능 뇌의 머신러닝과 딥러닝을 위한 데이터 창출 활동으로 변형된다. 신고, 보고, 조사, 구매 기록, 시청 기록, 촬영, 글쓰기, 댓글, 좋아요, 동의, 구독 등의 무수한 경로를 따라 발생하는 신호들은 각종 로봇과 다층적인 네트워크, 그리고 노동을 통해 수집되고 집계되어 인공지능의 데이터셋(dataset)으로 가공된다. 이것들은 다시 알고리즘을 통해 분류되고 그룹화되고 예측되는 메타데이터로 변형된다. 이 과정에서 이상값은 감지되어 배제되거나 통제될 것이고 회귀를 통해 찾아지는 경향은 반복되는 러닝(학습)을 통해 강화될 것이다. 이런 과정에서 산업 노동을 포함하는 인간의 생명 활동 전체가 인지노동의 성격을 띠게 되고, 비인간 존재들의 모든 운동도 이 인공지능 뇌의 활동마디이자 기능으로 편입된다. 이러한 변화가 일반지성이 정보 기계에 응용되어 인간과 비인간을 포함하는 기계 지성으로 재구성되면서 우리 시대에 나타나는 양상이다.

이렇게 인공지능 뇌가 출현하는 경향을 어떻게 바라봐야 할까? 그것은 종말론적 상황의 도래를 알리는 그림자일까, 아니면 유토피아의 전조일까? 그것은 생명의 적인가, 아니면 친구인가? 이러한 문제 상황의 중심에 인공지능, 달리 말해 기계 지성이 놓여 있다. 기계가 생각할 뿐만 아니라 인간보다 더 잘 생각할 수 있다면 어떻게 될까? 이것이 사실이라면 지성을 인간의 특권적 능력으로 파악했던 근대의 인식론적 사유는 한계에 직면한다. 그리고 이 사실은 그간 인간 중심적으로 정향되어 온 인식론적 사유로부터 존재론적 사유로의 전환을 강력히 요구한다. 인간은 더 이상 사유의 특권적 중심이 아니다. 동물은 물론이고 무생물로 여겨지는 기계도 특정한 조건에서 특정한 방식으로 사유할 수 있는 것으로 보이기 때문이다.

인식론에서 존재론으로 이동해 갈수록 우리는 기억, 지식, 추론, 판단, 결정 등 인지의 능력, 즉 사피엔스(sapience, 인지성)가 객체의 능력 전부가 아님을 발견한다. 사피엔스는 객체의 감성적 능력, 즉 비인지적 센티엔스(sentience, 감각성)에 의해 촉발되기도 하고 그 한계가 지어지기도 한다. 인지성 혹은 지성(intelligence)은 'inter+legere'라는 어원이 시사하듯이 객체들 '사이에' 들어가 '수집하고 읽어 내는' 능력이다. 그 점에서 지성은 본질적으로 관계에 대한 앎이며 경험을 통한 앎이다. 칸트는 "나는 생각한다. 고로 존재한다"는 데카르트처럼 사유를 특권적 중심으로 사고한다. 객체들의 세계가 인간 사유와의 상관관계 속에서 구성된다고 본 것이다. 이것은 인간중심주의적 상관주의의 관점에 칸트가 갇혀 있었음을 드러낸다. 하지만 그는 다른 한편에서 물자체가 사유의 한계 너머에 실재한다고 보고 사유의 유한성을 인정했는데, 이것은 실재론적 태도였다고 볼 수 있다. 지식, 인식, 의식은 경험의 중요한 계기들이지만, 숲의 나무에 불이 붙을 때 인간의 사유가 개입해야만 하는 것이 아닌 것처럼 객체와 객체의 접촉과 관계가 이것들을 필수적으로 요구하는 것은 아니다.

우주 만물은 우리와 경험적 관계를 맺지 않고 있을 때도, 심지어 사유되고 있지 않을 때도 우리와 영향을 주고받는다. "객체가 인식 너머에 물러나 있다"[9]라는 그레이엄 하먼(Graham Harman)의 명제가 이러한 사실의 한

---

9   그레이엄 하먼, 김효진 옮김, 《비유물론》, 갈무리, 2020, 43-49. 그레이엄 하먼, 김효진 옮김, 《네트워크의 군주》, 갈무리, 2019; 그레이엄 하먼, 주대중 옮김, 《쿼드러플 오브젝트》, 현실문화연구, 2019 참고.

측면을 표현한다. 그 명제가 아직 표현하고 있지 않은 것은 인식 너머로 물러난 객체들도 밀접하게 서로 영향을 미친다는 사실이다. 이 객체들은 서로 알려지지 않은 채로 간섭하고 접촉하고 만지고 촉발하면서 서로의 내적 삶에 깊은 영향을 미친다. 인지 너머에서 이루어지는 객체들의 이 영향관계는 분리 속에서 이루어지는 조우, 암시, 매혹, 간청, 번역, 융합, 창조의 정동적 관계다. 인지성이 의도와 관심(interest)에 따라 소유=속성(property)을 찾는 관계 양식이라면 감각성은 무관심(Interesselosigkeit)과 물러남 속에서 서로 매혹되고 융합하는 간접적이고 대리적인 영향 양식이다.[10]

이 두 역능의 관계가 무엇일까? 이미 암시했지만, 단적으로 말해 감각이 사고를 촉발하고 강제하며 제한한다. 감각성은 인지성보다 선행하며 인지를 촉발하고 이끄는 유혹적 힘이다. 또 감각성은 객체가 사고하도록 강요하면서 사고로부터 도망치는 역설의 능력이다. 감각성은 인간 경험과 모든 관계의 뿌리다. 이 점에서 제1철학은 '나는 생각한다'를 원리로 삼을 수 없고 '나는 감각한다'를 원리로 삼아야 한다. 하먼과 스티븐 샤비로(Steven Shaviro)가 제1철학이 감각에 의한 지각을 다루는 미학(aisthetikos)이라고 주장하는 이유는 여기에 있다. 특히 샤비로는, 아름다움(미)은 올바름(진)보다 넓으며 근본적인 관념이라고 보는 화이트헤드가 아름다움을 자신의 본성이 자신을 정당화시키는 하나의 정향이라고 본 점에 주의를 기울인다. 이 주의기울임은 감각성에 대한 철학함(philosophy)이야말로 창조와 변화를 철학할 수 있는 유의미한 실천 양식이라는 판단에 의해 이끌린다.[11]

---

10 스티븐 샤비로, 안호성 옮김,《사물의 우주》, 갈무리, 2021의 3장 참고.
11 위와 같음, 〈7장 아이스테시스〉; 그레이엄 하먼, 김효진 옮김,《예술과 객체》, 갈무리, 2022

지성은 일반화되지만, 감각성은 일반화될 수 없다. 인공지능은 일반화된 지성의 기계적 응용이다. 그것은 의도와 이해관심(interest)에 따라 설정된 목적을 실행하는 알고리즘적 기계장치다. 그 기계장치로 특정의 목적을 추구하는 사람에게 그것은 분명히 유용할 것이다. 하지만 이 유용성이 존재론적 아름다움(미)이나 자발적인 미적 결단으로서의 좋음(선)을 보장하는 것은 아니며, 그것의 인식론적 올바름(진)조차 보장할 수 없다.[12] 그런 만큼 인공지능을 설정하는 목적과 인공지능을 실행하는 기술(알고리즘)이 감각성에 조회되고 감각성에 의해 평가되며 규제될 필요가 있다. 감각성과 유리된 인공지능 체계는 시스템으로 물화되어 인간을 포함하는 객체들을 소유하고 통제하는 지배 장치로 경화하곤 한다. 이런 위험성을 경계하면서 객체들의 특이성과 감각성에 의해 규제되고 섭정되면서 감각성과 협력하는 인공지능 장치들은 예술(art)이라는 오래된 인공지능(artificial) 장치가 예시하듯, 객체들의 민주주의를 실행하고 객체들을 시장(market)이라는 사유화 장의 포획과 국가(state)라는 공적 장의 포섭에서 분리해 재연결하는 방식으로 그것들의 공통장(commons)을 구축하는 무기로 전화할 수 있을 것이다.

인공지능과 인지노동

1832년 찰스 배비지(Charles Babbage)는 노동 분업에 의해 각각의 특

의 5장 참고.

12 통계학자 조지 박스가 1976년에 썼던 유명한 말 "모든 모델은 틀렸다. 하지만 약간의 모델은 유용하다"("Science and Statistics," *Journal of the American Statistical Association*, 1976)는 이러한 의미로도 해석할 수 있다.

수한 조작이 단일한 도구의 사용에 의해 단순화되고, 각각의 도구들이 단일한 엔진에 의해 동작되도록 연결된 것이 기계라고 말했다. 3년 뒤인 1835년 앤드류 유어(Andrew Ure)는 엔진(자기 규제되는 운동력)이 기계적 기관과 지적 기관을 가지고 공동의 객체를 중단 없이 협주 생산하는 오토마톤이 산업 공장이라고 말했다. 기계와 산업 공장에 대한 이들의 정의는 그것들의 기술적 구성에 초점을 맞추고 있다. 마르크스는 이들의 정의를 권력관계와 계급투쟁의 지형 속으로 옮겨 놓는다. 기계류 체제가 도입된 산업자본주의 노동 분업은 생산과정의 지적 능력(Potenzen)을 육체노동으로부터 분리한 후 지적 능력을 자본이 노동에 대해 행사하는 권력(Mächte)으로 변형시킨 것이라는 생각이 그것이다.[13]

그 결과 노동자들의 솜씨(숙련)는 중요성을 빼앗기고 과학기술 앞에서 미미한 것이 된다. 거대한 자연력과 기계류 체제에 구현된 대량의 사회적 노동이 노동을 지배하는 자본의 권력으로 나타나게 되는 것이다. 그런데 산업 공장의 기계화는 자본의 순수하고 자발적인 본능이 아니다. 그것은 노동자가 잉여노동을 강요하는 자본에 저항함으로써 자본이 부담해야 할 노동력 이용 비용이 커질 때 자본이 마지못해 채택하는 수단이다. 자본은 노동자를 노동하는 기계로 보기 때문에 기술 기계와 노동 기계 사이에서 이윤 계산에 따른 선택을 할 뿐이다. 이런 의미에서 산업기계는 노동자와의 갈등이라는 조건 속에서 자본이 노동력을 대체하기 위해 도입하는 자본의 투쟁 도구다. 그것은 사회적 권력관계를 기술 기계의

---

13   K. Marx, *Capital*, vol. 1, https://www.marxists.org/archive/marx/works/download/pdf/
     Capital-Volume-I.pdf, 285; K. 마르크스, 김수행 옮김, 《자본론》 1권, 비봉출판사, 1991,
     538.

형태로 재영토화하고 사회적 긴장을 결정체화하는 장치다.[14] 이렇게 공장 내의 기술적 구성이 변화하면 사회정치적 메커니즘도 이 기술적 구성에 적응해 재구성된다.

정보적 기계화도 이와 다르지 않다. 산업적 기계화가 인간의 마력/노동력을 대체할 뿐만 아니라 숙련 노동자들의 저항에 직면해 매뉴팩처 체제하의 사회적 갈등관계를 새롭게 대체하듯이, 정보적 기계화도 산업 공장 노동자들의 저항에 직면해 인지 장치를 통해 그 사회적 갈등관계를 자신에 유리한 것으로 재편하려는 자본의 동기 속에서 진행된다. 넓은 의미에서 산업기계나 정보 기계의 도입은 물론이고 생산수단과 생산자의 분리라는 자본주의의 원리 자체가 지대 추구 사회의 갈등을 이윤 추구 사회로 대체하면서, 그 목적을 달성하기 위한 절차로 고안된 사회적 알고리즘일 뿐이다. 따라서 우리 시대의 정보 기계화와 인지자본주의화가 어떤 사회적 갈등을 대체하고 있는지를 읽어 내는 것은 우리 시대의 문제를 해결하기 위한 전제 조건이다.

정보 기계화의 목적은 분명하다. 앨런 튜링(Alan Mathison Turing)이 만든 컴퓨터인 봄브(The Bombe)가 독일의 에니그마를 해독해 전쟁에서 승리하려는 목적에서 만들어진 것처럼, 20세기 후반의 정보 기계는 노동자들의 임금 투쟁과 노동 거부 투쟁, 여성들의 가사 노동 임금 지급 투쟁, 학생들의 수업 노동 임금 지급 투쟁 등 자본가 입장에서는 이윤을 위태롭게 하는 다양한 사회적 투쟁들에 대한 전쟁, 즉 내전에서 승리하기 위한 무기로 도입되었다. 이것은 68혁명 시기에 노동 거부 투쟁에 나선 산업

---

14   Matteo Pasquinelli, "Machinic Capitalism and Network Surplus Value: Notes on the Political Economy of the Turing Machine," https://url.kr/tsf9p2.

노동자를 다시 노동자로, 즉 인지노동자로 재구성하는 것이었다.[15]

그렇다면 인지노동자란 누구인가? 일차적으로 연구실과 실험실의 연구원, 정보를 가공하고 처리하는 정보 기술자, 학교에서 학생들을 가르치는 교수나 교사, 영화 산업이나 연예 산업에 고용된 연예인이나 예술가 등 인지 분야에 고용된 노동자를 지칭할 수 있을 것이다. 이들은 전통적 산업 공장이 아니라 사회의 다양한 영역에 확산한 이른바 '사회 공장'에서 노동한다. 그런데 사회 공장의 영역은 고용된 영역에 한정되지 않는다. 노동과정의 정보화와 인지화, 그리고 산업자본의 인지자본으로의 전환은 고용관계 밖에 있는 비고용된 노동을 정보화된 자본주의의 축적 과정 속으로 끌어들일 수 있는 기술에 의해 추진되기 때문이다.

그렇다면 인지자본주의 제2국면인 인공지능 시대에 노동관계의 이러한 변화는 어떻게 진행되고 있는가? 인공지능화는 정보화의 급진적 연속이다. 그것은 유무선의 인터넷과 스마트폰으로 연결된 다중의 삶활동에서 폭발적으로 발생하고, 또 누적된 정보를 데이터로 전환하고, 다시 그 데이터의 데이터(메타데이터)를 다양한 알고리즘으로 모델화하는 것이다. 여기서 알고리즘의 개발은 자본에 정규 고용되어 임금을 받는 극소수의 전문 기술 노동자가 맡게 될 가능성이 높다. 딥러닝 기술에 의해 기계가 알고리즘을 개발할 때에도 사정은 크게 바뀌지 않을 것이다. 그런데 알고리즘은 데이터의 입력이 없다면 무용지물이다. 그것은 알고리즘에 입력될 데이터셋을 만드는 작업이 있어야 하는데, 이것은 전문 기술을 요

---

15   이런 의미에서 정보혁명은 그람시가 '수동혁명'이라고 불렀던 것과 유사한 성격의 반혁명이다. 이 반혁명은 혁명을 애초의 맥락에서 분리해 자본에 유리한 맥락으로 가져와 지속하는 방식으로 진압한다.

하지 않으므로 정규 고용을 우회할 가능성이 높다. 하지만 비정규 형태로라도 고용된 노동자가 수행할 가능성이 높다. 이 과정에서 비정규·간접·임시 노동의 영역이 넓게 창출된다. 여기서 더 중요한 것이 있다. 그것은 데이터셋은 데이터가 없다면 누구도 만들어 낼 수 없다는 사실이다. 그렇다면 데이터셋으로 만들어질 그 데이터는 어디서 만들어지는가?

데이터(data)는 datum의 복수로서 '주다'를 뜻하는 'dare'의 과거분사다. 즉 '주어진 것' '주어진 사실'이 데이터다. 무엇인가가 무상으로 주어진다는 뜻을 함축하는 이 용어는 실제적으로는 자본의 관점을 반영한다. 광석이나 원유나 야생동식물을 공짜로 주어진 것으로 여기면서 수탈하는 것이 자본이듯, 데이터를 자연에 의해 공짜로 주어진 것으로 여기는 것도 자본이다. 그런데 앞서 말했듯 그 데이터는 실제로는 인간을 포함한 무수한 다중적 객체의 다층적 관계와 삶의 경험들에서 나온다. 여기에는 생각, 지식, 추론, 판단 같은 사피엔스의 작용만이 아니라 감각, 공감, 정동 같은 센티엔스의 작용도 포함된다. 계산 불가능한 센티엔스도 외부에서 양화해 데이터의 형태로 가공하고 평가할 수 있기 때문이다.[16] 요컨대 생명 활동과 삶행위의 시공간, 즉 생명의 그물망이 자본이 '데이터'라고 부르는 어떤 것이 생산되는 공장이다.

여기서 우리가 주의해야 할 점은 데이터를 생산하는 존재는 자본에 고용된 상대적으로 소수의 노동자라기보다 자본과 고용-피고용의 관계를 맺지 않는 무수한 다중이라는 사실이다. 고용된 노동자조차 데이터의 생산자로 기능할 때는 자본과 직접적 고용관계를 맺지 않는 비임금 다중의 위치에 놓인다. 비인간 다중이 자본과 고용-피고용의 관계를 맺지 않

16　정보와 정동, 그리고 이성의 관계에 대해서는 조정환, 《개념무기들》, 갈무리, 2020의 4장 참고.

는다는 것은 설명이 필요하지 않다. 인지자본의 관점에서는, 그러므로 모든 사람, 모든 객체가 데이터로 전화할 경험 정보의 생산자로 파악된다. 인지자본의 역할은 그들의 관계 활동과 감각 활동을 축적 과정의 마디로 배치하는 것이다. 정치경제학적 술어로 말해, 자본은 우주 만물의 삶과정과 인지 활동을 데이터 형태로 수탈한다. 인공지능의 생산과정에서 데이터 '수집'이란 이 과정을 표현하는 말이다. 다중으로부터 정보의 이러한 광범위한 수탈(즉 데이터 수집)은 그 데이터를 분류, 가공, 처리하는 고용된 소수 노동자에 대한 착취의 조건이자 근거가 된다. 그러므로 인지자본주의의 인공지능 국면에서는 수탈 없이 착취도 없다.

이런 인공지능 산업은 일정한 역사적 조건이 있어야 한다. 그것은 디지털 데이터의 수집이 쉽고, 인터넷망을 통해 쉽게 전송될 수 있으며 클라우드에 저장될 수 있고, 그것을 알고리즘으로 모델화할 수 있는 등의 기술적 조건을 갖춘 사회에서 비로소 발전할 수 있다. 다중의 삶에 대한 데이터 형태의 수탈이 인지자본의 축적 기초인 한에서 이런 조건이 잘 갖추어진 사회일수록 많은 사람은 실업으로, 저임금이거나 임시적인 비정규 일자리로 내몰린다. 전통적 비인지 산업 형태들은 이런 조건이 제대로 갖추어지지 않은 국내외의 여러 지역으로 이전된다. 이런 산업 지역들은 인공지능과 연계되어 포스트포드주의화한 인지적 산업 지역들과 국제적·지역적·국내적 규모의 다층적 분업 연관을 맺으면서 포드주의 이전의 낡은 테일러주의적 저임금·장시간 노동 체제를 재생산하게 된다. 물론 이런 곳에도 자본이 이익이라고 판단할 때는 인공지능 장치가 노동자와 경쟁하는 역할을 맡으면서 기계류 체제의 인지적 기관으로 도입되곤 한다. 이것이 고용 노동자의 대규모 방출을 가져오는 것은 필연적이다.

그렇다고 해서 인공지능화한 인지자본주의가 그 자체로 전 지구적 차원에서 절대적 규모의 일자리 축소를 가져온다고 단정하기는 어렵다. 하지만 삶의 질이라는 측면에서 볼 때 그것이 수탈, 착취, 초과 착취가 혼재된 축적 체제를 창출하면서 노동의 저평가와 열악화, 고용 형태의 비정규화와 불안정화, 임금 및 소득의 경향적 양극화 등 우울하고 불행한 삶을 초래하고 있음은 지금까지의 현실 전개로 뚜렷이 실증되고 있다.

인공지능과 잉여가치 문제

인공지능을 장착한 자본주의는 이윤 축적과 성장을 지속할 수 있을 것인가, 아니면 이윤율의 저하로 붕괴의 위기에 직면할 것인가? 이러한 물음은, 기계는 잉여가치를 창출하지 않으며 오직 인간 노동만이 잉여가치를 창출한다는 마르크스의 언명에 근거한다. 인공지능이 기계류라면 그것은 잉여가치를 창출하지 못할 것이고 자본주의의 급격한 인공지능화는 이윤율 하락을 가져올 잉여가치 창출의 위기를 겪지 않겠는가 하는 물음이다. 《자본》에서 마르크스는, 자본이 노동자의 저항을 진압하기 위해 기계류에 더 많은 투자를 할 때 이윤율의 분모를 구성하는 자본의 유기적 구성(c/v)이 고도화하므로, 잉여가치율(s/v)이 동일한 조건에서는 이윤율이 하락하는 경향을 가져온다고 보았다.[17]

물론 그는 이 경향을 상쇄하는 반경향도 설명했는데, 그것은 이윤율 공식의 우변에서 ① 분자인 s/v(잉여가치율=착취율)를 높이는 방법, ② 분모

---

17 K. 마르크스, 김수행 옮김, 《자본론》, 3권 제3편. 이윤율 r=s/c+v이다. 이 공식에서 우변의 각 항을 v로 나누면 분자는 s/v(잉여가치율)로 되고 분모는 c/v(자본의 유기적 구성)+1로 된다.

에 들어 있는 v를 낮추는 방법, 즉 임금을 노동력 가치 이하로 인하한다거나 값싼 소비재를 수입해서 노동력의 재생산에 필요한 가치 자체를 떨어뜨리는 방법, ③ 역시 분모에 들어 있는 c를 낮추는 방법, 즉 불변자본의 제 요소를 저렴하게 만드는 방법 등이 사용된다. ④ 이외에 자본의 유기적 구성도가 낮은 새로운 산업 부문을 창출하는 것도 사용 가능한 방법이다.

　이들 상쇄 요인으로 이윤율 저하 경향의 실현은 늘 저지되지만, 우리가 살펴본 상쇄 요인은 착취율을 높이는 것이든, 임금을 인하하는 것이든, 불변자본 요소나 소비재의 가격을 낮추는 것이든, 혹은 유기적 구성도가 낮은 새로운 산업 부문을 창출하는 것이든 노동자와 인간-비인간 다중에 대한 가혹한 공격 없이는 발생하기 어렵다. 여기에는 필연적으로 다중의 저항이 뒤따를 것이다. 이렇게 자본의 포섭에서 노동의 저항으로, 다시 자본의 공격에서 다중의 저항으로 이어지는 일련의 과정에서 기계화와 기계류 체제의 발전이 이루어지는데, 마르크스에게 이 과정의 함의는 분명했다.《자본》에 앞서 서술된《정치경제학 비판 요강》에서 명시적으로 서술되는 그 함의는 무엇인가? 기계류는 사회적 지식이 직접적 생산력으로 전화해 고정자본으로 사용되는 것이므로 일반화된 기계류 체제에서는 직접적 생산과정에서 인간 노동이 절약된다. 그러므로 잉여노동시간은 창출되기 어렵고 잉여노동시간의 가치적 표현인 잉여가치 역시 창출되기 어렵다. 그러므로 일반화된 기계류 체제는 노동시간을 척도로 하는 사회체제(즉 자본주의)가 불가능해지고, 가처분 시간을 척도로 하는 새로운 사회체제(즉 공산주의)로 이행하게 될 전제 조건이 형성되는 체제라는 것이다.[18]

18　카를 마르크스, 김호균 옮김,《정치경제학 비판 요강》2, 그린비, 2007의 '각주 6'에서 인용한 부분 참고.

그러면 인공지능 기계의 개발과 적용도 이윤율 공식으로 설명할 수 있을까? 인공지능이 생산수단 생산이나 소비재 생산에 적용되는 때에 그 인공지능 기계는 고전적 기계류 체제의 연속이므로 이 공식으로 설명하는 것이 어느 정도는 가능할 것이다. 그런데 인공지능이 플랫폼에 적용되는 경우는 어떨까? 플랫폼 기업이 사용하는 플랫폼 비즈니스 모델의 알고리즘은 데이터의 추출, 분류, 그룹화, 평가, 예측 등을 용이하게 하는 것을 통해 서비스 제공자와 서비스 소비자를 연결한다. 이 연결 과정에는 모델을 생산하는 직접 생산자를 매개로 직접적 생산과정 외부에 있는 수많은 인간-비인간 객체의 삶경험이 데이터로 가공되고 처리된다. 그리고 플랫폼에는 서비스 제공자나 소비자 외에 광고주나 사물 등 다양한 연관 객체들이 회집된다는 점도 주목할 필요가 있다.

플랫폼은 일반적인 기계류와 달리 생산과정에서 노동을 대체하며 적용될 기계류가 아니다. 그것은 무기물, 미생물 등의 자연 요소가 회집해 만들어지는 토지와 유사하게 데이터들이 회집해 만들어지는 일종의 디지털 토지다. 플랫폼 기업이 축적하는 가치는 노동자와의 직접적 대면과 투쟁 속에서 노동자의 잉여노동시간에서 추출하는 잉여가치가 아니라, 서비스 제공자와 서비스 구매자를 중개해 얻는 수수료다. 이 점은 온라인에 기반한 크라우드 플랫폼(숨고·크몽 같은 프리랜서 플랫폼, 탈렌트뱅크·플리토 같은 미세 업무 크라우드 플랫폼, class101·솜씨당 같은 경쟁 기반 크라우드 플랫폼)이건 지역에 기반한 긱(GiG) 노동 플랫폼(에어비앤비 같은 숙박 플랫폼, 타다나 카카오드라이버 같은 교통 플랫폼, 배달의민족·요기요 같은 배달 플랫폼, 탈잉 같은 교육 플랫폼, 품·미소 같은 가사 및 일용 노동 플랫폼, 째깍악어·놀담 같은 돌봄 플랫폼, 짐싸·이사모아 같은 이사 및 운송 플랫폼, 알바천국·헤이비글 같은 지역 기반 미세 업무

플랫폼)이건 동일하다.[19]

　수수료는 이윤이라기보다 지대에 가깝다. 인지자본주의가 플랫폼 자본주의로 현상하는 것은, 그것이 금융자본주의로 현상하는 것과 동일하게 자본이 지대(rent) 의존적인 체제로 전화하고 있음을 보여준다.[20] 마르크스는 지대 중심의 봉건 체제에서 이윤 중심의 자본주의로의 이행과 자본주의의 독자적 정립(제 발로 선 자본주의)을 이론적 사유의 대상으로 삼았다. 이윤율 저하 경향에 대한 사유는 독자적으로 정립된 자본주의의 내적 모순과 그 모순의 발전 경향을 정식화한 것이다. 이 경향 속에서 토지는 일종의 불변자본 요소로서 잉여가치 창출에 기여하지 않는 경우에도 잉여가치에 대한 청구권의 근거가 되었다. 토지소유권을 근거로 청구하는 절대지대와 평균이윤 이상의 초과이윤에 대한 청구권으로서의 상대지대(차액지대)가 그것이다. 케인즈가 지대의 안락사를 주장한 것은 지주에 대항하는 기업가 입장을 표현하는 것인데, 이것은 지대가 기업가 이윤 축적의 장애물이라는 인식에 기초한다. 요컨대 근대화는 '지대에서 이윤으로'의 발전 방향을 가리켰다.

　그런데 오늘날 자본주의의 신주류 경향을 대변하는 디지털 플랫폼 기업들은 이 근대화의 방향과는 정반대로 인공지능 알고리즘에 의한 메타데이터 구축에 기반해 이윤보다 수수료, 즉 지대를 수취하는 방향으로 나아가고 있다. 그것은 절대지대와 상대지대를 모두 포함하지만, 플랫폼 독점화의 경향은 그중 절대지대적 성격을 더 강화하는 경향이 있다. 플랫

19　플랫폼 유형 분류에 대해서는 이승윤, "디지털 플랫폼, 위험을 개인에게 떠넘기고 있다", 〈프레시안〉, 2020. 8. 10. 참고.
20　조정환, 《인지자본주의》, 갈무리, 2011의 5장.

폼 자본의 이러한 운동 속에서 인공지능(기계)이 잉여가치를 창출하는가, 그렇지 않는가라는 질문은 큰 의미를 갖지 않는다. 플랫폼 지대는 생산된 잉여가치에 대한 분배권일 뿐 잉여가치는 플랫폼 사용자들의 상호관계 속에서 창출되어야 할 것이기 때문이다.

지대 수취를 목적으로 하는 플랫폼 자본에게 직접 고용을 통한 자본-노동 관계는 지대 취득을 위한 하위 수단에 불과하므로 핵심 문제가 아니다. 이런 경우에 우리가 주의를 기울여야 할 것은 플랫폼의 지대청구권이 무엇에 기초하고 있는가이다. 유한한 지구 표면에 대한 사적 소유에 기초했던 지대청구권은 토지에 대한 폭력적 지배를 사적소유권으로 인준한 것에 기초한다. 플랫폼 자본의 지대청구권도 이와 유사하게 지적재산권법에 따라 알고리즘에 대한 독점적 소유권을 인준받는 것에 기초한다. 거듭 말하거니와 그곳은 가치 생산의 장소가 아니다. 그렇다면 그 지대의 원천이 되는 잉여가치는 어디서 발생하는 것일까?

이 질문 앞에서 우리는 다시 데이터로 돌아가지 않을 수 없다. 플랫폼 자본은 데이터를 직접 주어지는 것으로 파악한다. 그런데 데이터의 원천이 되는 정보는 인간-비인간 객체들의 경험, 소통, 관계 속에서 발생하고 창출된다. 요컨대 객체들의 공동적인 삶활동이 '데이터'를 생산하는 동력이다. 자본과의 관계에서 이것은 공장의 산업 노동을 노동의 전형으로 보는 표상 때문에 우리의 눈에 보이지 않는 비가시적 노동, 그림자 노동, 유령 노동이다. 잉여가치 창출에 간접적으로 기여했던 여성의 가사 노동에 대해 자본이 비고용을 이유로 임금을 지급하지 않았듯이, 지대로 수취되는 잉여가치의 창출에 간접적으로 이바지하는 데이터 노동에 대해 자본은 비고용을 이유로 어떠한 임금도 지급하지 않는다.

데이터 없이는 축적이 불가능한 플랫폼 자본에게 데이터 상품을 생산하는 인간-비인간 다중의 삶활동은 생산물로 유동하지 않고 생산과정에 남아 반복적으로 생산물(데이터)을 생산하는 비가시화된 고정자본이다. 동시에 그것은 어떤 가치도 갖지 않으면서(즉 0의 가치이면서) 플랫폼의 원료나 부품으로 사용될 (심지어 직접 상품으로 유통될) 데이터 상품을 낳는 가변자본이다. 인지자본주의의 전 지구화된 사회 공장에서 다중 객체들의 삶은 데이터를 생산하는 노동과정이며 데이터를 통해 자신의 가치 이상의 잉여가치를 생산하는 직접적 생산과정이다. 이 점에서 인지자본주의의 총자본은 객체들의 삶 전체에서 잉여가치를 착취한다. 하지만 개별 플랫폼 자본은 인간-비인간 객체를 노동자로 고용하고 있지 않으므로 데이터를 생산하는 그 과정이 그들에게는 직접적 생산과정으로 경험되지 않고 무상으로 주어지는 것으로 경험된다. 개별 플랫폼 자본은 사회적으로 직접적인 생산과정의 생산물인 데이터를 사회로부터 주어지는 무상의 선물로 간주하고 그것을 개별 기업 규모의 알고리즘 공장의 원료나 부품으로, 혹은 판매 가능한 상품으로 이용한다. 이 측면에서 개별 플랫폼 자본은 객체의 삶 전체를 수탈하는 것이다. 인간-비인간 객체들의 동일한 삶과정이 개별 플랫폼 기업에는 수탈 대상으로, 사회적 총자본에는 착취 대상으로 나타난다. 수탈과 착취가 중첩되는 이 과정의 결과가 플랫폼 자본에 지대의 형태로 축적되는 것이다.

인공지능과 공통장의 문제

이상에서 살펴본 것처럼 플랫폼 자본의 지대 수취 권력은 본질적으로는 인간-비인간 다중의 삶공통장에 대한 인지자본주의적 착취를 수탈의 형태로 수행하는 권력이라고 정의할 수 있다. 착취를 수탈의 형태로 수행한다는 것은 어떤 의미일까? 착취는 직접적 생산과정에서 노동시간이 필요노동시간 이상으로 지속될 수 있도록 강제할 수 있는 자본의 권력에 기초한다. 그 권력의 전제 조건은 생산수단에 대한 사적 소유, 달리 말해 생산수단으로부터 생산자를 분리하는 것이다. 이 분리로 인해 생산자인 노동자는 살아남기 위해 자신의 노동능력을 자본에 판다. 그 결과 자본이 생산과정에서 노동력의 재생산에 필요한 시간 이상으로 노동을 강제할 때도 그것을 받아들여야 하는 억압적 상황에 놓이게 된다. 이것이 잉여노동시간에 대한 착취 구조다. 이와 달리 수탈은 생산과정 밖에서 이루어진다. 농민으로부터 자영의 토지를 수탈하는 것, 수공업 노동자로부터 자립을 위한 생존 수단을 수탈하는 것 등은 모두 생산과정 밖에서 이루어진다. 이 현상에서 생산자는 생산수단과 결합해 있고 수탈자는 생산과정 외부에 놓여 있다. 수탈과 그에 대한 저항이 폭력을 수반하는 경우가 많은 까닭은 수탈자가 생산과정 밖에 놓여 있다는 특정한 조건 때문이다. 중세 도시의 제3신분과 농촌의 농민은 생산수단과 결합해 있었던 생산자들이다. 이들이 주축이 된 시민혁명은 생산과정 외부에 있는 봉건 지배자의 수탈 체제를 폭력으로 전복하는 방식으로 이루어졌다.

인지자본주의에서 착취가 수탈의 방식으로 이루어지고 이윤에서 지대로의 이행이 나타나는 것은 생산자가 생산수단과 결합해 가고 있고 수탈자가 생산과정 밖으로 전위하고 있음을 시사한다. 데이터의 생산에서 가공, 처리, 이용에 이르는 일련의 과정은 이 점을 여실히 보여 준다. 그런데 봉건제 아래의 농민이나 수공업자와 달리 오늘날의 데이터 생산자는 자기 자신을 생산 주체로 의식하지 않는 때가 많다. 만약 데이터 생산자가 자기 자신을 하나의 독립되고 집합적인 생산 주체로 본다면 어떤 그림이 나타날까? 데이터 생산자의 핵심적 생산수단은 자신의 뇌(인간의 뇌와 인공 뇌인 컴퓨터 및 스마트폰)다. 많은 경우 이 생산수단은 생산자 자신과 결합해 있다. 그런데 문제가 남는다. 생산자 자신이 장악하고 있는 이 생산수단이 플랫폼을 통하지 않고는 제 기능을 발휘하기 어렵다는 것이다. 그런데 뇌나 컴퓨터와 달리 생산요소의 하나인 플랫폼은 차지농이 임차하는 토지처럼 데이터 생산과 유통 과정에서 플랫폼 소유주에게 독점적으로 귀속되어 있다. 데이터 생산자인 다중은 데이터 생산자로서 자본으로부터 대가를 받기는커녕 자신의 소통적 삶을 위해 플랫폼 소유주에게 수수료를 지불한다.[21] 이 불공정한 생산관계가 가져오는 결과가 현재의 극단적인 불평등, 불안정이다. 이런 과정을 반복하면서 인공지능화하는 인지자본주의 생산 양식의 포스트포드주의 축적 체제는 점점 새로운 유형의 봉건제로 퇴행해 가고 있다.

하지만 지배가 야만적이고 노골적이라고 해서 기회의 공간이 닫히는 것은 아니다. 여기서 우리는 플랫폼 장치를 갖춘 인지자본주의가 지대 형태로 수탈하는 것이 인간–비인간 객체들의 연합된 소통 활동, 즉 공통장이라는 사실에 주목한다. 하지만 이 공통장은 아직 잠재적이며 현실적 공통장으로 기능하지 못하고 있다. 그것의 경제적 현실화는 자본이 독점한 메타데이터로, 요컨대 반공통적(anti-common)이며 사유화된 상품(commodity) 형태로 뒤집어져서 나타난다.[22]

---

21 광고를 보는 노동으로 그 수수료를 대신한다고 해도 본질은 마찬가지다.
22 어원상 common에서 공유되는 것은 moi(운동, 소통, 변화)이며, commodity에서 공유되

이러한 전도의 근저에 현행의 지적소유권 체제가 놓여 있다. 자본이 인지노동자와 기계의 공동 생산물인 데이터와 플랫폼을 독점적으로 소유하고 있는 것을 지적소유권과 분리해서 이해하기 어렵기 때문이다. 자본 중심으로 짜인 현행의 지적소유권 체제를 통해서 플랫폼은 플랫폼의 생산자로부터, 그리고 그 원천인 데이터 생산자 및 가공자로부터 체계적으로 가치를 전유한다. 그 결과 삶공통장 활동의 경험, 관계, 소통 전체가, 그리고 인간-비인간 뇌들의 정보적 연결망 전체가, 단적으로 말해 생명의 그물망 활동 전체가 플랫폼 소유자에게 귀속된다.

인지자본주의적 생산과정으로 주의를 돌려보자. 인간-비인간 뇌들의 이 디지털 연결망은 유통 과정으로 들어가지 않고 생산과정 속에 머문다. 이런 의미에서 그것은 유동자본이 아니라 고정자본이다. 그렇다면 핵심적 생산수단을 이미 자신의 것으로 장악한 생산자 다중이 이 전도된 현실을 뒤엎고 수탈적 착취, 착취적 수탈에서 벗어나서 공통장의 부를 자신의 것으로 장악하고 향유할 수 있는 길은 없을까? 산업자본주의 시대에 마르크스는 고정자본인 주요한 생산수단을 생산자들이 재전유해, 연합한 노동자들이 직접 사용하는 것만이 노동자가 해방될 수 있는 길이라고 주장했다. 이때 기계류는 그 주요한 생산수단의 하나로 간주되었다. 그리고 지금 인지자본주의에서 생산자로부터 법률적으로 분리된 생산수단이 플랫폼이다. 오늘날의 생산자 다중의 해방과 자유는 단지 법률적으로만 자신으로부터 분리된 이 디지털 네트워크 기계를 자신의 것으로 재전유할 수 있는가 없는가에 달려 있다.

는 것은 modus(척도)다. common에서 commodity로의 전도와 commodity에서 common으로의 역전 가능성에 대해서는 조정환, 《인지자본주의》의 12장 참고.

그 재전유가 어떻게 이루어질 수 있을까? 이 재전유 작업은 일차적으로 데이터가 인간-비인간 생산자 다중의 생명 활동의 산물임을 직시하고 그것에 대한 권리를 주장하는 것에서 시작할 수 있다. 인지자본주의가 이 데이터를 무상으로 수탈하고 있는 것에 맞서 데이터 권리를 주장하고 데이터에 대한 무상 수탈을 고발하는 한편, 비고용 상황에서 이루어지는 데이터 생산 활동의 재생산비(임금)를 요구하거나 데이터 상품에 대한 지불(가격)을 요구하는 방식으로 다중의 생명 활동에 대한 자본의 수탈을 저지하거나 감속하는 것이 운동의 출발점일 수 있다.[23] 이것은 20세기 후반에 부불의 가사 노동에 대한 임금 지불을 요구하는 것이 여성들을 연합시키는 출발점이었던 사례를 참고할 수 있다.[24] 이 운동은 인지자본주의에서의 착취적 수탈 관계를 문제로 제기하면서 인지적 생산자들의 자기 연합을 촉발하는 자극제가 될 수 있을 것이다.

둘째로 이러한 개혁운동이 상승해 문제가 과제로 느껴지게 되면 그것이 고정자본 재전유의 다른 실현 방식을 사유하는 촉매가 될 수 있을 것이다. 다중의 연합을 위한 자율적 플랫폼의 창출은 그중 핵심적인 과제라고 할 수 있다. 지구 표면으로 제한된 물리적 토지와 달리 플랫폼은 다중의 노력으로 발명하고 창출하는 것이 가능하다. 하지만 이것은 폭발적인 분기점이 있어야 한다. 다중의 삶의 연결이 기존의 자본주의 플랫폼을 매개로 이루어져 온 한에서 기존의 사용자들이 창출하는 네트워크 효과와 독점 효과로 인해 새로운 플랫폼의 창출이 저지되고 해체될 가능성이

---

23 이러한 발상은 데이터세가 기본소득 재원 중의 하나로 될 수 있다는 주장에서 이미 단초적으로 나타나고 있다.
24 마리오로사 달라 코스따, 이영주·김현지 옮김, 《페미니즘의 투쟁》; 실비아 페데리치, 황성원 옮김, 《혁명의 영점》 참고.

높기 때문이다. 그 네트워크 효과와 독점 효과의 실효(失效)는 기존 플랫폼의 위험성이 크게 느껴지고, 다른 네트워크 플랫폼의 창출만이 다중의 삶의 재생산을 보장할 수 있다는 인식이 폭넓게 확산한 어떤 분기점에서 이루어질 수 있다.

이 과제들을 달성하기 위해서는 공통장의 다중이 재전유의 주체로 형성되어야 한다. 그런데 현시점에서 생명의 그물망을 공통으로 생산하고 재생산하는 객체 다중은 내적으로 분리되고 분열되어 있다. 이것은 자본이 계층, 성별, 인종, 출신, 종별 등의 선을 격차와 적대, 혐오를 생산하는 데 이용할 뿐만 아니라 부단히 새로운 차별의 선을 재생산하고 있어서 나타나는 효과다. 자본은 다중과의 내전에서 다양한 장치들로 다중을 분열시키고 서로 적대하도록 만드는 것을 전략적 목표로 삼는다. 그 결과 다중의 공통성은 부단히 잠재적인 것으로 머물고 그것의 현실화는 유예된다. 어떻게 이것의 현실화를 앞당길 수 있을까?

이 물음은 우선 다중 자신이 이미 생산과정에서 전개되는 삶생산적이고 삶정치적인 공통성의 실재성에 깊은 주의를 기울일 것을 요구한다. 빅데이터/메타데이터를 자본의 무상 취득물이 아니라 다중 자신의 공통활동 생산물로 직시하는 것이 필요하다. 축적의 거대함으로 나타나는 것이 실제로는 다중의 위대함이기 때문이다.

하지만 다중의 위대함은 내적 분열 상태에서는 직접적으로 현실화될 수 없다. 내적 분열을 극복하기 위한 인류 내적 과제 중 가장 직접적인 것은 임금직과 비임금직, 정규직과 비정규직의 연합이다. 데이터 문제를 중심에 놓고 봤을 때 데이터의 생산자는 비임금, 데이터셋 가공자는 비정규직, 알고리즘 개발자는 정규직 등으로 분할되어 있다. 이러한 분할은 고용

관계와 임금관계가 다중을 계층화하는 도구로 사용하고 있음을 의미한다. 고용과 임금 관계의 역사적 부적합성과 정치적 불공정성이 여실히 드러나는 것이다. 완전고용과 정규직화 요구는 고용관계에서 부당한 차별과 비고용관계로부터의 강탈을 철폐하라는 요구로 유의미하다. 하지만 그것이 노동관계의 일반화를 함축하는 한에서 강제된 노동으로부터의 해방이라는 전진적 방향을 제안하지는 못한다. '무노동무임금' 준칙이 보여주듯 자본주의가 역사적으로 강제해 온 노동과 소득의 결합관계를 해체하고 소득을 노동이 아니라 삶의 필요에 연결하는 무조건적 보장소득(혹은 기본소득)에 대한 요구는, 완전고용 요구의 이러한 보수적 함축을 넘어서면서 다중의 연합을 추구할 수 있는 진보적 경로로 유의미하다.

가부장제는 여성의 삶활동을 비고용·비임금으로 수탈하거나, 고용된 경우에도 차별해 저임금으로 묶어 두는 인간 사회 내 차별의 장치로 사용되었다. 이 장치가 조성한 사회 내부의 균열과 편견은 인공지능 챗봇 '이루다'의 알고리즘 편향성이라는 형태로 여실히 표출되었다. 이 사건은 가부장제를 철폐하고, 성적 차이가 차별이 아니라 공통의 생산력이자 삶정치적 능력으로 전화할 수 있도록 제도화하는 것이 인지자본주의적 수탈 체제를 넘어 인류적 공통장을 구축하기 위한 전제임을 보여 준다. 성차별과 거의 동일한 논리로 다중 내부에 균열을 도입해 온 인종주의 역시 자본이 내전에서 사용하는 도구로써 전 지구적 인류 공통장의 형성을 저지하는 핵심적 장애물이며 척결해야 할 차별 장치로 떠오르고 있다.

기후위기와 코로나 상황에서 인류 내적 과제와는 별개로 종 간의 분열 극복이라는 과제도 긴급한 과제로 제기되었다. 그것은 인간과 비인간을 갈라 공통적 회집을 가로막는 인간중심주의를 해체하는 것으로 수렴

된다. 인공지능에 대한 과대한 공포나 과대한 기대도 기계에 대한 인간중심주의적 관점이 표현되는 방식의 하나다. 과대한 공포는 인간의 입장에서 기계를 경쟁 상대로 설정하는 태도이며, 과대한 기대는 기계가 인간을 위해 무엇을 해 줄 수 있는가만을 생각하는 태도이기 때문이다. 다른 한편 이 인간중심주의는 자본가의 관점을 무비판적으로 받아들이는 방식이기도 하다. 자본가는 기계화 이상주의를 통해 노동자를 평가절하할 수 있으며, 인간과 기계를 경쟁관계로 놓음으로써 이익을 볼 수 있기 때문이다. 삶의 생산과 재생 과정이 인간-기계의 혼성적 회집 과정으로, 또 그 회집체의 생산과 재생산 과정으로 되어가는 상황에서 인간중심주의는 결정적 장애물이다.[25] 인간중심주의는 동물, 식물, 미생물, 무생물과의 공통관계(혼성화)의 수립을 방해함으로써 다중의 내적 분열을 심화시킨다. 이러한 분열 과정에 대항하기 위해서 다중은 인간-비인간 객체의 민주적 코뮌을 구축할 수 있는 삶정치를 추구할 필요가 있다.[26]

그런데 이러한 과제는 일반지성의 물화된 형태인 플랫폼 고정자본의 재전유만으로 충분히 달성되기 어렵다. 일반지성은 객체들의 사피엔스의 집약체다. 사피엔스는 양화하고 측정하고 평가하는 능력이다. 센티엔스에 의해 조율되지 않는 사피엔스는 위험하다. 자본이 출현하고 발전한 토양이 바로 사피엔스였고 자본주의는 사피엔스의 지배이기도 했기 때문이다. 다중이 삶을 생산하고 재생산할 플랫폼과 사회적 뇌를 자신의 생

---

25 인간중심주의 극복을 위한 최근의 철학적 노력은 그레이엄 하먼, 레비 브라이언트, 스티븐 샤비로 등의 사변적 실재론, 마누엘 데란다, 로지 브라이도티 등의 신유물론 등으로 나타나고 있다.

26 브뤼노 라투르는 물정치(Ding-politics) 개념을 통해 이러한 방향으로의 정치적 상상의 필요성을 제안했다. 브뤼노 라투르, 홍철기 옮김, 《우리는 결코 근대인이었던 적이 없다》, 갈무리, 2009; 브루노 라투르, 홍성욱 엮음, 《인간·사물·동맹》, 이음, 2010 참고.

산수단으로 전유한다고 할지라도 그 생산수단이 좋은 삶, 아름다운 삶을 낳는 수단으로 작용하도록 만들기 위해서는 다중이 생각하는 존재를 넘어 예술 하는 존재로, 일반지성과 사피엔스의 명인(virtuoso)[27]을 넘어 센티엔스의 명인으로 되는 것이 필요하다. 나는 현대 사회에서 이미 출현하고 있는 센티엔스의 명인을 "예술인간"으로 명명한 바 있다.[28] 한편에서 예술인간은 인지화한 자본주의가 축적을 위해 다중에게 요청하는 것, 즉 "누구나가 감정과 지성을 겸비한 예술가여야 한다"라는 명령의 체현이다. 그러나 다른 한편에서 그것은 다중이 축적의 준칙에서 이탈하면서 새로운 인간으로 구성되는 은밀한 변신의 과정이기도 하다. 뉴멕시코에서 공부하던 어떤 원주민 출신 학생은 선생이 자기 시를 칭찬하자 "우리 부족에는 시인이 한 명도 없습니다. 모두가 시로 대화를 나눕니다"라고 답했다.[29] 이 일화는 센티엔스의 명인인 예술인간이 인지자본주의적 발전 과정에서 형성되는 도래의 존재일 뿐만 아니라, 오래된 과거부터 있어 온 존재이기도 함을 시사한다.

---

27 빠올로 비르노는 포스트포드주의 시대의 다중을 일반지성의 명인으로 규정한 바 있다. 빠올로 비르노, 김상운 옮김, 《다중》, 갈무리, 2004, 79-115.

28 다중을 예술인간으로 재규정하는 것에 대해서는 조정환, 《예술인간의 탄생》, 갈무리, 2015 참고.

29 하워드 진, 유강은 옮김, 《미국민중사》 2, 이후, 2013, 318.

2장

AI 자동화?
위태로운 플랫폼 예속형 노동의 증식[1]

이광석

코로나19 재난 이후의 노동 변화

코로나19 재난 상황에 오히려 빅테크와 플랫폼업계는 전에 없는 호황을 맞았다. 그에 비해 노동 현실은 그리 나아지지 않고 있다. 2020년 한 해 코로나19 충격으로 46만여 명이 직장을 잃었다.[2] 유례가 없는 노동 시장의 격변이었다. 자영업자 파산, 직장 실직, 임시 휴직 등과 함께, 지

---

1   이 글은《한국언론정보학보》통권 109호, 2021에 실린 논문을 수정하고 다시 풀어 썼다. 원문은 2020년 대한민국 교육부와 한국연구재단의 인문사회분야 중견연구자지원사업의 지원을 받아 수행된 연구임(NRF-2020S1A5A2A01044524).
2   김영배, "코로나 충격으로 줄어든 일자리 작년 한 해 46만 개", 〈한겨레〉, 2021. 5. 9.

능 로봇과 무인 매장 자동화 도입으로 돌연 일자리가 사라지는 '기술실업(technological unemployment)'이 함께 겹쳐 고용 불안이 가중되는 추세다. 주위에 흔히 프리랜서라 부르는 작가, 강사, 예술가 등이 생활고로 인해 자신의 생업 혹은 부업으로 플랫폼 배달이나 물류 창고 일을 하는 경우가 흔하게 목격된다. 그만큼 시간제 노동 혹은 건당 계약에 의한 '긱(임시직)' 노동 형태가 일상이 됐다. 노동의 특성도 큰 숙련이 필요 없어서 간단히 매뉴얼만 익히면 쉽게 누구나 할 수 있는 단순 반복의 일감이 많아졌다. 그만큼 안정된 정규직 일은 점차 줄고, 몸뚱이를 고되게 움직여야 근근이 먹고사는 일자리만 늘고 있다.

한 축에서 노동의 질이 나빠진다면, 다른 한 축에서는 플랫폼과 인공지능(AI) 등 첨단 기술이 사회 운영의 기축 인프라로 빠르게 자리 잡으면서 노동의 질적 성격을 바꾸고 있다. 이는 산업 시대의 앞선 공장형 제조 기계 노동의 자동화와 다른 새로운 범용 문법이 노동 현장에 작동하고 있음을 뜻한다. 적어도 서비스 노동 부문에서는 신기술로 인해 점차 데이터 소통과 정서 활동이 노동이 되고 물리적 노동이 사회 활동이 되기도 하는 '기술(노동) 사회'의 혼합 국면이 되고 있다. 이는 기술 노동 형태를 전통적인 제조업 등 자동화 노동 연구 영역에만 한정해서 볼 것이 아니라, 동시대 한국 사회를 분석하는 중요한 영역으로 시급히 다뤄야 함을 의미한다. 즉 인공지능과 알고리즘 등 지능형 기술의 많은 부분이 인간의 다양한 사회 활동과 노동 행위와 크게 결합하거나 뒤섞여 확장하는 국면에 이르렀다. 첨단 신기술의 영향은 시장 경제는 물론이고 우리 사회의 주요 판단과 행위를 위한 보편적 기술 설계로 굳어지면서 이른바 '자동화 사회' 국면을 열고 있다. 나는 이 글에서 사회의 작동 원리가 지능 자동화 경제 논리에 압도되는 새로운 '플랫폼 자본주의' 기제를 주목한다. 특히 그로부터 산업 시대의 제조 공장만큼 플랫폼을 매개한 노동과정에 영향을 미치는 AI 자동화 효과를 집중해 보고자 한다.

우리 주위를 잠시 둘러보자. 이미 직원 AI 면접, 지능형 무인점포, 플랫폼 배달 노동의 알고리즘 경영, 고객 소셜 데이터 신용 평가, 인공지능 스피커, 법원 판결 빅데이터 알고리즘, 인공지능 예술 창작, 무인 자동 요리 및 안내 로봇 서비스, 언론 기사봇, '이루다'와 같은 소셜미디어 챗봇, 챗지피티나 미드저니 등 텍스트·이미지 생성 AI의 범용화, 바둑 및 체스 인공지능 기사, 빅데이터 물류 관리 및 유통 알고리즘 시스템, 유튜브나 넷플릭스 콘텐츠 취향 분석 및 예측 알고리즘, 소셜미디어의 맞춤형 광고 알고리즘, 댓글 자동 생성 알고리즘 등 인공지능과 플랫폼 알고리즘 기술이 삶의 곳곳으로 파고들고 있다. 이들 자동화 경향은 기존 노동력의 대체는 물론이고 자동화 관련 신생 일자리 및 보조역의 활성화 효과를 뜻하기도 한다.

인공지능 자동화의 사회적 관심과 함께 우리 사회를 떠도는 강력한 담론은 '노동의 종말' 테제였다. 자동화 논의는 과거에도 존재했으나 오늘날 논의 강도는 확실히 다르다. 그와 같은 노동 위기 혹은 종말 공포의 원인을 꼽자면, 하나는 코로나19 국면의 바이러스 충격 변수다. 포스트코로나 국면에서 청정의 무균 소비시장을 유지하기 위해 자동화와 탈노동 논의가 크게 활성화했다. 다른 하나는 인공지능 기술의 기대 이상의 급격한 발전이다. 거대언어모델(Large Language Model, LLM) 아래 작동하는 생성 AI의 등장 이래 데이터 입력값을 지능 기계 스스로 습득하는 '비지도 학습'이 가능해지면서 인공지능의 능력치가 급상승했다. 이제까지 인간만

이 가치를 산출할 수 있을 것이라는 전제 자체가 흔들리고 있다. 스스로 생각하고 판단해 특정의 작업을 인간만큼 성공적으로 수행하는 지능형 기술 발달에 대한 기대감이 생기면서 노동의 소멸 논쟁을 계속해 부채질하고 있다.

그런데도 이상하게 우리 대부분이 오늘날 현실에서 느끼는 노동의 변화는 '노동의 종말'보다 '고용 없는' 질 낮은 노동의 대규모 양산과 함께하는 '노동 유연화' 경향이다. 인공지능, 데이터 알고리즘, 플랫폼 테크놀로지라는 고도화된 기술이 복합적으로 노동시장에 응용되어 연결되면서 안정된 일자리의 노동 대체 효과와 기술실업의 속도가 전례 없이 빨라지고 있다. 현상 너머를 잘 들여다보면 위태로운 단기 노동의 출현 또한 급속히 일어나고 있다. 우리에게 이 고용시장의 변화가 시사하는 바가 과연 무엇일까를 잘 따져 봐야 한다. 오늘 자동화와 탈노동 논의도 이로부터 출발해야 하는데 성장과 발전에 기댄 주류 질서는 이를 그리 심각하게 다루지 않는다. 주류 현실에서 기술은 성장과 발전의 도구요, 진보·보수 너나 할 것 없이 지능 자동화 효과는 궁극에 인간의 노동 해방이란 결론으로 직진한다. 설사 지능 자동화로 노동자들의 생존 위기가 존재하더라도 이는 혁신의 길에 발생하는 부산물이거나, 설사 문제가 되더라도 임시방편의 보완책을 동원하면 된다는 식의 안이함이 주류 엘리트 관료들의 의식 속에 팽배하다.

생존을 위해 자기의 '산노동'을 제공해야 하는 인간에게, 인공지능 시대 고용과 지속 가능한 삶이 가능한가에 대한 물음은 단연 화두이다. 하지만 현재 논의는 주로 인공지능에 의한 일자리 대체와 기술실업 속도에 쏠린다. 사회의 보편 정서는 인공지능 기계에 의한 노동 대체 속도가 새로운 일자리 창출에 비해 현저히 커서 궁극에는 자동화가 거의 모든 인간노동을 흡수하리란 예측에 기울어져 있다. 나는 이와 같은 자동화로 인한 '노동의 종말' 시나리오를 사실상 거부한다. 인간의 과학기술을 절대적인 상숫값으로 두고 첨단 인공지능이 인간 노동을 대체할 것이라 미래를 점치는 일은 이제까지 자본주의 현실 정치경제학의 복잡한 동학, 즉 인류역사 속 여러 세력의 힘 관계나 상황 변수 등을 간과하는 일이라 본다. '노동의 종말'을 처음부터 '숙명주의'적으로 받아들이는 해석 방식은 비역사적이라 할 수 있고, 그로부터 어떤 사회 맥락적이거나 성찰적 관점을 발견하기 어렵다. 미리 얘기하자면, 이 글은 노동의 미래란 인간 신기술에 의해 좌우되기도 하지만 여러 사회 물질적 요인이 교직하며 노동 현장의 인간 실천과 함께 복잡다단하게 구성된다는 점을 재확인하는 데 목적을 둔다. 즉 지능형 첨단 기술의 등장이 노동의 대체 효과보다는 오히려 파편화하고 위태로운 노동을 대거 증식하고 있다는 점을 강조하고 거칠게나마 이의 구체적 양상을 살피고자 한다.

자동화 연구의 지형

동시대 자동화 경향과 이에 대한 학계 논의는 대기업 제조업 노동 현장 중심의 부품 조립 공정의 자동화나 사무 자동화 등 고전적인 작업장 내부 기술혁신에 의한 노동과정 변화에 대한 진단 이후의 디지털 세계를 본격적으로 다룬다. 현재 진행되는 신기술 자동화 물결은 자동차업계를 중심으로 한 무인 스마트 공장으로의 전환, 유통·물류(로지틱스)의 무인 자동화, 전통 서비스 노동의 플랫폼화는 물론이고, 비물질 데이터 무급·

유급 노동의 일상화 등 인간 삶 전반으로 확대되는 기술 노동의 질적 변화까지 아우른다. 다시 말해 오늘날 자동화 논의는 빅데이터, 플랫폼, 인공지능 등 지능 정보화 기술을 동반한 노동의 질적 변화와 인공지능화 기술에 의한 자본주의 체제의 물적 조건 변화까지 자동화 논의 범주에 넣는다.

이미 학계에서는 오래전부터 자본주의 체제 변동과 연동된 기술혁신과 '자동화' 논의가 중요한 연구 주제였다.[3] 우선 마르크스 정치경제학 연구 경향 내 자본주의 생산 자동화 논의는 중요한 연구 주제였다. 주로는 기술혁신을 통해 자본주의 과잉 생산을 유연하게 조절하고 체제 내적 한계나 위기를 극복했는가에 대한 후기자본주의 체제로의 '체질 전환'과 맞물린 자동화 논의가 많이 이뤄졌다. 1990년대 중후반 인터넷 대중화와 함께 일었던 국내 정치경제학 연구 중심의 '정보재' 가치 논쟁 또한 한 흐름을 차지한다고 볼 수 있다.[4] 이와 유사한 계열 속에서 플랫폼 데이터 수탈에 기댄 '지대 추구형 자본주의(rentier capitalism)' 체제 분석 및 대안 모색,[5] 그리고 신자유주의 닷컴 시장 논리의 사회적 확장태인 'AI 자동화 사회' 국면에서 알고리즘 사회문제를 다루는 논의[6]로까지 이어지고 있다. 이들 논의는 신기술 등장과 맞물린 현대 자본주의 체제 변동과 자동화가 미치는 노동의 성격 변화와 효과에 대해 주로 집중해 왔다고 볼 수 있다.

---

3 국내에서는 1987년 '노동자 대투쟁' 이후 1990년대 들어 과학기술혁명과 공장 자동화, 그리고 노동과정의 변화가 중요한 학술 의제로 다뤄지기 시작한다. 가령 비판사회학회 기획, 〈특집: 과학기술혁명과 노동자계급〉,《경제와 사회》, 1990 참고.

4 대표적으로, 강남훈,《정보혁명의 정치경제학》, 문화과학사, 2002.

5 일례로 문화과학편집위원회, 〈특집: 플랫폼 자본주의〉,《문화과학》 통권 92호, 문화과학사, 2017, 4-145: 문화과학편집위원회, 〈특집: 인공지능 자본주의〉,《문화과학》 통권 105호, 2021, 12-179; 닉 서르닉, 심성보 옮김,《플랫폼 자본주의》, 킹콩북, 2020 참고.

6 대표적으로 Stiegler, B. *Automatic society: The future of work* (Cambridge, UK: Polity Press, 2017); Zuboff, S. *The age of surveillance capitalism: The fight for a human future at the new frontier of power* (London, UK: Profile Books, 2019).

내가 이 글에서 특히 주목하는 자동화 효과는 지능형 기술에 얽힌 인간 노동의 형질 전환이다. 물론 신기술과 노동에 관한 연구는 전혀 새롭지 않다. 국내외적으로 이미 꽤 연구 성과가 이뤄졌다. 자동화와 노동 성격 변화의 초기 논의는 주로 노동자의 작업장 감시나 자동화 기계 도입을 통한 노동강도 강화에 대한 관심사를 주로 표현했다. 구체적으로 초기 자동화 논의는 자본주의 체제 변동에 관한 논의 축과 함께 다른 한 축에서 신기술 도입에 따른 '노동과정(labor process)'의 성격 및 변화 연구에 집중했다. 이들은 주로 과학기술학(STS)이나 기술의 정치경제학에 기댄 노동과정 연구를 통해 작업장 내 도입된 기술 생산수단의 변화, 그리고 이를 다루는 노동 주체가 맺는 질적인 관계를 읽는 연구를 수행했다.[7] 이들 연구 분야는 구체적으로 생산과정에 투입된 노동자의 상대적 잉여가치 착취에 동원되는 특정 자동화 기술의 선택, 단순·구상 노동 간 분업 과정과 탈숙련화, 자본주의적 유기적 구성에 미치는 기술혁신과 이윤율 하락 등을 주요 연구 주제로 삼았다. 대표적으로, 노동과정 연구는 페미니스트 정치경제학자 어슐러 휴즈(Ursula Huws)에 의해 '원격 노동'과 '사이버타리아트(cybertariat)' 개념을 통해 디지털 기술혁신과 연계된 IT 노동의 유연화와 분절화 방식, 특히 IT업계 여성 노동의 형태 변화와 분석으로 이어진다.[8] 한동안 노동과정 논의는 소강상태에 접어든 듯 보였다. 그러다

---

7 예컨대 Braverman, H. *Labor and monopoly capital: The degradation of work in the twentieth century* (New York, NY: Monthly Review Press, 1974); Noble, D. F. "Social choice in machine design: The case of automatically controlled machine tools," In A. Zimbalist (Ed.), Case studies on the labor process (New York, NY: Monthly Review Press, 1979); MacKenzie, D. "Marx and the machine," *Technology and Culture 25(3)*, 1984, 473-502 참고.
8 어슐러 휴즈, 신기섭 옮김,《싸이버타리아트》, 갈무리, 2004; Huws, U. *Labor in the global digital economy: The cybertariat comes of age* (NY: Monthly Review Press, 2014).

가 '위태로운(precarious)' 불안정 비정규직 노동계급(프롤레타리아트)을 뜻하는 '프레카리아트(precariat)' 노동이 전 세계적으로 주목받으면서 노동자계급 분석이 새롭게 활성화되는 추세에 있다. 최근에는 신흥 프레카리아트라 할 수 있는 플랫폼 알고리즘과 인공지능 등 지능형 기술 예속 노동자들에 대한 노동사회학이나 정보 미디어 연구에서의 구체적 사례 분석, 스마트 기술로 인한 노동자의 심신 독성 피해 문제, 플랫폼 긱 노동 현장 경험을 기록하는 노동사회학이나 사회인류학을 중심으로 한 노동 연구가 많이 증가하고 있다.

이 글은 디지털 자동화 국면에서 노동과정의 구체적 변화를 담기보다는 지능형 기술의 고도화와 자동화로 야기되는 기술실업 효과와 고용 변화에 대한 논의이다. '기술실업'은 보통 기술 자동화로 인한 노동 실업이나 대체 효과를 뜻한다. 신기술의 일시적 노동 대체 효과를 보통 우리가 기술실업으로 정의하지만, 기술실업은 또 다른 고용 대체 및 창출 효과를 얻는다고 볼 수 있다. 그런데 노동 자동화 논의가 대체로 '탈노동'과 '노동의 종말'이란 미래 시나리오나 장기 전망을 담은 논의로 쉽게 귀결되는 경향이 늘고 있다. 자동화에 따른 기술실업이 노동의 소멸 논의로 수렴되는 까닭은, 신기술 자동화가 자본주의의 장기 경기 침체에 따른 기존의 직업 불안정과 만성 실업이란 불씨에 마치 기름을 끼얹는 부정적인 요인으로 보기 때문인 듯하다. 게다가 자동화 논의가 단순히 학계의 관심사에 머물러 있기보다는 이른바 '불확실한 미래'라는 좀 더 대중의 불안 심리를 활용해 '노동의 종말론'을 확대 재생산하는 경향이 있다. 문제는 인간 노동을 통한 생존의 불확실성과 존재론적 불안을 틈타 좌·우나 진보·보수 등 정치적 관점에 상관없이, 인공지능 등 첨단 기술에 의한 자동화의 가속과 '산노동'의 소멸을 기정사실로 받아들이는 소위 '자동화 숙명론'이 노동의 미래에 관한 담론을 주도하는 데 있다.

국내 언론을 통해 잘 알려진 해외 유력 기관 및 연구소의 미래 노동 연구 보고서나 논문은 주류 자동화 담론 생산의 본산이라 할 수 있다. 국제적으로 꽤 알려진 '노동의 종말'을 입증하는 연구 보고서의 내용을 보자. 먼저 2013년 옥스퍼드대학 마틴스쿨 교수들이 수행한 연구가 있다. [9] 이 옥스퍼드대학 연구는 향후 15여 년 안에 전 세계 일자리의 거의 절반 정도가 소멸할 것으로 시뮬레이션 예측해 국제적 파장을 불러일으켰다. 세계경제포럼(World Economic Forum)이 정기적으로 발간하는 보고서 〈직업의 미래(*The Future of Jobs*)〉 또한 자동화와 일자리 관계를 매년 전망하는 보고서로 정평이 나 있다. 2016년 보고서는 전 세계 절반가량의 일자리 소멸과 2020년까지 15개국에서 710만 개 정도의 일자리가 사라지는 대신, 새롭게 생기는 일은 고작 200만 개에 머무른다고 점쳤다. 급격한 일자리의 소멸을 예상해 세계 언론의 시선을 끌었다.[10] 이 두 보고서의 공통

9 Frey, C. B., & Osborne, M. A. The future of employment: How susceptible are jobs to computerization? (Working paper). *Oxford Martin Programme on Technology and Employment*, 2013.

10 참고로 세계경제포럼이 2016년에 이어 2018년에 발행한 보고서 〈직업의 미래〉는 자동화 비율을 상향 조정해 2025년까지 52%를 전망했지만, 2022년까지 약 7,500만 개의 일자리가 사라지는 대신 지능형 신기술 도입 등으로 약 1억3,300만 개의 새 일자리가 도출될 것으로 내다봤다. 즉 노동 자동화 비율이 늘어나는 것처럼 보이나, 신기술에 의해 활성화하는 직업들이 사라지는 일자리에 비해 훨씬 늘어날 것으로 예측한다. 2020년 발행된 〈직업의 미래〉 또한 2018년보다 상대적으로 낮아졌지만, 기술실업에 의한 노동 대체나 소멸 효과보다 활성화하는 직업 숫자를 더 많이 보고 있다. 그런데도 유독 2016년도 보고서가 여전히 가장 많이 인용된다. 추측건대 적어도 정세적 이유이기도 한데, 당시 '알파고 대 인간 이세돌' 대국과 맞물려 언론이나 관련 공공 기관에서 2016년 보고서를 크게 인용하고 주목했던 점을 고려해야 할 것이다. 2016 보고서 수치는 사회 전반에서 '노동의 종말'론을 부추기고 미래 생존 불확실에 대한 공포 효과를 크게 각인하는 증거로 쓰였다. 그 수치를 반박하는 보고서들이 하나둘씩 등장함에도 당시 여진이 지속된다고 볼 수 있다.

점은 인공지능 기계에 의한 노동 대체 속도가 새로운 일자리 창출 속도에 비해 현저히 커서 궁극에는 자동화 기제가 거의 모든 노동을 흡수해 기존의 산노동 공정 자체를 소멸시킬 것이란 관측에 기대어 있다.

자동화와 연계된 '노동 종말'의 미래 예측은 대단히 섣부르고 현상적 문제 파악일 수 있는데, 그럼에도 이렇게 국제 엘리트 연구소에서 종종 발견된다. 물론 서구 학계 연구나 대중 저술에서도 비슷한 논지가 여럿 발견된다. 대체로 이들 논의는 자동화로 인한 노동 공황과 일자리 소멸을 곧 다가올 숙명처럼 보는 경향이 크다. 사실상 탈노동의 유사한 미래 전망은 경제학자 존 케인스(John Maynard Keynes)로 거슬러 올라갈 수 있다. 1930년경 케인스는 인류의 기술혁신으로 인해, 그로부터 꼭 100년 후인 2030년이 되면 큰 체제 전환 없이도 주당 15시간만 일하면서 미래 노동자가 나름대로 품위 있는 삶을 누릴 수 있다고 예언했다.[11] 케인스에 이어 사회학자 제러미 리프킨(Jeremy Rifkin) 또한 그만의 용어로 '노동의 종말'을 예측했다.[12] 그는 기술의 고도화와 자동화로 인해 야기될 수밖에 없는 기술실업의 확대와 인간 노동 고용의 축소를 언급했다.

노동 종말론의 본격적인 논의는 2010년대 중반 이후 지능형 로봇과 인공지능 기술혁신으로 인해 급진전하는 모양새다. 몇 년 사이 국내에 번역된 서구 자동화론의 저작은 노동의 미래 전망과 관련해 우리 사회 필독서가 된 지 오래다. 예를 들어 마틴 포드(Martin Ford)는《로봇의 부상》이란 책에서 자본주의 경제가 점점 노동집약적 체제로부터 멀어져 자동화된 사

---

11 Keynes, J. M. "Economic possibilities for our grandchildren," In J. M. Keynes (Ed.), Essays in persuasion (London, UK: Norton, 1930), 358-73.
12 Rifkin, J. *The end of work: The decline of the global labor force and the dawn of the post-market era*, (New York, NY: Putnam, 1995).

회가 되고, 완전 자동화 국면이 도래하면 그나마 노동하던 인간을 더 이상 불필요한 존재로 만드는 '탈노동'의 비관적 미래가 도래할 것으로 경고한다.[13] 에릭 브린욜프슨(Erik Brynjolfsson)과 앤드루 맥아피(Andrew McAfee) 또한《제2의 기계 시대》에서 이와 유사한 주장을 펼친다.[14] 이들은 언젠가 인간의 노동이 완전히 자동화되면 임금을 받는 인간 노동이 무용화되고 사회의 재조직화가 필요하다고 본다. 저자들은 자동화 비율이 갈수록 높아져 생산성이 함께 오르더라도 임금은 정체되고 월급 대부분과 고용 상황은 갈수록 악화하는 현실을 받아들여야 한다고 본다. 이들 변화를 받아들이지 않으면 새로운 지능 '기계 시대'를 맞이하는 데 실패하거나 불평등이 심화할 수 있다고 본다. 정치인으로 더 잘 알려진 앤드루 양(Andrew Yang) 또한 이들과 비슷하게 인공지능 기술의 노동시장 도입과 확장으로 인해 "비자발적 영구 실직자"의 양산을 읽어 내고 경고한다.[15] 인공지능학자 제리 카플란(Jerry Kaplan) 또한 인공지능으로 인한 부의 창출과 "잉여 노동자"의 급증이란 현실 속에서 결국 상위 1%에 쏠리는 부의 집중과 미래 소득 불평등을 읽고 있다.[16] 이들의 공통된 기본 전제는 자동화란 숙명은 피하기 어려우며, 부는 앞으로 더 크게 집중되고, 노동자는 로봇에게 일자리를 빼앗겨 부의 불평등과 영구 빈곤에 처할 확률이 높다는 것이다.

　이들 주류 AI 자동화 옹호론에 선 저자들은 공통으로 지능 자동화

13　마틴 포드, 이창희 옮김,《로봇의 부상: 인공지능의 진화와 미래의 실직 위협》, 세종서적, 2016.

14　에릭 브린욜프슨, 앤드루 맥아피, 이한음 옮김,《제2의 기계 시대: 인간과 기계의 공생이 시작된다》, 청림출판, 2014.

15　앤드루 양, 장용원 옮김,《보통 사람들의 전쟁: 기계와의 일자리 전쟁에 직면한 우리의 선택》, 흐름출판, 2019.

16　제리 카플란, 신동숙 옮김,《인간은 필요 없다: 인공지능 시대의 부와 노동의 미래》, 한스미디어, 2016.

시대에 위태로운 노동의 정책 대안으로 '보편적 기본소득(universal basic income)'을 제안한다. 임금노동자가 될 수 없고 일자리가 없어 재화 구매력을 지니지 못하는 미래 상황에서는 노동자를 위해 국가에서 기본소득을 지급해 탈노동 시대를 준비해야 한다는 주장을 펼친다.[17] 애초 기본소득은 자산이나 소득, 경제적 능력, 고용 상태에 상관없이 매달 일정 금액을 국가에서 일괄적으로 각 국민에게 균등하게 지급 보조하는 제도로 제기되었다. 이들에게 기본소득의 도입은 인공지능에 의한 기술실업과 기술 공황에 따른 경제적 궁핍을 겪을 미래 노동자의 불안한 미래를 위해서 정부와 기업이 고민해야 할 기본 구제책으로 제시되는 데까지 이르렀다.

옥스퍼드대학 마틴스쿨에서 〈일자리 보고서〉를 작성했던 기술경제사가 칼 베네딕트 프레이(Carl Benedikt Frey)는 신기술 평가 부분에서 자동화 숙명론자와 미묘하게 다른 시각을 보인다.[18] 그는 자본주의 자동화

17 주류 자동화 주장과 유사하게 기본소득의 도입을 열렬히 설파하는 이들 가운데 실리콘밸리 닷컴 기업이 그 선두에 있다는 점은 꽤 흥미롭다. 빌 게이츠는 진즉부터 '로봇세' 신설을 제안했다. 로봇을 많이 쓰고 노동 소멸에 책임 있는 스마트 공장들에 기술실업의 비용 책임을 지우자고 말한다. 실리콘밸리가 정보통신기술을 매개한 자본주의 기술혁신의 주요 근거지임을 고려한다면, 기본소득을 소리 높여 외치는 실리콘밸리 기업들의 행보를 좀 더 주목해 볼 필요가 있다. 전기자동차 테슬라의 창업자 일론 머스크, 벤처 자본가 마크 안드레센, 기술 전문가 팀 오라일리, 벤처 창업 투자 기업 Y콤비네이터 회장이자 현재 오픈 AI 샘 알트만 등이 실리콘밸리 안팎에서 기본소득의 전면적 도입을 주장하는 대표적 인물로 알려져 있다(Sadowski, J. "Why silicon valley is embracing universal basic income," *The Guardian*, 2016. 6. 22). 왜 실리콘밸리 엘리트가 기본소득 도입에 적극적일까? 이들은 기술 변화로 인한 미래 대량 실업의 사회적 여파와 반발을 기본소득을 통해 최소화하고 사전에 이를 대비하기 위한 안전장치 마련을 도모하고자 한다. 실리콘밸리의 기본소득 제안은 인공지능의 전면 도입 시에 최저 사회 실업률 수준을 어디에서 정할지 미리 영리하게 리트머스 반응 테스트를 하려는 것처럼 보인다. 실리콘밸리 엘리트는 인공지능 기술로 인해 증가하는 기술실업과 산노동의 소멸을 우리가 앞으로 '참을 만한 것'으로 만들고, 노동자의 큰 저항 없이 신기술 자동화 기제를 사회 전반에 연착륙시키기 위해 기본소득을 갖고 선제 실험을 도모하는 듯 보인다.

18 칼 베네딕트 프레이, 조미현 옮김, 《테크놀로지의 덫: 자동화 시대의 자본, 노동, 권력》, 에코리브르, 2019.

기술을 그저 노동의 종말을 향해서 달려가는 동인으로만 보는 것이 아니라, 노동 '활성화 기술'과 노동 '대체 기술'로 분리해 본다. 과거 제조 기술의 자동화는 대체로 '활성화 기술'에 가까웠다면, 동시대 인공지능 자동화 기술은 역사적으로 채택된 다른 자본주의 혁신 기술과 달리 노동력 '대체 기술' 경향이 더욱 두드러진다고 평가한다. 예컨대 자동차 등 제조업 분야 기술이 일자리 활성화에 미친 영향과 달리 인공지능, 로봇, 드론 등 지능형 기술은 일거리를 활성화하기보다는 인간 노동을 대체하는 기술일 확률이 높다고 프레이는 주장한다. 결과적으로 프레이는 주류 자동화 이론가 편에서 AI의 노동 대체 효과가 크다는 쪽에 있다. 그는 자동화론자의 미래 대비책인 보편적 기본소득의 도입에는 회의적이다. 오히려 자동화로 인한 노동 저항을 막기 위해서는 그보다 정부의 노동 재배치, 교육 재훈련. 임금보험 등 노동 전환에 대한 다면적인 '정의로운 전환' 정책을 마련하는 것이 더 유효하다고 본다.

자동화 '좌파' 논의의 한계

해외의 주류 일자리 보고서나 대중적인 미래 사회 저작들은 이렇듯 AI 자동화를 미리 올 것으로 내다보고 근미래 '노동의 종말'을 기정사실로 취급한다. 이들의 지배적 담론 경향과 달리, 이른바 마르크스주의 '좌파' 내부의 자동화와 노동의 미래 논의는 조금 다른 지형을 펼쳐 보인다. 여기서 자동화 '좌파' 논의란 대체로 신기술 자동화와 자본 체제 유지의 연계에 비판적 입장에 선 정치적 급진주의를 지칭한다.

이들은 크게 세 부류 정도로 나눠볼 수 있다.[19] 우선 첫 번째 그룹으로 인공지능에 의한 주류 자동화 담론이 과장이나 신화에 불과하다고 보는 좌파 '최소주의(minimalist view)' 논의가 존재한다. 마르크스 이론에 기댄 전통의 노동과정 연구자, 노동조합 이론가, 노동운동가 집단이 대체로 이에 속한다고 볼 수 있다. 이들 그룹은 대체로 첨단 신기술을 기존 자본 권력 작동의 연장이나 도구로 보는 데 익숙하다. 이들은 신기술로 매개된 노동 통제의 심화를 강조하지만, 신기술의 도입으로부터 전통적인 자본 축적 방식을 완전히 뒤엎는 탈노동을 향한 질적 전환의 계기나 달라진 국면이 있다는 점을 받아들이는 데 회의적이다.[20] 최소주의 입장에서 로봇 등 첨단 지능형 기술의 혁신과 자동화란 우리가 오늘날 노동 사안을 제대로 읽는 것을 가리는 허풍이거나 장막이며, 인간의 '산노동'을 인공지능으로 대체하는 미래는 도래하지 않을 신화로 여긴다.[21] 오히려 최소주의는 신기술이 미치는 노동과정의 예속과 통제로 인한 노동 인권 침해나 법제도 개혁, 체제 전환의 문제에 더 민감하다. 따라서 최소주의자는 자본주의 체제의 모순 지점을 드러내는 데 탁월하지만, 신기술이 노동에 미치는 구조적 효과를 과소평가하는 경향이 크다.

---

19 자동화론의 '좌파' 내 논의 검토와 지능형 기술의 도입과 노동의 미래에 관한 구분법인 '최소주의자'와 '최대주의자'의 용례는 캐나다 미디어 연구자 닉 다이어-위데포드(Nick Dyer-Witheford) 등이 저술한 《비인간 노동(Inhuman Labor)》에서 사용한 틀을 가져왔다(Dyer-Witheford, N., Kjøsen, A. M., & Steinhoff, J. *Inhuman power: Artificial intelligence and the future of capitalism* (London, UK: Pluto Press, 2019)). 국내에서 이들 논의에 근거한 인식론적 지형의 좀 더 구체적 검토 사례는 이 책의 〈3장 유령 노동에서 자동화된 공산주의까지〉, 김상민 글 참고.

20 Moody, K. "High tech, low growth: Robots and the future of work," *Historical Materialism 26(4)*, 2018, 3-34.

21 Taylor, A. "The automation charade." *Logic Magazine*, Retrieved from https://logicmag.io/failure/the-automation-charade/(2018. 8. 1)

최소주의의 정반대 지점에는 지능형 기술을 노동의 존재론적 모순을 뛰어넘을 수 있는 해방 변수로 읽는 좌파 '최대주의(maximalist view)'가 존재한다. 이들은 주류 사회를 지배하는 실리콘밸리 기술 숙명론자만큼이나 기본적으로 인간 과학기술의 사회 생산력으로서의 긍정적인 가치 해석에 충실하다. 주류 자동화 논의만큼이나 지능형 AI 기술의 혁신으로 말미암아 급기야 지능 로봇이 인간 노동을 대체하는 질적 전환의 근미래 가설을 신뢰한다. 최대주의는 인공지능 자동화와 노동 소멸의 도래를 믿는다는 점에서 '최소주의'와 결별한다.[22] 인공지능에 의한 노동 종말론을 굳게 믿는다는 점에서 최대주의는 실리콘밸리의 자동화 숙명론에 가깝다. 물론 일부 주류 숙명론자는 미래에도 기존의 계급 모순과 불평등이 상당히 누적된다고 보는 신중론을 펼치는 데 반해, 좌파 '최대주의'는 인공지능 기술로 노동 해방을 이룰 수 있고 체제 전환의 가능성을 쉽게 점친다는 점에서 자동화 기술 낭만주의에 근거한다고 볼 수 있다. 최대주의자에게 지능형 자동화 기술은 자본주의 현실 질곡을 깨는 모순 해결형 잠재력을 지닌 무기다. 이를테면 '완전 자동화된 화려한 공산주의(Fully Automated Luxury Communism; FALC)'란 개념은 최대주의의 대표 슬로건이 된다. 최대주의의 '화려한 공산주의'란 슬로건은 자동화와 탈노동을 바라는 좌파 내부의 기술 유토피아적 미래 사회 전망이라 할 수 있다. FALC 논의의 핵심은 인공지능 등 선진 기술의 축복과 함께 미래 인류는 임금노동의 굴레로부터 해방되고, 희소성을 풍요로 대체하고, 모두가 원하는 것을 무엇이든 얻고, 대부분 노동에서 해방되어 여가를 즐기며 자아실현을 꾀하는 '탈노동'의 유토피아적 세계에 도달한다는 전망이다. 대표적으로 영국의 시사평론가

22 Mason, P. *PostCapitalism: A Guide to Our Future*. London (UK: Penguin Books. 2015).

아론 바스타니(Aaron Bastani)가 저술한 동명의 책에서 FALC가 기술 생산력에 따른 풍요의 미래를 선사할 것으로 점친 바 있다.[23] 바스타니는 사적 소유를 반대하는 급진 '좌파'에 속하지만, 역사의 기술주의적 낙관 혹은 생산력주의에 충실하다. 그는 자신의 저술 곳곳에서 지구 생태 위기와 불평등 확대에도 불구하고, 인공지능 등 자동화, 태양열, 유전자 편집, 소행성 탐사, 세포농업 (배양육) 개발 등 인간의 첨단 기술로 얻어진 풍요로운 물적 조건을 발판으로 자원 희소성과 계급 모순이 사라지고 자본주의 이윤 생산 체제가 자연스레 괴멸하는 충분히 '탈노동'을 성취한 자동화된 미래를 낙관한다.

좌파 '최대주의'는 무엇보다 인공지능과 연계된 지능형 로봇과 인간의 기술 변형 능력에 대한 과도한 계몽주의적 신뢰, 이에 따른 미래 변화와 개조를 이상향적인 것으로 바라본다. 최대주의는 인공지능의 기술 역량이 기존의 기계 설비 등 고정자본 이상의, 마치 사이보그 노동자처럼 인간 노동력을 대체할 창의적 자율 판단을 지닌 유사 객체 위치를 점할 것으로 점친다. 자본주의의 신기술 혁신 능력을 FALC로 나아가는 디딤돌로 간주하는 것이다. 인류의 다른 과학기술 혁명과 함께 인공지능 기술에 대한 낙관주의에 기댄 이들 '최대주의'는, 계급 갈등의 완전한 소멸과 기술 가속주의를 도모하기 위해서 사회민주주의 정부와 같은 강한 지도력만이 완전 자동화의 약속, 즉 '탈노동'과 '탈-희소성 사회(post-scarcity society)'를 이룰 수 있다고 여긴다.[24]

---

23 아론 바스타니, 김민수·윤종은 옮김, 《완전히 자동화된 화려한 공산주의》, 황소걸음, 2020.
24 예를 들어 Frase, P. *Four futures: Life after capitalism. Brooklyn* (NY: Verso, 2016); Srnicek, N., & Williams, A. *Inventing the future: Postcapitalism and a world without work* (London, UK: Verso, 2015).

자동화를 읽는 '자본주의 리얼리즘'적 태도

마지막 세 번째는 '자본주의 리얼리즘'적 태도이다. 나는 노동 종말론의 주류 담론이나 좌파 최대·최소주의 관점이 현실의 자동화 국면을 읽는 데 치명적 약점을 갖고 있다고 본다. 이를테면 인공지능과 알고리즘 기술을 숙명으로 받아들이고 자본주의 계급 모순 상황을 무시하는 기술 낙관주의의 전제(주류 담론이나 좌파 최대주의적 태도)도 문제이고, 신기술이 그저 현실 노동 문제를 은폐하고 악화하는 허상이라 보고 자본주의 물질 조건의 변화를 무시하는 것도 온고주의적인 접근(좌파 최소주의적 태도)이라 본다. 오히려 나는 일종의 '자본주의 리얼리즘(capitalist realism)'적 태도를 강조하고 싶다. 내 관점은 영국 문화이론가 마크 피셔(Mark Fisher)의 《자본주의 리얼리즘》이란 동명의 책 제목과 그 내용에서 직접 가져왔다.[25] '자본주의 리얼리즘'은 '자본주의 너머'의 대항 시나리오가 아예 머릿속에서조차 상상할 수도 없는 불가능의, 그런 우울하지만 강고한 동시대 첨단 자본주의의 반영구화된 질서를 상정하고 있지만, 이로부터 도저히 포기할 수 없는 희망의 정치를 읽고자 하는 의지가 반영되어 있다. 피셔는 우리가 자본주의에 승복하는 것이 아니라면, 염세주의적 우울에서 벗어나 이 강고한 질서를 깨기 위해서라도 인간 해방의 희망을 포기하지 않는 현실 리얼리즘의 감각을 잃지 않아야 한다고 본다. 피셔의 주장을 빌려 오면, 자동화 현실과 연계된 자본주의 리얼리즘적 태도란 단순히 노동의 미래에 대해 제삼자적 입장에서 현실을 그저 관망하거나 주어진 것으로 숙명처럼 받아들이는 수동적 태도가 아닐 것이다. 그래서 리얼리즘적 태도는 현실 자본주의의 체제 변화나 AI 노동 기술 도입의 맥락을 섣불리 낙

25   마크 피셔, 박진철 옮김, 《자본주의 리얼리즘: 대안은 없는가》, 리시울, 2018.

관론이나 비관론으로 단정하지 않는다.

이 글의 입장은 주류 사회에 널리 퍼진 실리콘밸리의 자유주의 닷컴 엘리트의 자동화 숙명론, 좌파 내부 신기술의 근시안적 최소주의자, 신기술에 열광하는 FALC 최대주의자의 경솔함을 벗어나자는 것이다. 내가 보는 자동화에 대한 자본주의 리얼리즘적 태도는 노동에 미치는 자본 기술력의 대체 능력뿐만 아니라, 여전히 '산노동'에 기반한 노동과정의 '심화' 효과를 함께 읽을 때만이 주류화된 극단의 기술 숙명론과 상대적 거리를 둘 수 있다는 데 있다. 결국, 현실 리얼리즘적 태도란 인공지능과 플랫폼 알고리즘 자동화 기술이 어떻게 노동과정에 접붙고 새롭게 형질 전환하는지에 대한 과학적 이해를 도모하고, 그로부터 신기술의 노동과정 내 왜곡이나 모순을 살펴 이를 넘어서려는 해방적 실천 기획에 해당한다.

사실상 제대로 된 '완전 자동화된 화려한 공산주의'의 자본주의 리얼리즘적 미래상은 역사적으로 마르크스에 의해 이미 구체적으로 언급된 적이 있다.[26] 마르크스에게 테크놀로지는 자본주의 노동 소외와 속박을 낳았지만, 새로운 공산주의 사회의 구성을 위해 임금노동이란 '필연의 영역'을 넘어 '자유의 영역'으로 나아가는 중요한 물질 변수로 언급된다. 하지만 자동화 숙명론자가 사회혁명이나 체제 변화 없이도 탈노동의 자유로운 미래 구상이 가능하다고 상상한다면, 마르크스는 사뭇 이와 달랐다. 그는 노동 소외 상태를 벗어나기 위해서 지금 자본주의 리얼리즘의 현실에서 해방적 노동 실천과 근본적으로 기술 예속을 벗어나려는 체제 전환을 이루지 못한다면, 자동화와 노동의 종말 시나리오는 그저 헛된 꿈에

---

26 Marx, K. *Capital: Volume III*, (D. Fernbach, Trans.) (London, UK: Penguin Books, 1991), (Originalwork published 1894).

불과하다고 봤다. 즉 모순을 타파하기 위한 계급 실천과 혁명 없이 탈노동은 일장춘몽임을 그는 이미 주지했다.

실리콘밸리 숙명론자나 FALC 최대주의자의 입장이라면, 우리가 꿈꾸던 자동화의 신세계는 곧 도래할 미래처럼 간주된다. 그런데 우리 주변을 보자. '화려한 공산주의'란 말은 합리적 이성을 가진 이라면 누구도 쉽게 꺼내기 어려운 이상향처럼 들린다. 동시대 자본주의는 경기 회복과 상관없이 저고용과 불완전고용 상태를 일부러 유지하면서 안정적 일자리 대신 임시직 노동자를 양산해, 첨단 자동화 기계의 뒷일 처리나 보조역을 맡기는 저숙련 저임금의 불안한 자동화 현실을 고안해 내고 이를 장기 체제로 가져가고 있다.[27] 근본적으로 산업 노동 현장 내 인공지능 자동화 도입의 조건이나 강도가 여전히 불투명하고 양가적이다. 이는 단순히 자동화의 가속을 높이는 현실뿐만 아니라 생산 비용, 노사 갈등과 협상 상황에 따라 실업률 등 자동화 속도가 조절될 확률이 높다. 즉 기후위기로 인한 '저렴한 자연' 수탈의 어려움, 실업자와 산업예비군 숫자 등에 의한 노동 단가의 저가치화, 생산 비용 절감 문제, 전문 기술 혹은 단순 반복 업무의 조건 등 특정 노동의 기술 대체 효과, 그리고 경기 침체 등 노동시장 내·외부 상황에 따라 노동과정 내 인공지능 등 지능 정보화 기술 도입의 완급을 조절하는 일이 필연적으로 이뤄질 수밖에 없다. 이미 역사적으로도 기술 도입 비용, 노동조합의 협상력, 조직적·사회적 변수가 공장 기술혁신의 수위나 기계 도입의 중요한 근거로 작용했다. 오늘날 자본은 첨단의 자동화 기술 도입을 통해 '자본의 유기적 구성'을 높이려 했지만, 무엇보다 노

---

27   Smith, J. E. *Smart machines and service work: Automation in an age of stagnation* (London, UK: Reaktion Books, 2020).

사 힘겨루기와 협상 과정에 의해 산노동의 구성비가 끊임없이 조절되어 왔다고 볼 수 있다. 가령, 독일 정부와 기업은 사업장 내 인공지능 로봇 등을 도입하거나 산업 공정을 전환하는데 노·사·정·민이 합의해 자동화의 적정 수준을 이끄는 구체적 협상 테이블을 마련하고 있기도 하다.[28]

특히 인공지능의 도입에 따른 노동 종말론의 주류 예측을 정면에서 반박하는 AI 자동화의 리얼리즘적 접근은, 자본주의 고용 상황이 자동화의 속도와 완급을 조절하는 다양한 정세 변인(경기 침체 요인, '감속주의' 변수, 비용 절감 효과 등)에 노출돼 있음을 강조한다. 자동화와 노동의 미래와 관련해 놓칠 수 있는 오류를 몇 가지 반박 사례를 통해 짚고 넘어가 보자. 먼저, 실리콘밸리의 자동화 옹호론자들과 달리 시카고대학 아론 베나나브 (Aaron Benanav)의 자동화 관점은 자본주의 리얼리즘적 시각의 필요성과 공명한다.[29] 그는 신기술 자동화 효과가 직접적으로 탈노동을 가져오기보다는 만성적인 세계 경기 침체에 따른 고용지수 악화가 작용한 것이 오늘날 탈노동 효과의 실체라는 시뮬레이션 그래프를 내놓았다. 고용 악화와 불안의 원인이 노동 자동화 기술일 것이란 상식적 예측과 달리, 선진국들의 제조업 분야 생산성 악화와 노동 저수요에 원인이 있다는 베나나브의 시각은 꽤 현실적이다. 기술혁신이 가져오는 노동의 종말론적 해석과 다르게, 그보다는 장시간 노동과 과로 사회로 집약되는 자본주의 경기 침체의 물적 조건이 장기 실업 문제의 근본 원인이라는 해석이다. 베나나브의 정세 분석은 고용 침체의 근거를 주로 자동화와 대량 실직에서 주요 원인

---

28 이문호·안재원·오민규·황현일, 〈전환기 자동차 산업 대안 모색 연구〉, 전국민주노동조합 총연맹, 2020.
29 Benanav, A. *Automation and the future of work* (New York, NY: Verso, 2020).

을 찾던 학계의 주류 관행에서 벗어나 자본주의 체제 변화나 경기 변동 요인을 중요하게 함께 고려할 것을 요청한다는 점에서 리얼리즘적 해석에 충실하다.

둘째는 자동화 경향에 위배되거나 역진(逆進)하는 현장의 경향을 눈여겨볼 필요가 있다. 이는 또 다른 리얼리즘적 현실로 읽을 수 있다. 가령, 대규모 제조업 사업장 고용에서 인공지능이나 자동화 로봇의 한계를 절감하고 인간 노동자를 다시 고용하는 '역진화' 현상은 주목할 만하다. 일본 토요타자동차는 거의 모든 생산 공정을 자동화한 기업으로 잘 알려져 있다. 하지만 토요타 경영주는 과거 내쫓았던 '카미사마(神様 Kami-sama)', 즉 신이라 불리는 자동차 조립 공정의 전문 장인의 재복귀를 독려해 왔다.[30] 토요타는 애초 전(全) 공정 로봇 자동화로 조립 공정의 비용 효율과 절감 효과를 내세웠지만, 이것이 장기적으로 작업장 내 새로운 창의적 시도나 도전을 불러일으키지 못하고 조직에 타성을 불러왔다고 파악했다. 즉 토요타는 자동차 조립 생산의 전면 자동화 기제로 생산성은 올릴 수 있을지언정 반복의 루틴 공정 이상을 벗어나기 어렵다고 판단했다. 해고된 장인 노동자의 복귀를 통해서 이들 인간의 숙련된 손길로 기계 공정에 창의적 도전 의식을 불러일으키려 한 것이다. 우리는 이 토요타 사례에서 인공지능 자동화의 단순 가속화가 아니라, 자동화 기술 수준에 맞춰 노동 인간-기계 혼성 비율 혹은 밀도나 완급을 탄력적으로 조절하려는 기업의 '감속주의' 움직임을 성찰적으로 읽을 수 있다.

마지막으로 자동화의 상반된 두 사례를 소개한다. 하나는 2016년 미

30　Trudell, C., Hagiwara, Y., & Jie, M. "'Gods' edging out robots at Toyota facility", *The Japan Times*, 2014. 4. 7.

국 정부가 최저시급 법안을 통과시키려 하자 기업가들이 이에 반발하며 이른바 '로봇고용법'을 추진해 곧바로 맥도널드가 인간 점원 대신 무인 주문기(키오스크)를 도입했던 일이다. 최저시급을 올려 줄 바에야 무인 주문기를 쓰는 편이 낫다는 기업의 판단이 작용했다. 다른 하나는 2020년 스포츠 브랜드 아디다스가 '4차 산업혁명 교과서'이자 자동화 선도 사례로 평가받는 독일·미국 내 '스피드팩토리' 운영을 자체 폐쇄하기로 했던 일이다.[31] 아디다스의 스마트 공장 폐업 결정은 반대로 개도국의 질 낮은 노동 조건에서 얻을 수 있는 노동비용 절감 효과가 확실히 자동화 효과보다 크다는 판단이 작용했다. 이 두 사례에서 관찰할 수 있는 교훈은 자동화의 도입이나 철회의 근거에 정세적으로 여러 상황 요인을 계산한 거대 기업들의 셈법이 작용하고 있다는 사실이다.

이제까지의 몇 가지 사례만 보더라도, 인공지능 자동화로 "새로 생기는 일자리에 비해 사라지는 일이 더 많아지고 있다"는 주류 사회의 섣부른 미래 노동 예측은 일부 맞기도 하지만 영 틀리기도 한다. 이들 예측은 자본주의의 장기 경기 침체와 코로나19 실직으로 '고용 없는' 노동이 급증하는 현실을 그리 주의 깊게 읽어 내지 못하고 있다고도 볼 수 있다. 현실에 대한 성찰적 인식을 도모할 수 있는 자본주의 리얼리즘적 시각이 필요한 까닭이다. 우리가 자동화 국면 노동 현실을 잘 들여다보면, 신기술은 전통의 일자리를 일부 대체하면서도 바야흐로 '질 나쁜' 노동을 대거 양산하고 있다. 인공지능과 플랫폼 등 신기술을 보조하는 '위태로운' 노동이 폭증하는 것이다. 현실은 노동 종말론을 마치 비웃는 듯하다.

---

31 Ziady, H. "Adidas is closing hi-tech sneaker factories in Germany and the US", *CNN Business*, 2019. 11. 12.

사회 공장이자 노동 포획의 블랙홀, 플랫폼 장치

'87년 노동자 대투쟁' 시기를 거치며 한국 사회의 재벌 기업들이 꾀했던 공장 자동화의 가속만큼이나 오늘 우리는 지능 정보 기술 자동화의 한복판에 서 있다. '스마트 공장' 등 자동화 공정이 공장의 담벼락 안뿐만 아니라 사회 전체로 확장하는 자동화 흐름이 관찰된다. 과거 자동화 기술은 노동이 수행되는 공장과 사무실 공간에 주로 영향을 미쳤다. 오늘날 자동화 신기술은 사회의 기본 인프라가 되어 간다. 이탈리아 철학자 마우리치오 랏자라또(Maurizio Lazzarato)의 말대로 마르크스가 살았던 시대에는 조립 공장이라는 내부 작업장만 존재했고 "철도를 위시한 소수의 장치가 외부(인프라)를 구성했다. [그러나] 오늘날 장치들은 모든 곳에 존재한다. 그것들은 모든 곳에 존재하고 무엇보다도 우리의 일상에 존재한다."[32] 전통적으로 산업자본주의를 공고화하는 능력에 공장의 조립 자동화 시스템이 있었다면, 오늘날 자동화의 흐름은 (빅)데이터, 플랫폼, AI 알고리즘, 클라우드 등 지능 정보 기술을 인프라 삼아 뭇 사회 전체로 확장한다.

지능 정보 기술을 합체한 플랫폼 장치를 동력 삼아 작동하는 오늘날 자동화 기제는 인간 활동과 노동의 형식 및 내용을 연산 통계학적으로 제어하거나 관장하려 든다. 미디어 연구자 프랑코 베라르디(Franco Bifo Berardi)의 말처럼 "외관상 기계에 의해 해방된 것처럼 보이는 시간이 사실상 사이버 시간, 즉 사이버 공간의 무한한 생산과정들 속으로 흡수되는 정신적 과정의 시간으로 변형된다."[33] 그는 전통의 산업(화석 원료) "자본

---

32   마우리치오 랏자라또, 신병현 · 심성보 옮김, 《기호와 기계: 기계적 예속 시대의 자본주의와 비기표적 기호계 주체성의 생산》, 갈무리, 2017, 131.
33   프랑코 베라르디, 서창현 옮김, 《노동하는 영혼: 소외에서 자율로》, 갈무리, 2012, 107.

주의[가] 물리적 에너지의 착취에 근거[한다면], 기호(정보)자본주의는 사회의 신경 에너지의 예속(전유)에 기반"한다고 지적한다.[34] 그의 기호 혹은 정보자본주의 체제에서는 '스마트 문화'와 '플랫폼 경제'를 통해 인간의 모든 활동, 생체리듬, 정동을 포획하는 극단적 착취 단계 즉 '정신적 포섭(mental subsumption)'의 단계에 접어든다.[35]

산업혁명기에 로봇과 자동 기계를 공장에 도입해 임금노동자의 탈숙련화를 이루면서 '실질적 포섭'을 이뤄냈다면, 이제 플랫폼 알고리즘이 일상 삶 모든 곳에 적용되면서 인간 활동과 의식의 자동화 공정을 확대하며 '정신적 포섭'과 '사회적 탈숙련화(social de-skilling)'를 빠르게 이뤄 낸다.[36] 과거 노동의 '탈숙련화'와 분업이 생산관계의 주도권을 실질적으로 노동자에서 자본가에게 양도하는 계기가 됐다면, 이제 '사회적 탈숙련화'는 빅테크의 자동화된 기술 코드와 플랫폼 지능 장치가 시장경제는 물론이고 사회의 가치와 규범까지 제어하는 새로운 디지털 권력의 국면으로 접어든다. 이와 같은 자동화의 사회적 확장 국면에서는 정치철학자 실비아 페데리치(Silvia Federici)의 언급대로 "사회가 공장이 되고 사회적 관계가 직접적으로 생산관계가 된다."[37]

34 프랑코 베라르디, 송섬별 옮김,《죽음의 스펙터클: 금융자본주의 시대의 범죄, 자살, 광기》, 반비, 2016, 7.
35 Berardi, F. *Futurability: The age of impotence and the horizon of possibility* (New York, NY: Verso, 2017), 106-07.
36 Andrejevic, M. *Automated media* (London, UK: Taylor & Francis, 2020).
37 이 문구는 실비아 페데리치가 이탈리아 자율주의의 고전적 인물인 마리오 트론티(Mario Tronti)의 '사회 공장' 개념을 설명하는 데서 가져왔다. 그녀의 설명에 따르면, 자본주의의 유기적 구성이 일정 발전 단계에 이르면 "자본주의적 관계의 헤게모니가 크게 확장되어 모든 사회적 관계가 자본에 종속되고 사회와 공장 간의 구분이 붕괴"되는 현실을 마주하게 된다(실비아 페데리치, 황성원 옮김,《혁명의 영점: 가사 노동, 재생산, 여성주의 투쟁》, 갈무리, 2013, 25).

우리 모두 플랫폼을 위해 데이터 '공짜(무급) 노동'을 하고 있다며 현대인을 '데이터 무급 노동자'로 묘사했던 이탈리아 미디어 이론가 티치아나 테라노바(Tiziana Terranova)는, 빅테크의 플랫폼 자동화 기술에 의한 사회의 질적 변화를 '테크노소셜(technosocial)' 개념을 통해 이와 유사하게 설명하고 있다. 그가 말하는 '테크노소셜 미디어' 국면이 되면 "사회적인 것이 직접적으로 (디지털) 코드화되고, 디지털 커뮤니케이션 기술에 의해 재귀적으로 재구성되고 변형"된다.[38] 한마디로 권력 통치의 손과 발이 되는 지능 정보화 기술 네트워크 미디어에 의해 현실의 운영 논리가 재구축된다는 얘기다. 여기서 인간 활동 데이터를 수집·분석·처리하는 플랫폼 알고리즘 장치가 중심에 서고, 이것이 시장 영역을 넘어서서 일상을 구성하는 논리로 확장한다. 플랫폼 기업 논리의 사회적 구현을 가능하도록 이끄는 기술이 '플랫폼' 기술 장치가 되고, 우리 각자의 스마트폰 속 앱은 현실 자원과 서비스의 효율적 연결은 물론이고 노동 일감을 쉽게 얻거나 각자의 데이터 활동이 시시각각 모니터링되는 중요한 노동력 공급의 허브 구실을 한다. 개인 신체에 연결된 스마트폰 스크린 위에서 점멸하는 플랫폼 앱들은 오늘날 소비와 노동 활동으로부터 '데이터 채굴 장치'이자 물질세계의 자원을 통제하는 일종의 온라인 통합 관제 센터가 된다.

플랫폼은 시장의 논리를 사회로 확장하는 알고리즘 제어장치이자, 오늘날 고용 없이 부유하는 수많은 위태로운 노동자를 자신의 장치 내부로 흡수하고 증식한다는 점에서 현대판 '사회 공장'에 가깝다. 〈그림 2-1〉에서 볼 수 있는 것처럼, 플랫폼은 대부분의 노동과 서비스 등 유·무형 자

---

38   Terranova, T. The city is a technosocial medium("디지털 시티스케이프 지도 그리기", 〈2021 도시인문학연구소 제18회 국제학술대회 자료집〉, 2021, 37-43.

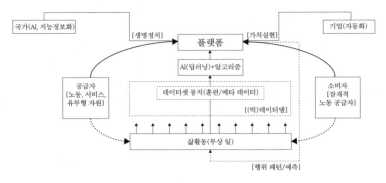

〈그림 2-1〉 플랫폼 장치의 기본 설계

원의 초기 마찰 비용을 줄이며 중개할 뿐만 아니라 인간 데이터 활동과 살아 숨 쉬는 신체 노동을 예속화하는 거대한 블랙홀이 되어 가고 있다. 플랫폼 장치에서 가동되는 인공지능 알고리즘 기술은 노동, 자원, 서비스 등 각종 데이터 흐름을 정밀하게 계측하고 효율적으로 배치하고 자동화하면서 기업과 국가 모두에 연산 알고리즘에 기댄 통치 권력을 부여한다. 플랫폼은 유·무형 자원의 중개지이기도 하지만, 노동자를 개인사업자로 만들면서 '고용 없는' 노동의 재생산과 증식을 책임지는 인력 공장 역할을 떠맡는다. 즉 플랫폼은 일종의 자동화 알고리즘 기제 아래 인간을 통제하는, 신종 극한의 유연화된 노동 현장을 조성한다. 플랫폼은 전통의 노동 작업장과 크게 다르다. 과거와 달리 시공간 제약 없이 노동이 이뤄지고, 우리가 알던 노사 고용관계를 해체한다. 노동 계약은 독립 사업자와의 서비스 규정으로 대체되면서 노동하는 개인의 신체 자유가 커진 듯 보인다. 하지만 이에 따라 사업주는 근로기준법 준수 의무를 벗어나게 됨으로써 노동권은 취약해지며, 산업재해 처리 비용은 개별 노동자에게 외주화한다. 이제 플랫폼업계는 노동자 보호 책임을 쉽게 회피할 수 있게 된다. 플랫폼 노동자들은 노동권 보장이 미치지 못하는 경계 밖으로 내몰리며, 플랫폼 장치는 전통적 고용계약 관계를 해체하면서 노동자를 노동 안전과 보건의 위험 사각지대로 내몬다.

문제는 플랫폼에 매달린 인간 노동이 기술 효율성과 도구적 합리성의 요구로 인해, 살아 숨 쉬는 인간을 마치 일반 유무형의 '자원'처럼 홀대하면서 노동하는 주체의 생체리듬을 거스르며 강제적 폭력성을 띤다는데 있다. 실제 플랫폼을 위해 신체의 '산노동'을 제공하는 현장에서는 플랫폼의 AI 알고리즘이 새로운 유형의 착취와 수탈을 강화하는 기제로 활용된다. 따라서 어슐러 휴즈는 동시대 플랫폼 노동의 조건을 일종의 '로그 노동(logged labor)'과 같다고 묘사한다.[39] 즉 '벌채된(logged)' 통나무처럼 동료 노동자로부터 분절되고 자동 표준화된 노동을 수행하며, '로그온(logged on)' 상태로 일하면서 온라인 플랫폼에 의해 노동 관리와 통제가 이뤄지며, 그들의 노동 수행성은 지속해서 알고리즘 기술에 의해 '감시 추적되는(logged)' 지위에 놓인다.

실제 플랫폼 노동 현실을 보더라도 자동화 기술의 '로그 노동'적 성격이 드러난다. 플랫폼에 매달린 채 수행하는 대부분의 무·유급 노동과정은 알고리즘에 의해 자동화하고 분절화하는 경향을 띤다. 가령, 주요 플랫폼 배달 대행업체는 직접 지휘나 감독 대신 점차 알고리즘 통제 방식으로 빠르게 옮겨 가고 있다. 개별 배달 노동자에 대한 지휘 감독과 통제를 AI 기술에 위임하고 있다. 예를 들어 배달 대행 출근부 앱을 운영한다던가, 알고리즘 자동 강제 배차를 행하거나, 알고리즘을 통한 노동 동선

39 Huws, U. "Logged labour: A new paradigm of work organisation?, Work Organisation," *Labour & Globalisation* 10(1), 2016, 7-26.

및 시간 관리 기제 도입, 알고리즘 기반 노동 성과 측정과 벌점제, 관제 사무실에서 실시간으로 노동자들의 실시간 노동 상황 데이터 추적 기록 통제 등 폭넓게 인공지능 기술을 통한 노동 관리 기법을 구사하고 있다. 분초 단위로 노동자들의 작업장 내 시간 효율과 공간 동선을 최적화하려 했던 프레더릭 테일러의 '과학적 경영(scientific management)' 기획은 오늘날 플랫폼 자동화 국면에 이르러서야 진정 현실이 된다. 중간 보스의 노동 감독이나 지도 대신 노동자의 동선과 시간을 다양한 연산 알고리즘 자동 분석으로 최대의 효율적 노동시간과 동선을 예측하는 '알고리즘 경영(algorithmic management)'이 이를 대신하는 까닭이다.[40] '화려한 공산주의(FALC)'의 낭만적 예측과 달리, 가면 갈수록 플랫폼 노동은 노동자의 모든 동선이 과업을 전산학적 효율성 논리로 대체하는, 일종의 '알고리즘의 무자비성(algorithmic cruelty)'이 쉽게 작동하도록 설계되는 노동 유연화의 미래를 선사할 공산이 크다.[41]

위태로운 플랫폼 예속형 노동의 증식

플랫폼 장치는 자동화 기제를 통해 인간 산노동을 '로그 노동'으로 만들면서, 동시에 새로운 위태로운 노동 유형들을 증식한다. 이는 '노동의

---

40   알렉스 로젠블랏, 신소영 옮김, 《우버 혁명: 공유 경제 플랫폼이 변화시키는 노동의 법칙》, 유엑스리뷰, 2019.

41   이 글에서 플랫폼 자본주의 국면, 인공지능 '알고리즘의 무자비성'에 의한 노동 통제 양상은 그 위험성에 대한 경고 수준에 그치고자 한다. 본격적인 플랫폼 자동화와 노동 통제 문제는 이 글에서 다루려는 자동화와 '노동의 종말' 테제 검증과는 다소 다른 독립되고 집중된 노동과정 연구로 이뤄져야 한다고 본다. 플랫폼 노동과정에서의 구체적 노동 통제 기제는 이 책 〈5장 플랫폼 기업 빅데이터 vs. 배달인 빅데이터〉, 박수민 글 참고.

종말' 테제를 반박하는 결정적 증거이기도 하다. 플랫폼은 눈에 잘 띄지 않는 위태로운 노동과 일자리를 무한 증식해 외부로부터 노동력을 블랙홀처럼 끊임없이 흡수한다. 이를테면 플랫폼 알고리즘 장치에 연결된 유령 노동, 긱 노동, 크라우드워크, 플랫폼 배달 노동, 데이터 무급 노동 등 기술 예속형 노동 유형들이 자원 중개와 처리 과정 곳곳에서 급증하는 모양새를 띤다. 자율주의 사상가 조지 카펜치스(George Caffentzis)의 말을 빌리면, "착취가 임금노동의 전통적 장소들, 즉 공장·사무실·농장에 국한되지 않고" 플랫폼을 매개해 사회 전역으로 확장된다.[42] 이들 임시직 플랫폼 노동은 산업 시대 공장과 사무실의 자동화와 많이 다른 새로운 노동의 범용 문법이 된다. 플랫폼 기업은 데이터 수집에서 자원 물류, 배송, 미래 예측에 이르는 전 범위에 걸쳐 AI 자동화 기제를 활용하고, 플랫폼 장치에 포획되거나, 이를 보조하거나, 이에 연결된 거대한 불안정 노동시장을 곳곳에 배치하고 구축한다. 플랫폼 장치 안팎에서 노동하는 인간과 지능형 기술은 관계적 구성 부품으로 존재한다. 플랫폼 자본은 조립 공정의 산업 시대 공장을 오늘의 디지털 알고리즘 질서 속에서 재구획하는 신흥 지능형 공장의 모습을 완성한다. 즉 플랫폼은 우리의 일상에 존재하면서 자동화 사회의 일반적 '인지 수단'이 되면서 이제까지 노동의 영역으로 포괄하지 않았던 무수한 저숙련 단기 노동을 흡수하고 초과 착취한다. 랏자라또 식으로 표현하면, 이들 파편화된 플랫폼 노동은 전체 플랫폼 기계장치 회로 속 일종의 "내재적 구성 요소"가 되어 간다.[43]

---

42 조지 카펜치스, 서창현 옮김, 《피와 불의 문자들: 노동, 기계, 화폐 그리고 자본주의의 위기》, 갈무리, 2018, 14.

43 마우리치오 랏자라또, 신병현·심성보 옮김, 《기호와 기계》, 67.

자동화 현실은 '위태로운' 노동을 더 넓고 깊고 빠르게 양산한다. 플랫폼 공장에 직·간접적으로 연계된 일자리를 한번 보자. 먼저, 플랫폼의 AI 알고리즘 자동화를 원활히 하는데 인공지능 개발자들의 정규직 노동이 폭넓게 투입된다. 플랫폼 운영을 위한 정규직 기술 개발자 그룹 안에서도 창의적 구상 노동을 수행하는 프로그래머가 존재한다. 하지만 몇몇을 제외하고는 대체로 단순 코딩 업무를 하는 '코더'인 경우가 많아서, 그들 내부에서도 이원화된 계층 구조를 지닌다.

소수의 정규직 노동을 제외하고 대부분은 플랫폼의 자동화 기제를 위해 심부름꾼으로 일하거나 그에 매달린 단기 노동의 단순 업무에 집중되어 있다. 먼저 '유령 노동자(ghost worker)'를 보자.[44] 이들은 플랫폼 인공지능의 기계 학습이나 특정 의뢰인의 디지털 공정을 돕기 위해 드러나지 않는 곳에서 허드렛일을 수행하는 노동자를 지칭한다. 이는 주로 인공지능 뒤에서 마치 투명 인간처럼 일하는 단기 노동 유형의 일자리이다. 유령 노동은 마치 21세기형 인공지능 '인형 눈알 붙이기' 일감으로 잘 알려져 있다.

'크라우드워커(crowdworker)'는 유령 노동자의 일종이다. 직접적으로 인공지능 보조역을 하기도 하지만 다양한 프리랜서 단기 업무를 위해 '온디맨드' 인력시장에서 대기하는 노동자다. 보통 크라우드워크 플랫폼은 프리랜서 노동자를 흡수해 의뢰인에게 중개하는 온라인 인력시장 역할을 한다. 대표적으로 아마존닷컴이 운영하는 온디맨드 인력시장 플랫폼인 '미케니컬 터크(mechanical turk, 이하 엠터크)'를 꼽을 수 있다. 엠터크는 일손이 필요한 의뢰인이 원하는 다양한 업무를 플랫폼에 등록하면 구

---

44 메리 그레이·시다스 수리, 신동숙 옮김, 《고스트워크: 긱과 온디맨드 경제가 만드는 새로운 일의 탄생》, 한스미디어, 2019.

직자가 엠터크 플랫폼에 분·시간 단위로 쪼개져 등록된 건당 단기 과업을 얻는 수요 기반 온라인 노동시장이다. 엠터크를 통해 유령 노동자들은 마케팅 조사, 이미지 태깅 및 분류 등의 이미지 레이블링 작업, 데이터베이스 구축 작업, 온라인 상품 게시 내용 점검, 온라인 고객 응대 등을 주로 한다. 특징은 다음과 같다. 크라우드워커는 그 누구보다 '로그' 노동자로 최적화되어 있다. 즉 살아 있는 사람으로 관리되기보다는 개별 특성이 사라진 아이디로 식별된다. 배당된 업무는 비숙련의 일인 경우가 많다. 그래서 유사 과업을 하려는 노동자들이 늘 대기 상태다. 누군가의 노동은 다른 누군가에 의해 언제든 쉽게 대체될 수 있다. 그러다 보니 보수는 대체로 최저임금이거나 그보다 낮은 수준에서 지급된다. 많은 경우 실시간 일의 수행 과정이 데이터 기록으로 통제된다. 그들의 일은 자유롭지만 경력 개발 기회와는 단절된 일거리일 경우가 흔하다. 누가 노동을 내게 제공했는지 알기 어렵고 군이 알 필요가 없는 구조적 특징을 갖는다. 특히 크라우드워커의 일은 자주 국경을 넘어 저임금의 시간당 산출물이 좋은 누군가에게 맡겨진다. 장점도 있다. 각자가 독립된 시공간의 효율성 속에서 일감을 수행할 수 있는 자유를 누린다. 노동자 각자는 서로를 대면할 필요 없이 분절된 상태에서 업무가 이뤄진다.[45]

플랫폼은 노동, 물건, 음식, 서비스 등 사회의 모든 자원을 중개하고 매칭하기 위해 유통과 물류 관리(로지스틱스)의 인공지능 자동화를 빠르게

---

45 우리의 경우를 보면, 2020년 7월 "한국판 뉴딜" 종합 계획'이 발표되고 '디지털 뉴딜'의 청사진이 제시되면서 플랫폼 노동의 위상이 잘 드러났다. 정부가 당시 5년에 걸쳐 총 39만 개의 '디지털 댐' 일자리를 마련하는 가운데 그중 75%가 '데이터 레이블링'이란 4개월짜리 단기 계약의 유령 노동 일자리가 주어졌다. 당시 이는 정부가 앞장서서 플랫폼 활성화를 위해 청년들에게 디지털 근로와 유령 노동을 권하는 것과 같았다.

진척시켰다. 동시에 자동화가 아직 유예된 곳들, 즉 분류 작업이나 배송 업무에 임시직 노동자의 배치를 크게 늘리고 있다. 불과 몇 년 사이 우리 사회에서 플랫폼은 알고리즘 기술의 효율성 논리를 동원해 '새벽배송'과 '총알배송'이라는 신생 배달 노동 문화를 창조해 냈다. 이렇게 주문된 음 식이나 식료품 등을 실어 나르는 음식 배달원(배달 라이더)·대리운전기사· 퀵서비스 종사원 등을 호출형 긱 노동이라 부른다. 이처럼 플랫폼 앱을 매개해 하루 벌어 근근이 생존하는 필수 노동 유형이 크게 늘고 있다. 노 동 법학자인 제레미아스 아담스-프라슬(Jeremias Adams-Prassl)은 이들 플 랫폼 긱 노동의 속성을 ① 저렴한 노동력 의존, ② 복잡한 공정을 개별 과 업 단위로 분할하는 '쪼가리 노동', ③ 노동자에게 사업의 위험(비용) 전가, ④ 노동법 적용 범위 밖 사각지대 노동 문화 등으로 정리한 바 있다.[46]

아이러니하게도 코로나19 재난 상황은 불안정 긱 노동에 기반한 유 연화 기제를 더 가속화했다. 후기자본주의 체제는 '비대면(언택트)' 자동화 무균시장의 열망을 더욱 키웠다. 이른바 '언택트 경제'는 그것의 성공에 비례해 더 바쁘게 접촉하고 누군가의 산노동을 동원해야 가능한 모순적 인 비대면 경제 모델이다. 코로나 국면을 겪으면서 우리 사회는 물론이고 전 세계적으로 비대면 소비가 크게 늘어 플랫폼 배송·배달업체가 대규모 매출 성장세를 보였다. 동시에 배달 플랫폼업계는 코로나19 생활고와 실 직으로 고통받는 수많은 이들을 택배와 배달 노동 종사 인구로 대거 흡수 하며 성장했다. 플랫폼 중개업이 외려 경기 침체기에 빠르게 성장하고 산 노동의 고통을 먹으며 자란다는 점이 적중했다. 이들 플랫폼의 유령·긱

---

46 제레미아스 아담스 프라슬, 이영주 옮김, 《플랫폼 노동은 상품이 아니다》, 숨쉬는책공장, 2020, 178.

노동의 신생 노동군은 산업 시대 공장의 생산 라인에서 자동화 장치에 의
존해 자동차를 조립하던 전통의 산업 노동자군에 유비될 수 있다. 플랫
폼에 매인 노동자가 전통의 산업 노동자에 비해 나은 점이라면 노동시간
과 일하는 곳을 자신의 의지대로 조정할 수 있는 자유도가 높다는 데 있
을 것이다. 하지만 산업 기계장치에 깔리고 끼여 매일같이 죽임을 당하는
산업 노동자처럼 플랫폼 물류 창고 노동자, 택배 노동자, 배달 라이더 등
의 과로사 또한 급증하고 있다. 로버트 라이시(Robert Reich) 전 미 노동부
장관이 코로나19 충격으로 새롭게 분화된 노동계급의 불평등 질서를 언
급한 것처럼,[47] 비대면의 '원격 근무 가능한 노동자(the Remotes)'라는 선택
받은 엘리트 지위에 있지 않다면 대부분 긱 노동자는 비대면 소비시장을
유지하기 위한 '필수 현장 노동자(the Essentials)'가 되어야 생존할 수 있다.
아니면 '해고나 휴직 중의 노동자(the Unpaid)'이거나 이주 노동자와 난민
등 '잊힌 자(the Forgotten)' 가운데 하나의 신분을 선택해야 한다.

자동화에 대한 낙관·비관의 숙명론에서 벗어나면, 플랫폼 장치의 데
이터 수집 및 분석, 자원 매개, 처리·배송, 데이터 예측에 이르는 전 공정
곳곳에 증식하는 각종 개발자 노동, 유령 노동, 크라우드워크, 플랫폼 배
송·배달 노동 등 위태로운 기술 예속형 노동 현실이 우리의 시야에 잡히
기 시작한다. 플랫폼 자본은 이들 노동을 통제하기 위해 자동화 알고리즘
기제의 보완적 결합을 꾀하며 노동비용을 줄이면서도 노동강도를 극대
화한다. 다시 말해 자본주의 기업은 값싼 노동 인력을 활용하면서도 인공
지능 알고리즘의 대중화된 소비시장을 활성화하는, 이른바 위태로운 인

---

47   Reich, R. "Covid-19 pandemic shines a light on a new kind of class divide and its
      inequalities," *The Guardian*, 2020. 4. 26.

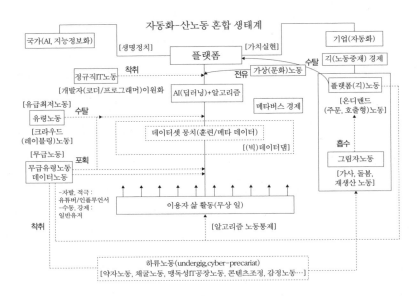

<그림 2-2> 플랫폼 자동화 노동의 양상들

간 노동과 알고리즘 지능 기계의 절충주의적인 노동 인력시장을 도모하
는 데 공을 들이고 있다.

플랫폼 수탈의 구체적 양상들

〈그림 2-2〉는 바로 플랫폼 자동화 기제를 중심으로 사슬처럼 얽힌
신생의 비가시적 노동 유형이자 플랫폼에 매달린 신생 노동의 위상학적
지형도를 보여 준다. 그림에서 보면 플랫폼 노동의 가치화는 착취와 수탈
기제에 근거한다. '착취(exploitation)'는 전통적 노사 생산관계 아래에서
작동하는 노동력 흡착의 기제지만, '수탈(pillage)'은 생산관계를 벗어난
노동력 탈취 방식에 해당한다. 플랫폼 개발자 정규직 IT 노동을 제외하고

대부분 플랫폼 노동은 비정규직의 신생 혹은 기존 노동시장을 중개해 노동력을 수탈하는 방식에 크게 의존한다. 플랫폼에서 주로 축적 회로 바깥에서 발생하는 수탈이 활성화할 수 있는 까닭은 인공지능 알고리즘 기제 덕이다. 권력의 시선이 그 자리에 머물지 않아도 노동력의 동선이나 활동 관리가 원격 통제로 가능한 현실이 열리기 때문이다.

플랫폼 수탈의 하위 범주를 우리는 포획, 흡수, 전유로 세분화해 볼 수 있다. 플랫폼 자본주의 국면에서 특징적인 수탈 기제 중 하나는 포획이다. '포획(capture)'은 이용자 대중의 앱에서의 '놀이'처럼 보이는 데이터 활동이 플랫폼의 이윤 기제로 흡수되면서 노동 가치로 쉽게 전환되는 가치화 과정을 뜻한다. 전통적으로 수탈이 강제를 수반한다면, 포획은 자발적이고 즐거이 기계 예속화하는 수탈 과정에 가깝다. '흡수(absorption)'는 기존 전통의 인력시장에서 작동하던 수탈 논리가 플랫폼 장치에 의해 재통합되는 경우를 지칭한다. 청소, 돌봄 등 전통의 인력소개소 역할을 플랫폼으로 재배치하는 경우가 대표적이다. '전유(appropriation)'는 포획과 유사하게 자신의 일상 활동의 결과물이 자본에 의해 사유화되는 과정이라 볼 수 있다. 이들 개념 사이에 미묘한 차이들이 존재하는 이유는, 플랫폼 중개 기술이 노사 생산관계에서 볼 수 있는 전통의 '착취' 구조를 바꿔 점차 비정상적인 '수탈'의 여러 신생 가치 흡착의 회로와 경로를 만들어 낸 까닭이다. 더불어 '착취'를 통한 "자본주의적 축적의 회로 바깥에 존재"하는 비가시적 노동의 가치화 방식, 즉 '수탈'의 여러 양태는 자본 가치 증식의 새로운 수수께끼, 즉 21세기 자본주의의 자동화 국면 속 노동 수탈을 통해 부를 축적하는 '생산의 감춰진 장소(hidden adobe)'를 드러낸다

고 볼 수 있다.[48]

플랫폼은 '흡수'란 개념에서 본 것처럼 주로 여성의 일이고 비공식 경제 유형이던 다양한 인력시장의 '그림자 노동(shadow work)'을 주로 그 자장으로 끌어들인다.[49] 그림자 노동은 사상가 이반 일리치(Ivan Illich)의 핵심 개념이기도 하다. 보통 여성이 수행하는 가사 노동이 그림자 노동의 대표적 예다. 그림자 노동은 자본주의 산업사회의 재화와 서비스 생산에서 임금노동과 함께 필수적인 보완물로 요구되는 무급의 가사·재생산 노동을 지칭한다. 자본주의 사회에서는 전통적으로 남성 위주 임금노동의 보완물로서 무상의 그림자 노동이 존재해 왔다. 이는 비공식 경제처럼 주로 '집안 여성' 혹은 '주부'의 일이자 '일하는 남성'을 위해 조력하는 무상(무보수)의 일로 취급됐다. 〈그림 2-2〉의 오른쪽에서 보는 것처럼, 이제 플랫폼은 남성 위주의 경제 활동을 눈에 띄지 않게 떠받치던 여성 등 약자의 그림자 노동을 플랫폼 노동 인력시장의 공식 영역으로 재배치하고 편입한다. 청소, 돌봄, 가사도우미, 감정 노동 등 거의 모든 비가시적이고 비공식적인 일감들이 플랫폼을 통해 거래되는 인력시장 노동에 합류된다. 이들 그림자 노동은 분 혹은 시간 단위로 쉽게 쪼개지고 저가로 거래되기 시작한다. 플랫폼은 거의 모든 사회적 타자의 비공식 일과 활동을 저렴하게 '흡수'하는 블랙홀처럼 변한다.

무형의 데이터 흐름을 관장하는 플랫폼 공장에는 그림자 노동만큼이나 비가시적이고 '무상의 일'을 제공하는 이들 또한 폭넓게 존재한다. 〈그림 2-2〉의 왼쪽 아래에는 스마트폰을 손에 켠 채 이른바 '데이터 무급 노

---

48 진태원, 《애도의 애도를 위하여: 비판 없는 시대의 철학》, 그린비, 2019, 480-82.
49 이반 일리치, 노승영 옮김, 《그림자 노동》, 사월의책, 2015.

동'을 제공하는 수많은 보통의 인간인 우리가 위치한다. 플랫폼 인공지능 알고리즘을 지탱하는 힘은 현대인의 수많은 데이터 활동 덕이다. 일반인의 데이터 활동은 보상 문제와 걸쳐 있지만, 대부분은 무급에 대가 없이 자발적으로 이뤄지는 경향이 크다. 간혹 SNS 인플루언서, 유튜버, 브이로거 등의 온라인 활동은 수익성 높은 유상 노동으로 평가되어 아주 소수는 '셀럽'이 되거나 고수익을 얻기도 한다. 한 사회의 논리가 플랫폼 장치에 의해 좌우되거나 대체될수록 조회 수와 구독을 높이는 일은 곧 돈과 직결된다. 그래서 조회 수와 클릭을 유도하기 위해 자극적 소재의 콘텐츠는 물론이고 혐오, 편견, 극단의 정서까지도 불러일으킬 정도로 인플루언서는 '구독'과 '좋아요'로 자신의 동조 세력을 끝없이 끌어모으려 한다. 이들은 주목과 관심이 개인의 수익과 직결되기에 극단의 정서를 유포하길 서슴지 않는다. 그에 비해 일반적으로 이용자 대중의 일상 데이터 활동과 자발적인 콘텐츠 생산은 대부분 무상·무급의 노동력으로 플랫폼의 자동화 알고리즘 공정에 '포획'된다.

마지막으로, 〈그림 2-2〉 아래의 플랫폼의 물질 (재)생산 기저를 지탱하고 물질재 생산과정에 연결된 노동자들이 폭넓게 존재한다는 사실을 알 수 있다. 이른바 '하류(下流) 노동자' 혹은 '언더긱(undergig)'이라 불리는 노동 집단이다.[50] 하류 노동은 디지털 자동화를 물리적으로 떠받치는

---

50 '하류 노동'은 프리캐러티 랩(Precarity Lab)의 저술 작업 속 '언더긱' 노동 개념을 내가 옮긴 말이다(Precarity Lab (2020). Technoprecarious (London, UK: Goldsmiths Press, 2020)). 가장 적절한 표현법이라 여겨 '하류(下流)'로 옮겼는데, 이는 노동을 낮춰 경멸의 의미로 부르는 것과 무관함을 밝힌다. 하류 노동은 자동화 등에 의해 계층적 사다리 구조의 아래로 흘러 모인 이들을 지칭하기 위해 선택된 자연스런 용어법이다. 이미 일본 학계에서는 '하류 사회', '하류 세대' 등 노동과 세대 불평등을 논하며 학술적으로 흔하게 선택되는 용어이기도 하다. '중류(중산층)'나 '상류'에 대비되는 상대적 의미로 받아들이면 좋겠다.

IT 제조 노동으로 볼 수 있다. 플랫폼의 데이터 흐름이 주로 온라인 네트워크상에서 이뤄지지만, IT 장치는 오프라인의 물질 생산 없이는 작동이 불가능하다. 카펜치스는 인공지능에 의한 일자리 파괴와 소멸로 보이는 현상만 보면 그 반대쪽에 놓인 전 세계에 걸친 서비스 부문의 성장과 노동 착취 작업장의 확장 양상을 놓친다고 지적한다. 그래서 그는 우리에게 '아프리카'(저임금 노동)와 선진국 '자동화' 신화를 함께 연결해 읽어야 한다고 말한다.[51] 그는 인공지능에 대한 열광이 단순히 기업의 노동 대체를 향한 기술적 돌파구일 뿐만 아니라, 값싼 노동력을 찾으려는 자본의 욕망과 짝패임을 강조한다. 카펜치스의 비유는 자동화에 대한 리얼리즘적 태도를 우리가 왜 유지해야 하는가에 중요한 통찰을 준다고 할 수 있다.

〈그림 2-2〉 아래에서처럼 오늘날 저개발국 아동·여성 착취 노동, 반도체 부품 노동, 휴대폰 조립 노동, 성적·폭력적 영상 필터링 등 콘텐츠 조정 노동,[52] 디지털 가상화폐 채굴 노동, IT 기술 지원 노동, 코발트 광물 채취 노동, IT 실험실 청소 노동 등이 가상 플랫폼의 물질 인프라를 떠받치는 하류 노동에 속한다. 이들 하류 노동은 선진국과 아프리카 등 저개발국 양쪽 모두에 위치하며 유령·긱 노동보다도 비가시화, 저가치, 저평가되어 있다. 하류 노동은 전 지구적 차원에서 지리적 불균등 발전

51　조지 카펜치스, 서창현 옮김, 《피와 불의 문자들》, 211-29.
52　'콘텐츠 조정 노동자(content moderator)'는 일반적으로 '유령 노동'의 하위 범주로 묘사된다. 플랫폼에서 단순 반복의 소모성 디지털 노동을 하는 노동 유형인 까닭이다. 나 또한 노동의 성격상 그렇게 보는 것에 크게 저항이 없다. 다만 갈수록 비물질 노동의 심신 병리학적 파탄 효과가 커지고 있음에도 이에 대해 사회보건학이나 병리학적으로 제대로 이를 조명하지 못하는 현실을 감안해야 한다고 본다. 그래서 콘텐츠 조정 노동자는 비물질 노동자이지만 신체 노동자가 느끼는 과로만큼이나 정신적 피로에 시달리는 극단의 '독성' 콘텐츠를 다루는 '하류 노동' 집단으로 분류하는 것 또한 타당하다. 물질·비물질 노동에 상관없이 꿉진한 노동 현장의 보편적 실상을 더 정확하게 묘사할 수 있는 노동 분류법이 필요해 보인다.

을 이용해 저렴하게 약자 노동의 땀과 피를 짜내는 반인권적인 '땀공장 (sweatshop)'과 연결된다. 특히 하류 노동은 산업혁명 초창기에 노동자의 심신을 피폐화했던 각종 '독성(toxicity)' 노동과 닮아 있다. 하류 노동의 실체는 인공지능 등 신기술이 청정의 친환경 미래 기술인 것처럼 포장되는 거짓을 쉽게 들춰 낸다. 하류 노동은 신기술 자체의 독성이 노동과정 중 노동자의 육체와 정신에 스며들며 각종 질병과 정신적 트라우마와 우울증의 상흔을 남기는 극적 현실을 드러낸다.

결국 동시대 '플랫폼 공장'은 이렇듯 산노동과 자동화 지능 기계가 상호 모순된 듯 동거하고 있으면서도 어떻게 공생관계를 효과적으로 유지하는지를 보여주는 노동 현장의 최전선이라 할 수 있다. 플랫폼에 예속된 노동의 증식 기제는 앞으로도 꽤 오랫동안 주류 IT 자본이 욕망하고 추구할 노동 모델이 아닐까 싶다. 플랫폼 장치는 과잉 인구를 활용해 끊임없이 단기 일자리를 만들고 증식해 내적 기제로 흡수하고, 이를 전산학적으로 중개하고 배치하면서 우리가 알던 노동의 과정이나 수행의 성격을 크게 바꾸고 있다. 플랫폼이 사회화된 공장 역할을 하고 많은 부분 알고리즘 기제를 통해 다종다양한 서비스 노동을 흡수하고 있는 현실을 고려하면, 이는 우리 노동의 미래를 '리얼'하게 보여주는 셈이다. 즉 노동은 자동화로 인해 사라지는 것이 아니라, 여러 층위에서 새롭게 위태롭고 유연한 노동을 양산하는 형태로 갈 공산이 크다. 따라서 이제까지 우리의 의식과 주류 현실을 지배하며 인간 노동의 미래를 왜곡하는 자동화 숙명론은 빠르게 철회되어야 한다.

인간 노동의 다른 미래

플랫폼 질서가 등장하면서 소수의 정규직 IT 개발자 노동조차 양극화 되고, 대부분의 '산노동'은 갈수록 위태로운 상황에 놓이고 있다. 지능 정 보화 사회로 갈수록 노동 구성비는 피라미드형에서 마치 거꾸로 세운 압 정형 구조처럼 극단의 불평등 구조로 변화할 조짐을 보인다. 〈그림 2-3〉 에서처럼 정규직 상층 일부와 중간층에 포진하는 관리직과 자영업자 대 부분이 크게 쪼그라들고, 이들 대부분이 비정규직 노동자로 이동하면서 플랫폼 노동의 하류 노동 계층으로 흡수될 공산이 크다. 코로나19 재난 이후 우리는 이미 이와 같은 노동인구의 이동을 쉽게 목격했다. '언택트 경제'의 후폭풍과 불안정한 플랫폼 노동 현장에 대한 사회안전망이 마련 되지 않는다면, 노동하는 삶의 계층화와 양극화는 더욱 심화할 것이다.

이제까지 내가 언급한 자동화의 여러 정치경제학적 변수들과 플랫폼 장치에 의해 증식되고 있는 위태로운 노동 양상만 확인해 보더라도, 그냥 이대로의 자본주의 인공지능 자동화를 방관하는 노동의 종말 테제나 좌 파의 '화려한 공산주의'의 전망 모두 비현실적이고 수동적 관망에 불과하 다는 점에 동의할 것이다. 우리는 자동화된 '불안정성'을 극대화하는 인공 지능의 유령·긱 노동 보조역의 초과 착취, 그리고 자본의 가치사슬 외부 로 연결된 무상의 비공식 활동과 노동의 '수탈'과 '포획' 기제를 노동의 일 반적 미래로 봐야 한다. 오늘날 '플랫폼화' 과정은 이 비정규직 하층의 위 태로운 노동을 재물 삼아 '고용 없는 일자리'를 구조화하는 데 일조한다. 자동화 기계는 사람이 할 수 있는 일과 컴퓨터가 할 수 있는 일 사이의 틈 을 메꾸기 위해 임시직 유령 일자리를 끊임없이 만들어 낸다. 이를테면 인공지능이 잘 수행하지 못하는 틈을 메꾸려 인간은 새로운 노동의 임무

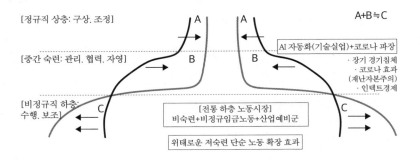

〈그림 2-3〉 코로나19 국면 자동화와 노동 인구 구성비 변화

를 매번 배정받고, 인공지능 개발자가 업그레이드된 지능 장치를 새롭게 고안하면 그 틈에 다른 질 낮은 산노동의 보조 일감의 연쇄 고리를 만들어 낸다. 완전한 자동화 사회에 이른 듯싶지만, 현실은 "완전히 자동화된" 탈노동의 미래를 매번 저 멀리 다가오지 않은 미래로 지연시킨다. 〈그림 2-2〉에서의 복잡다단한 플랫폼 예속형 노동에서 확인한 것처럼, 플랫폼 자동화 장치가 사회적으로 범용화될 때 인간의 노동은 완전히 소멸하기보다는 잉여가치의 추출을 위해 노동의 형식과 내용이 재배치되고 끊임없이 파편화될 확률이 높다.

머신러닝 등 인공지능은 본질적으로 인간 두뇌의 특정 기능을 모방해 그 효율성을 극대화한 자동화 기술 모델이다. 하지만 인간과 같은 자율적 선택과 판단을 내리는 자기 완결성의 완전한 회로 구조를 갖지 못한 채 현재는 오히려 인간의 편향에 크게 좌우되면서 자율 지능의 궁극적 실현 또한 불투명하다. 설사 인공지능이 인간에 가까운 지능 수준에 이르더라도, 지능 기계의 에너지 공급이나 물질대사를 돕기 위해서라도 유령 노동과 같은 허드렛일은 '당분간' 증가할 것이다. 여기서 언급하는 '당분간'

은 자본주의의 역사로 보자면, 앞으로 100년이 될지 1,000년이 될지 가늠할 수 없는 인공지능 자동화 체제 아래 기식하는 고된 인간 노동의 우울한 미래일 수 있다. 미래학자나 좌파 가속주의자의 근거 없는 언설을 빌려 '탈노동'과 '노동의 종말'을 손쉽게 점치는 일은, 인간 노동이 인공지능의 보조 역할로 전락하면서도 끈질기게 소환될 수밖에 없는 '산노동'의 리얼리즘적 무게를 무시하는 처사다.

'당분간'이란 표현의 모호함만큼이나 '화려한' 자동화 미래의 '최종 단계'가 언제 올지 확신할 수 없다는 데 인간 노동 문제의 핵심이 있다. '화려한 공산주의'는 지속해서 유예되고 미끄러진다. '유령 노동' 개념을 창안한 메리 그레이와 싯다르스 수리(Mary L, Gray & Siddharth Suri)는 이를 '인공지능 자동화 최종 단계의 역설'이라 부른다.[53] 자본주의의 현 체제를 유지하려는 위로부터의 억압적 속성이 바뀌지 않는다면, 전면적인 자동화 대신 지능 기계에 흡수되고 예속된 플랫폼 유령 노동, 임시직 노동, 그림자 노동, 미세 노동 등이 위태로운 미래 노동군으로 계속해 확대 재생산될 확률이 높다. 인공지능 알고리즘 자동화는 당장 우리를 임금노동의 굴레로부터 자유롭게 하기보다는 정반대로 위태로운 노동에 들러붙어 더 노동의 질을 떨어뜨리는 쪽으로 작동할 공산이 크다. 플랫폼 자본의 욕망이 크게 개입된 인간-기계 혼합(하이브리드) 혹은 증강된 노동 착취 욕망을 제대로 읽고 대비해야 한다.

전통의 고용관계를 해체하고 노동을 위태롭게 만드는 신종 플랫폼 기술 질서에 맞서 전통적인 방식의 노동자 저항 외에 다른 방도는 없을까? 단기적으로 해야 할 일은 쉽게 바깥으로 드러나지 않은 플랫폼화로

---

53 메리 그레이·시다스 수리, 신동숙 옮김, 《고스트워크》.

급변하는 노동 인권 현실과 침해 문제를 사회적으로 드러내는 일이다. 일단 플랫폼 노동자들의 열악한 근무 조건과 기술 통제를 개선할 최소한의 방어막과 노동 권리 보호가 전제되어야 함은 물론이다. 동시에 정부는 인간 신체 노동을 플랫폼 비즈니스 중개 자원으로 삼으려는 신규 스타트업의 사업 진출과 비즈니스 요건을 좀 더 까다롭게 규제하고 감독해야 한다.

개별화되고 비가시화되어 서로의 존재조차 확인하기 어렵지만, 위태로운 플랫폼 노동 조건에 대항해 저항과 연대의 호혜적 계기를 만들어나가는 일 또한 중요하다. 가령, 주류 노동 플랫폼의 억압적 속성을 바꾸려는 집단 저항과 함께 플랫폼 장치를 아예 노동자 호혜와 연대를 위해 재전유하려는 자율 흐름이 감지된다. 이른바 '플랫폼 협동주의(platform cooperativism)'가 그것이다. 플랫폼 협동조합 혹은 플랫폼 노동조합이 노동 참여자의 공동 생산, 기업 운영과 이익의 평등한 재분배 방식을 고민하는 중요한 슬로건이 되고 있다. 플랫폼 협동조합이나 노조에는 이제까지 불로소득을 취하던 중개인(브로커)의 역할이 사라진다. 이는 주주로 이뤄진 일반 기업과 달리 조합원의 공동선을 추구하는 사회적 연대 경제 모델을 지향한다. 그 구조는 전통적인 협동조합이나 노동조합의 특징을 가져오되 동시대 기술 변동 상황을 반영해 플랫폼 알고리즘 기술을 적극적으로 조직의 소통 과정에 반영한다. 가령, 특수고용직 노동자들이 직접 운영하고 소유하는 노동 중개 플랫폼 협동조합 유형으로 뉴욕 업앤드고(Up&Go·돌봄과 청소 노동)나 독일의 페어몬도(Fairmondo·공정 무역 및 유통)가 대표적이다. 그리고 기존 노조의 조직력이나 자원 조건을 그대로 플랫폼 모델로 확장한 플랫폼 노동조합 유형도 있다. 미국 덴버 택시 영업의

1/3 이상을 점유하고 있는 그린택시 플랫폼 노조의 사례를 들 수 있다. 이들 플랫폼 협동주의는 궁극의 대안이 아니더라도, 현실적으로 이것이 성취 가능하다면 노동 수탈형 플랫폼 시장에 가장 유력한 적수가 될 만한 구상으로서 주목할 만하다.

무엇보다 장기적으로는 산노동에 친화적인 플랫폼 장치의 민주주의적 설계와 재구축을 모색해야 한다. 그럴 때 지금과 다른 노동의 기획이 가능하다. 결국 자동화 논의는 숙명적으로 다가올 '노동 종말'의 가상 시나리오로 받아들이기보단, 질적으로 나빠지고 위태로운 기술 예속형 '유령 노동'의 부상을 어떻게 '리얼리즘적으로' 대면할지를 따져 묻는 실천적 입장이 되어야 한다.

3장

유령 노동에서
자동화된 공산주의까지
AI 자동화 이론의 지형[1]

김상민

"결국에는 (…) 비인간 역량이 모든 것을 지배한다(카를 마르크스)."[2]

"미래는 이미 여기에 있다. 다만 아직 골고루 분배되지 않았을 뿐이다(윌리엄 깁슨)."[3]

---

1   이 글은 《문화과학》 105호(2021년 봄)에 실린 글을 부분 수정한 것이다.
2   "[F]inally (…) an inhuman power rules over everything." 카를 마르크스의 《1844년의 경제학-철학 초고》의 세 번째 초고에 언급된 문장 일부로, 노동자의 소외(estrangement)가 드러나는 방식을 보여준다. https://www.marxists.org/archive/marx/works/1844/epm/3rd.htm
3   "The future is already here: it's just not evenly distributed yet." 저명한 SF 작가 윌리엄 깁슨이 처음으로 언급했다고 전해지는 이 문장은 사실 출처가 불분명하다. 이 문장 혹은 이와 유사한 문장은 그의 작품 속에서는 찾을 수 없고, 그가 언급했다고 전해지는 바로 그 이유로 여러 신문 기사나 인터뷰 등에서 그가 이(와 유사한) 문장을 최초로 언급한 것으로 다시 소개되었다. 미래의 요소들은 이미 현재에 그 잠재성을 지니고 있지만 아직 모든 사람이 그 사실을 알아채지 못하며, 그 미래(기술)의 혜택을 공평하게 누리고 있지 못하다는 의미로 해석할 수 있다.

인공지능이라는 유령

지금 우리 사회에는 하나의 유령이 떠돌고 있다. 인공지능(AI)이라는 유령이. 마르크스가 《공산당 선언》 서두에서 19세기 중반 당시 유럽에 '공산주의'라는 유령이 출몰해서 떠돌고 있다고 썼다면, 21세기 초 4차 산업혁명으로 내달리는 글로벌 자본주의 사회에 떠돌고 있는 유령은 전혀 다른 것이다. 물론 당시 공산주의라는 유령은 유럽의 낡은 권력들이 두려움에 떨었던, 그래서 붙잡기 위해서 서로 연합해서 사냥에 나서야 했던 것이었다. 그러나 지금의 AI라는 유령은 상반된 위치에 놓여 있다. 현재 AI라는 유령을 두려워하는 것은 자본가나 권력이 아니라, 오히려 노동자와 프롤레타리아트일 것이기 때문이다. 역사적으로 자본이 생산의 도구로 추진하고 도입해 왔던 여러 자동화(automation) 기술들(기계, 로봇, 컴퓨터 등)이 그러했던 것처럼, AI는 자본이 노동자와 그들의 고용을 위협하는 하나의 유령처럼 보인다.

자크 데리다는 《마르크스의 유령들》(1993)에서 일종의 유령학(hauntology)을 제시한다.[4] "시간이 이음매에서 어긋나 있다(The time is out of joint)"라는 셰익스피어의 《햄릿》에 등장하는 한 문구에 주목해 과거와 아직 오지 않은 미래, 있었던 현실과 잠재적 현실 사이에서 존재하는 것도 아니고 존재하지 않는 것도 아닌 (비)존재로서의 유령을 논한다. 그런 관점에서 보자면 AI는 아직 완전히 자동화되어 우리 삶의 모든 영역을 지배하지 못한다는 점에서 '완전히 존재'하는 것도 아니고, 여러 면에서 자동화가 충분히 이뤄져 우리 삶에 영향을 미치고 있으므로 '덜 존재'한다고 할 수도 없는 것으로 보인다. 전문가가 아닌 사용자에 불과한 사람들 대부분이 첨

4   자크 데리다, 진태원 옮김, 《마르크스의 유령들》, 그린비, 2014.

단 기술 영역에 있는 AI의 실체와 작동 방식을 규명하기는 여전히 어려우며, 완벽하게 자동화해 작동하는 AI는 아직 우리의 상상 영역에만 존재할 뿐이다. 지금의 AI는 둘 사이 어딘가에서 어렴풋이 배회하고 있다.

또 다른 점에서 보아도 AI는 유령과 같은 존재다. AI는 인간의 인지와 판단의 데이터에 기반해 학습한 결과로서의 알고리즘이며, 기껏해야 인간의 인지와 판단 능력을 흉내 내거나 시뮬레이트(simulate)하는 존재다. 인간의 희미한 부분적 복사물에 불과한 AI는 인간의 능력(faculty)이나 감각기관을 흉내 낼 뿐 세계를 진정으로 이해하지 못한다. 부분적으로 인간이(었)지만, 그렇다고 인간은 아닌 어떤 기이한 존재다. 그렇지만 인간 아닌 존재, 인간 이하의 유령 같은 존재로서 현존하는 AI(알파고, 왓슨, 챗GPT 등)는 비록 부분적이라 할지라도 인간의 능력을 훨씬 능가한다. 게다가 이 유령의 능력은 아마도 머지않아 무한히 확장될 것이다.

아직은 인간의 SF적 상상 속에서의 일이기는 하지만, 인간의 실존은 이 유령의 능력에 의해 위협받고 나아가 소멸에 이르게 될지도 모른다는 두려움마저 있다. 인간의 지성, 감각, 지각, 판단력 등의 부분적인 능력을 모방하거나 모델로 삼아 생성된, 인간보다 덜한 존재(less-human being)지만 어느 순간 인간을 훨씬 능가하는 존재가 될 수 있으며 인간의 실존을 파멸시킬 수도 있다는 공포를 인간에게 심어 주는 하나의 유령이 우리 시대를 떠돌고 있다.

AI 자본주의에 대한 입장들

AI, 로봇, 플랫폼 등에 의해 자동화되고 있는 현재의 기술 사회에서 인간은 어떤 조건에 직면했으며, 이러한 조건에서 생존한다는 것은 어떤 의미일까? 이에 대해서는《문화과학》100호에 실린 글에서 이미 논한 적이 있다.[5] 나는 AI가 핵심이 되는 자동화의 과정과 데이터-알고리즘-플랫폼의 연결이 구성하는 기술적 환경 속에서, 인간은 역사적으로 그래왔던 것처럼 노동으로부터의 해방을 꿈꾸는 한편 기계적 예속을 향해서도 나아가고 있다고 보았다. 일견 모순적인 상황이지만, 자동화라는 기술적 발전의 사회적 방향성 속에서 그 자동화 과정에 통합되는 것은 (기계뿐만 아니라) 사실 인간 자신이라고 말하면서 다소 암울한 인간의 미래에 대한 스케치를 남겼다. 그리고 인간은 결국 AI와 같은 비인간과 하나의 통합적 시스템 내에서 나름의 자동화 양식을 삶의 조건으로 받아들여 그들과 긴밀히 협력하는 방식으로 생존하게 될 것이라는 포스트-휴먼의 상황을 서서히 (그러나 이미) 받아들이고 있다고 결론지었다.[6] AI라는 유령에 완전히 패배한 듯, 혹은 도저히 기계적 권력의 전능함 앞에 무릎 꿇은 듯 인간의 미래에 대해 낙담으로 가득 차 암울한 비전을 제시했다.

따라서 이 글에서는 자동화 아포칼립스 내에서 인간의 어두운 미래상을 다시 그려내기보다는, 얼핏 던지기만 했을 뿐 더 이상 밀고 나가지 못했던 질문에서 시작하기로 한다. 전면적인 자동화 및 AI 기술은 인간을 노동으로부터 해방할 것인가, 아니면 궁극적으로 인간을 자동화된 기계적 노동과정에 완전히 포섭할 것인가? 여전히 단순하기만 한 것 같은 이

5　김상민, 〈자동화 사회에서 우리 (비)인간의 조건〉,《문화과학》100호, 2019.《문화과학》 100호의 특집 주제는 '인간의 미래'이다.
6　예컨대 지난 세기 중반에 집채만한 컴퓨터로 미사일의 궤적을 계산하던 인간에 비해 2020년대 현재 인터넷으로 연결된 손바닥 안의 스마트폰으로 세상의 거의 모든 일을 할 수 있게 된 동시대 인간은 완전히 다른 종류의 인간, 즉 전면적인 자동화 사이클 안에서 비인간 기계적 행위자들과 더불어 자신의 삶을 유동적으로 유지할 수 있는 인간인 포스트-휴먼이 되었다.

질문에 대해 논의하기 위해서 아마도 저명한 학자들(주로 경제경영학자나 미래학자 혹은 거대 테크 기업의 연구원)의 AI론을 먼저 늘어놓을 수도 있을 것이다. 그들은 주로 당대의 AI 기술이 얼마나 대단하며, 그것이 성취해 온 발전의 속도가 얼마나 빠르고, 또 얼마나 이른 시일 안에 전 인류의 삶을 송두리째 변화시킬 정도의 엄청난 기술들이 개발될 것인지에 관해 이야기한다.[7] 하지만 이 글에서는 그들의 분석이나 연구와는 조금 다른 경로를 통해 AI와 자동화가 우리의 삶과 노동, 그리고 미래와 어떤 관계를 맺게 될지를 엿보고자 한다.

그 경로로 들어가는 입구는 (뒤에 다시 돌아오겠지만) 다이어-위데포드·셰센·스타인호프의 《비인간 역량(Inhuman Power)》 서문에서 우연히 발견했다. 저자들은 AI에 대한 좌파 이론가들의 경향을 AI '최소주의'와 '최대주의'의 이론으로 구분하는데, 이는 AI와 함께 인간 사회의 미래를 예측하는 두 축이라고 할 수 있다.

그 두 가지 구분을 단순화해 따라가자면, 좌파 최소주의는 "인공지능에 대한 최근 담론을 과장광고(hype)나 강매와 다를 바 없다며 일축"하는 경향을 보인다.[8] 반면 좌파 최대주의는 "인공지능과 그 연관 기술인 로봇은 '진짜'이며, 생산과 노동조건을 급격하게 변화시킬 능력을 가지고 있다"고 볼 뿐만 아니라, 이 능력을 "사회주의로 향하는 디딤돌"이라고 여긴다.[9] 전자가 AI의 자동화 능력에 대해 소극적이고 그 도입을 시기상조라

---

7   대표적으로 에릭 브린욜프슨·앤드루 맥아피, 이한음 옮김, 《제2의 기계시대》, 청림출판, 2014; 제리 카플란, 신동숙 옮김, 《인공지능의 미래》, 한스미디어, 2017; 마틴 포드, 김대영 외 옮김, 《AI 마인드》, 터닝포인트, 2019 등을 꼽을 수 있다.
8   Nick Dyer-Witheford, Atle Mikkola Kjøsen and James Steinhoff, *Inhuman Power: Artificial Intelligence and the Future of Capitalism* (London: Pluto Press, 2019), 4.
9   Ibid., 6.

고 본다면, 후자는 인공지능의 이 능력에 대해 낙관적이고 이것의 도입이나 발전에 적극적이다. 좌파 최대주의는 AI의 자동화 능력이 "임노동 착취를 개선하고 아마도 종국에는 소멸시킬 것이며, 사람들이 더 많은 자유 시간을 즐기며 즐거움, 개인 발전 그리고/또는 정치적 참여를 누리는 사회에 대한 전망을 열 것"이라고 본다.[10]

여기에 덧붙여 이 책의 저자들은 AI에 대해 최소도 최대도 아닌 '심연의(abyssal)' 입장에 서 있다고 고백한다.[11] AI와 자본주의가 엮어 낼 현실이 아직 엄청나게 불확정적이라고 보며, 앞의 두 입장에 비해 훨씬 더 심각하게 충격적인 결과가 드러날 가능성도 염두에 둔다. AI가 노동(자)과 전체 인구보다 자본을 더 강화하면서 우리 사회가 그야말로 (지금까지는 시작조차 하지 못한) '진짜 자본주의(real capitalism)'로 들어서게 될 가능성까지도 열어 두는 비관적인 전망이다. 즉 인간 삶의 모든 부분이 완전히 자동화된(하지만 오로지 자본주의적인 방식으로 구축된) AI 시스템에 포섭되고, 따라서 AI는 인간 노동과 삶의 착취를 위한 기술로 완성되는 극단적인 상황이 어쩌면 더 현실적으로 가능할 수 있다.

AI에 대한 이러한 입장들을 잠정적으로 구분함으로써, AI라는 당면한 기술적 성취에 대한 비판으로부터 미래 사회의 급진적 상상에 이르는 입장들의 지형을 간략하게나마 그려 보고 파악하는 것이 이 글의 목표다. 그 과정에서 아직 유령으로 존재하는 AI가 자본의 축적 체제 및 일상적 삶과 노동의 방식을 둘러싼 논의에 어떻게 개입되는지를 알아보고, 나아가 도래할(지도 모를) 완전 자동화된 AI 자본주의를 급진적으로 전유할 수

10   Ibid.
11   Ibid, 8.

있는 가능성을 고민할 계기를 마련해 보고자 한다. 아마도 우리는 좌파적 시각의 자동화론자들이 AI에 대해 가진 전망을 따라가며 하나의 지형도를 그려 내는 과정에서 'AI 자본주의'가 가리키는 것이 무엇인지 자연스럽게 알게 될 것이다. 혹은 'AI 자본주의'가 아닌 대안적인 개념을 만날 수도 있을 것이다.

좌파 최소주의: 여전히 인간이 필요하다

우리는 AI의 엄청난 능력에 대해 익히 듣고 경험하고 있다. 근대 이후 산업 현장에서 자동화된 기계가 수많은 상품을 대량으로 생산해 왔고, 컴퓨터 같은 연산장치들은 디지털화되면서 우리 사회의 광범위한 분야에서 일종의 만능 장치로 기능하고 있다. 현재의 AI 기술은 생산뿐만 아니라 삶의 전 영역에서 매 순간 그 능력을 확장해 나가며 진화하고 있다. 구글, 아마존, 애플, 페이스북, 마이크로소프트, 텐센트, 테슬라, 알리바바 같은 거대 테크 기업들은 각 기업의 특성에 걸맞은 방식으로 AI 기술의 연구와 적용에 엄청난 투자를 하거나 관련 스타트업을 인수하면서 자신을 하나의 복잡한 AI 플랫폼으로 구축해 나가고 있다. 자율 주행 자동차가 되었건 동영상 스트리밍이 되었건 혹은 우주개발 산업이 되었건, 지금의 거의 모든 데이터 기반 산업은 데이터, 알고리즘, 플랫폼이 통합된 피드백 순환 고리를 상품의 생산-유통-소비 과정에 결합해 완전 자동화된 방식의 시스템을 구축하려고 한다. 이러한 완전 자동화된 시스템은 기업의 측면에서 뿐만 아니라 소비자나 노동자의 입장에서도 편리와 효율, 그리고 풍요를 가져다 준다고 믿게 만든다.

하지만 AI와 자동화의 문제는 여러 다른 문제들, 즉 기술 발전 정도의 문제, 노동의 문제, 사회체제의 문제, 인간 주체성의 문제 등과 서로 복잡하게 얽혀 있다. 그중에서도 자동화 기술과 노동의 문제는 다수의 좌파 이론가에게 핵심적인 관심사다. 최소주의적 입장을 가진 좌파 이론가들은 지금의 기술 수준에서 볼 때 AI가 아직 인간의 노동과 일을 대신할 정도의 수준에 이르지 못했다고 본다. 혹은 한 걸음 더 나아가 AI와 로봇이 만들어 내는 자동화의 정도가 가까운 미래에도 여전히 완전하지 않으리라고 생각한다. 즉 이들은 AI의 현재와 미래의 역량에 대해서 상대적으로 낮게 평가하는 경향을 보인다. 물론 그렇다고 해서 최소주의가 최대주의에 비해서 덜 가치 있다거나 학문적으로 미숙하다고 볼 이유는 전혀 없다.

최소주의의 가장 대표적인 이론가로는 《비인간 역량》에서 가장 중요하게 언급한 애스트라 테일러(Astra Taylor)를 들 수 있다.[12] 테일러는 자본주의 시장경제의 역사를 볼 때 자본은 늘 로봇 같은 자동화된 기계를 생산에 도입함으로써 노동자(의 고용)를 위협해 왔고, 또한 기술이 발전할수록 미래에는 직업이 (혹은 노동이) 사라질 것이라는 기술결정론적 시각에 기대어 왔다고 본다. 지금의 자동화라는 것도 노동을 위협하는 수단으로 떠들어 대기는 마찬가지이며, 그 기술 수준을 자세히 들여다보면 기술 옹호자들이 환호하던 것에 훨씬 못 미치는 정도밖에 안 된다고 말한다. 또한 테일러는 "일이 사라지고 임금이 삭감되었지만 사람들은 종종 여전히 기계의 곁에서 혹은 뒤에서 노동"하고 있으며 "비록 그들이 행하는 일이

---

12 사실 《비인간 역량》에서는 좌파 최소주의의 사례로 애스트라 테일러를 유일하게 언급한다. 따라서 이 글에서는 테일러 이외에 그와 유사해 보이는 학자들의 입장을 최소주의에 자의적으로 포함했다.

탈숙련화되었고 무급이 되어도 그렇다"[13]는 점을 힘주어 지적한다.

예컨대 우리 사회에서 널리 보급되고 있는 음식점의 셀프 주문 키오스크도 일을 자동화한다기보다는 오히려 다른 방식의 비자동화된 일을 만들어 낸다고 본다. 이런 식으로 주문받기 같은 저숙련 서비스 노동에 별것 아닌 기술을 적용하면서 '자동화'라고 부르는 것은 심한 과장이다. 심지어 자동화되었다고 믿는 온라인 서비스의 경우, 그 이면에서 콘텐츠를 조정하는 작업과 같은 비가시적이며 저임금인 제3세계 (주로) 여성의 노동이 엄연히 존재한다. 그래서 테일러는 이런 종류의 자동화 개념을 비꼬아 '짜동화(fauxtomation)'라 부른다. 가짜라는 뜻의 프랑스어 'faux'와 자동화의 'automation'을 합성해 만든 단어로 '가짜 자동화'라는 의미다. 그런데 여기서 문제는, '짜동화'가 단지 기술상의 과장인 것만이 아니라 일종의 이데올로기적 기능을 한다는 점이다. AI나 로봇의 자동화에 의해 노동의 가치가 사라지거나 낮아지고 언젠가는 인간의 노동 자체가 불필요해질 것이라는 자본의 선동이 허풍이나 가식이라 할지라도, 그것이 여전히 실질적인 힘을 행사한다는 점도 중요하게 보아야 하지 않을까? 자동화가 사실은 짜동화라는 것을 우리가 깨닫는다 해도 AI와 로봇 기술의 현실과 그 잠재력은 손쉽게 무시할 수 있는 것이 아니기 때문이다.

테일러와 비슷하게 하미드 에크비아(Hamid Ekbia)와 보니 나르디(Bonnie Nardi)도 인간과 기계 사이의 노동 분업이라는 관점에서 자동화 문제에 접근한다. 그들은 경제가 컴퓨터화되면서 필수적이지만 주변부적인(marginal) 노동으로 대다수 노동자가 이동하고, 이 "새로운 노동 분

---

13   Astra Taylor, "The Automation Charade," *LOGIC, no. 5*, 2018. https://logicmag.io/ failure/the-automation-charade/

업에서 수행되는 작업 대부분은 숨겨지고 형편없이 보상받으며, 또는 보상되지 않은 채로 디지털 기술의 '사용자'가 되는 것 정도로 고착화"되어, "실제로 경제적 가치가 있는 노동으로 인정되지 않는다"[14]고 본다. 저자들은 기술 발전에 따라 인간 노동이 주변화되어 생산에 참여하는 여러 사례를 보여주면서, 그것에 '헤테로메이션'이라는 명칭을 선사한다.

헤테로메이션의 핵심은 컴퓨터와 네트워크를 매개로 한 가치 생산과정에서 인간의 노동이 저비용 혹은 무료 노동으로, 마치 자동화 시스템의 한 부품이나 과정처럼 작용한다는 것이다.[15] 아마존 미케니컬 터크 같은 크라우드 워크나 온라인 컴퓨터 게임의 플레이, 그리고 AI 데이터 훈련 등 수많은 자동화된 노동(겉으로는 노동으로 보이지 않을 수도 있다)에서 인간의 노동은 사실상 가치를 창출하면서도 제대로 인정받지 못한다. 결국 헤테로메이션은 AI나 로봇의 자동화가 과장되거나, 반대로 그 과정에서 인간 노동의 가치가 절하되는 측면을 강조한다는 점에서 AI의 영향력과 잠재력을 일축하는 짜동화와 나란히 놓일 수 있다.

자동화 과정에서 유령이 되는 인간 노동자

마찬가지로 자동화가 발생시키는 어떤 역설에 주목하는 메리 그레이(Mary L. Gray)와 시다스 수리(Siddharth Suri)는 이러한 자동화된 기계나

---

14 Hamid Ekbia & Bonnie Nardi, *Heteromation, and Other Stories of Computing and Capitalism* (Cambridge, MA: The MIT Press, 2017), 1.
15 나는 다른 글에서 이런 방식으로 인간의 노동(과 삶)이 기계의 자동화 과정에 완전히 포섭되는 것에 주목했는데, 인간이 기계를 자동화한다고 하지만 궁극적으로는 인간이 기계 안에서 자동화된다고 보고 이것을 '인간 자동화(human automation)' 혹은 '삶의 자동화(automation of life)'라고 불렀다(김상민, 〈자동화 사회에서 우리 (비)인간의 조건〉, 239).

AI의 이면에서 보이지 않는 노동을 통해 자동화를 완성하는 인간의 노동을 '고스트워크'라고 부른다. 이들의 논점은 앞의 두 최소주의 입장보다 자동화에서 인간 노동의 역할을 한층 더 강조한다. 이들은 기계가 발전하고 자동화가 진전되면 인간의 노동이 기계로 대체되어 불필요해지는 것이 아니라 오히려 더 필요해진다고 보며, 이를 '자동화 최종 단계의 역설'이라고 칭한다. 그런 이유로 "인공지능이나 로봇 자체보다는 온디맨드 서비스(제품과 서비스를 공급하고, 일정을 잡고, 관리하고, 전달하는 API와 인간을 결합한 영리 기업)들이 일의 미래를 지배할 가능성"[16]이 크다고 주장한다.

심지어 그들은 고스트워크가 온디맨드 플랫폼의 지속 가능한 고용의 기회가 되어야 한다고 보면서, 고스트워크가 더 나은 직업이 되기 위한 권고 사항을 나열하기도 한다. '고스트워크'라는 개념은 언뜻 보기에 마치 자동화된 알고리즘이나 플랫폼에서 기계에 가려진 인간의 (유령 같은) 비존재성을 강조하는 듯하다. 마치 고스트라이트(ghost write), 즉 대필의 과정에는 겉으로 이름이 드러나는 (가짜) 작가가 아니라 뒤에서 실제로 글을 쓴 대필(유령) 작가에게 저술에 대한 저자의 크레딧이 주어져야 한다고 보는 것과 유사하다. 겉으로는 자율적으로 작동하는 것으로 보이는 자동화된 AI의 이면에서 그것을 작동시키고 노동하는 것은 결국 인간(고스트워커)이다. 따라서 '고스트워크'는 아무리 자동화된 시스템에서라도 인간 노동의 위대함은 포기될 수 없다는 것을 보여주는 은유적 장치라고 할 수 있다.

지금까지 살펴본 AI 최소주의 입장들은 자동화와 더불어 인간의 노동이 기계와 AI에 의해 대체되거나 밀려나고 있다는 점을 부정하지는 않는다. 하지만 자동화와 디지털화에 의해 불안정 노동이 증가하고 임시직 혹은

16 메리 그레이·시다스 수리, 신동숙 옮김,《고스트워크》, 한스미디어, 2019, 324.

긱 노동이 확대되는 현실을 다소 인간 중심적으로 해석하는 경향이 있다. 아무리 자동화가 이뤄진다고 해도 그것은 여전히 인간의 보이지 않는 노동으로 뒷받침되는 가짜 자동화에 불과하거나, 나아가 인간 노동은 대체되어 사라지기보다는 자동화 때문에 오히려 더욱 필요한 것이 된다고 여긴다. 최소주의의 관점에서는 비록 자동화 때문에 인간의 노동이 점점 열악한 상황으로 밀려나고 있지만, 그것은 주로 비숙련 저임금의 노동 영역에서 일어나고 있다는 점이 강조된다. 하지만 플랫폼이나 AI 알고리즘과 같은 비인간 행위자의 막대한 역량과 그로 인한 노동의 위기 혹은 노동의 취약성이 노동뿐만 아니라 사회 전반으로 확장되는 상황을 장기적으로 어떻게 극복하거나 뒤집을 수 있을지에 대한 관심은 다소 미흡해 보인다.

요컨대 현실에서의 AI는 아직 많은 오류, 장애, 편견 등을 지니고 있어 그것에 우리가 완전히 의지할 수 없는 기술이고,[17] 인간이 AI의 부족함을 메꾸거나 뒷받침해야 하며, 따라서 AI와 자동화 기술의 엄청난 발전이 이루어질 미래에도 여전히 인간의 노동과 협력은 불가피하다고 보는 것이 AI 최소주의다. 하지만 AI 최소주의는 자본주의의 미래 혹은 새로운 자본주의 (AI 자본주의라고 불릴 수 있을 새로운 축적 체제) 내에서 인간의 미래와 같은 더욱 큰 틀에서의 논의가 부족하다. 그런 나머지 AI 자본주의에 대한 방어적 시각이 돋보인다. 최소주의는 AI라는 유령을 소명해 내기보다는 결국 인간이 AI 자본주의 내에서 유령으로 존재할 수밖에 없음을 보여준다.

---

17   비록 균질적이지는 않지만 AI, 로봇 등의 자동화 기술이 가진 한계를 비판하는 여러 학술적 작업도 최소주의의 관점에 포함할 수 있을 것이다. 특히 기술적으로 내재한 (젠더 및 계급적) 불평등, 차별, 편견, 편향의 문제에 대해서는 캐시 오닐, 김정혜 옮김, 《대량살상 수학무기》, 흐름출판, 2017; 메러디스 브루서드, 고현석 옮김, 《페미니즘 인공지능》, 이음, 2019; 사피아 우모자 노블, 노윤기 옮김, 《구글은 어떻게 여성을 차별하는가》, 한스미디어, 2019; 버지니아 유뱅크스, 김영선 옮김, 《자동화된 불평등》, 북트리거, 2018을 참고할 것.

좌파 최대주의: 가속하라! 노동의 소멸에 이르기까지

AI와 자동화 기술의 역량에 대한 부인이나 격하의 태도를 지닌 최소주의와 달리 기술 변화에 대해 극도로 적극적인 좌파 최대주의는 AI와 자동화에 대해 어떤 입장을 내놓을까?

최대주의에서 AI를 이해하고 자동화된 사회를 논의하기 위해서는 상당히 복잡한 이론적 분석과 더불어 미래에 대한 다소 모험적인 시각이 필요하다. 또한 기술뿐만 아니라 경제와 사회 전반의 변화와 관련된 본격적인 마르크스주의적 전망에 대한 독해가 필수다. 당연하게도 최소주의와는 달리(혹은 반대로) 최대주의 전망은, AI와 로봇 등의 자동화 기술이 현실적으로 급격하게 노동과 생산의 조건을 변화시키고 있으며 그 영향이 앞으로 더 극대화될 것이라고 예상한다. 하지만 최대주의라는 용어에서 느껴지듯이 이 입장은 더욱 근본적 혹은 급진적인 전망과 깊이 연결되어 있다. 흔히 '가속주의(accelerationism)'라고 일컬어지는 일군의 사상가, 예술가 혹은 사회운동가의 경향성과 밀접히 관련되어 있다. 물론 가속주의 자체는 애초 우파적 이론으로 출발했지만,[18] 지금은 주로 영국의 젊은 정치·사회이론가들에 의해 좌파적인 비전으로 전유되고 있다. 이 글에서는 대체로 좌파 가속주의를 의미한다.

매우 단순하게 이해하자면, 가속주의는 결코 사라지거나 변화할 것 같지 않고 이대로 영속적일 것 같은 현존 자본주의 체제를 기술 발전을

---

18 가속주의를 20세기 초중반의 미래파(futurism)와 연관시키는 분석이 있으나, 대체로 반마르크스주의 우파 사상가인 닉 랜드(Nick Land)한테서 연원했다고 본다. 주요 좌파 가속주의자들은 랜드가 창시한 워릭대학교 사이버네틱 문화연구부(Cybernetic Culture Research Unit, CCRU)를 통해 형성된 일군의 이론가 중에서 분리되었다. 우파 가속주의는 이후 백인우월주의나 트럼프 지지자 같은 대안 우파의 사상적 지주로 기능한다.

통해 적극적으로 돌파해 나간다는 의제를 제시한다. 마크 피셔는 "우리는 자본주의의 종말을 상상하는 것보다 세계의 종말을 상상하는 것이 더 쉽다"[19]는 말로 대표되는 신자유주의 이후의 대안 없는 현실을 '자본주의 리얼리즘'이라는 용어로 정확하게 그려 냈다. 연이은 자본주의의 위기 징후들에도 불구하고 자본주의 이후에 대한 상상조차 불가능해진 것이 지금의 상황이다. 가속주의는 이러한 더 이상 새로움이 없을 것 같은 자본주의적 종말 이후의 세계관(자본주의 리얼리즘)의 패배주의를 뚫고 좌파의 혹은 반자본주의의 정치적 기회를 열어내고 보편성을 획득함으로써 새로운 정치의 영역을 장악해야 한다고 본다.[20]

가속주의에 대한 비판적인 관점을 견지하는 스티븐 샤비로에 따르면 "가속주의는 정치적·미적·철학적 측면에서 유일한 탈출구가 돌파(way through)라는 주장으로 가장 잘 정의"된다. 이러한 가속주의의 관점에서 보면 "세계화된 신자유주의적 자본주의를 극복하기 위해서는, 우리는 그것을 한 방울도 남김없이 소진시키고, 가장 극단적인 지점까지 밀어내고, 가장 멀고 이상한 결과로 이끌고 갈 필요"가 있다.[21] 마르크스는 공산주의에는 단순히 자본주의 이후 자연적이고 당연한 결과로써가 아니라, 자본주의의 성숙 과정에서 생산력과 생산관계 사이의 모순, 나아가 프롤레타리아트의 혁명과 같은 돌파가 필요하다고 보았다. 마찬가지로 가속주의 또한 자본주의를 넘어서기 위해서는 기술적 성장과 전 지구적 불평등의

---

19 마크 피셔, 박진철 옮김, 《자본주의 리얼리즘》, 리시올, 2018, 11. 피셔는 이 구절을 프레드릭 제임슨과 슬라보이 지제크의 것으로 돌린다.
20 위와 같음, 132.
21 Steven Shaviro, *No Speed Limit: Three Essays on Accelerationism* (Minneapolis: University of Minnesota Press, 2015).

모순적 상황을 극단까지 밀어붙여 그것이 내파되거나, 발전의 속도를 가속화해 더 이른 시기에 해방의 문턱을 넘어서도록 만들 필요가 있다고 본다. 그런 점에서 가속주의는 가장 마르크스주의적인 방식(그렇기에 일면 이상주의적인 방식)으로 미래를 적극적으로 선취하고자 한다.

미래에 대한 요구: 우리의 미래는 우리가 요구하고 쟁취할 것

대체로 이런 내용이 가속주의의 기본 관점이라면, 실제로 그들이 주장하는 바를 몇 가지 저작들을 따라가면서 확인해 보도록 하자. 우선 총 3부의 37개 항목으로 구성된 닉 서르닉과 알렉스 윌리엄스의 2013년 문서 〈가속주의 정치를 위한 선언〉을 그 출발점으로 볼 수 있다.[22] 1, 2부에서는 현실 자본주의가 맞닥뜨린 위기들(기후 시스템의 위기, 자원의 고갈, 금융 위기 등)을 통해 30년간의 신자유주의적 지배가 종지부를 찍고 있으며 미래를 회복하기 위해서는 새로운 좌파의 헤게모니를 구축해야 한다고 주장한다. 3부에서는 오늘날의 좌파가 보여주는 "국소주의, 직접행동, 그리고 끊임없는 수평주의"에 기반한 '통속 정치(folk politics)'를 넘어서 "추상화, 복잡성, 전체성, 그리고 기술이라는 근대성"에 친숙한 '가속주의 정치'의 미래상을 그려 낸다. 가속주의에 대한 단편적이고 상징적인 이 선언은 이후 2016년의 공동 저서 《미래를 발명하기(*Inventing the Future*)》에서 더욱 구체적이고 과감한 모습으로 제시된다.[23] 책의 부제가 '포스트자본주의와

---

22 Alex Williams & Nick Srnicek, "#Accelerate: Manifesto for an Accelerationist Politics," *Critical Legal Thinking*, May 14, 2013. http://criticallegalthinking.com/2013/05/14/acceler-ate-manifesto-for-an-accelerationist-politics

23 Nick Srnicek & Alex Williams, *Inventing the Future: Postcapitalism and a World*

노동 없는 세계'라는 점을 감안하면, 그들의 핵심적인 주장은 6장 〈포스트-노동의 상상(Post-work Imaginaries)〉에 설명되어 있다고 볼 수 있다. 가속주의의 관점에서 보면 자동화 기술이 발전함에 따라 노동은 점점 약화되고 나아가 노동의 소멸(불필요)로 이어지는데, 앞서 보았던 좌파 최소주의의 관점과 다르게 이들은 이것이 적극적으로 성취되기를 전사회적으로 '요구(demand)'해야 한다고 주장한다. 즉 "포스트-노동 사회를 위한 플랫폼의 구축을 시작하도록 어떤 광범위한 요구들을 진전"[24]시켜야 한다고 생각한다. 이 '요구'는 소극적인 방식의 혹은 이뤄지지 않을 것이라는 점을 전제한 (좌파들의 패배주의적) 정치적 기획이 아니라, 미래에 대해 적극적으로 요구해 내고 쟁취해 내야 할 대중적 비전이다.

그 첫 번째 요구는 바로 '완전 자동화(full automation)'다. 자동화의 기술적 발전을 이룩한 경제는 인간을 노동의 단조롭고 고된 상태로부터 해방할 뿐만 아니라 전체적인 부의 양을 증가시킨다. 따라서 서르닉과 윌리엄스는 "자동화를 향한 경향과 (자동화된 기계에 의한) 인간(노동)의 대체가 열성적으로 가속화되고 좌파의 정치적 기획으로 설정되어야 한다"고 주장한다.[25] 하지만 '서비스의 로봇화'나 컴퓨팅 파워의 기하급수적 발전에 기반한 현재의 자동화 단계에서는 모든 직업 영역이 기계에 의해 대체될 위험에 처했으며, 특히 미숙련·저임금 노동시장에 자동화가 보급되면서 노동자들은 더 낮은 임금으로 점점 더 가난해지고 있다. 게다가 자동화 혁명을 기대할 정도로 생산성은 충분히 증가하지 않는 상황이다. 이에 대

<hr>

Without Work, Revised and Updated Ed (London: Verso, 2016).

24   Ibid., 107.

25   Ibid., 109.

해 이들은 생산성을 향상할 기술혁신에 대한 투자를 저임금 상황이 억누르고 있으며, 자동화 기술이 실제 사업에 채택되고 적용되는 데 5~15년의 시간적 지연이 있기 때문이라고 설명한다. 궁극적으로는 완전 자동화가 그저 자본의 경제적 필요에 따라 저절로 일어나는 것으로 간주하기보다는 반드시 달성해야만 하는, 혹은 달성할 수 있는 하나의 '정치적 요구'로 만들어 내는 것이 중요하다고 본다.

포스트-노동 플랫폼 구축을 위한 두 번째 요구는 노동시간의 감축이다. 임금을 줄이지 않으면서 주당 노동시간(work week)을 줄이자는 것이다. 노동시간을 감축함으로써 얻는 혜택은 크게 네 가지다. 우선 자본에 의해 자동화가 증가하는 것에 대한 노동의 대응 혹은 대책으로서 의미가 있다. 그리고 에너지 소비나 탄소 발자국을 감소시킴으로써 기후위기 대응에도 주요한 역할을 한다. 나아가 노동자의 정신 건강 문제의 해결, 노동계급 권력의 강화를 위해서도 필요한 사항이라고 본다.

세 번째 요구는 바로 '보편적 기본소득'이다. 기본소득은 이미 좌우를 막론하고 많은 이가 옹호하거나 주창하고 있다. 이것은 앞의 두 요구(완전 자동화를 통한 노동의 감소와 노동시간 감축을 통한 노동 공급의 감소)가 성취되면 결과적으로 노동자에게 상당한 자유시간(free time)이 생겨날 텐데 이것이 실업의 증가로 이어지지 않도록 하기 위한 방안이다. 완전한 자동화는 궁극적으로 노동을 자유롭게 만들 것이며, 기본소득은 이 노동의 자유에도 불구하고 (혹은 그로 인해) 사람들이 살아가는 데 어려움을 겪지 않을 수 있게 만드는 핵심적인 요구 사항이다. 저자들은 기본소득이 단지 경제적 요구가 아니라 정치적 변환(transformation)에 대한 요구라고 주장하며, 세 가지 핵심 사항이 추구되어야 한다고 본다. 기본소득은 우선 살아갈 수 있는 충분한 양의 소득을 제공해야 하며, 모든 이에게 무조건적으로 즉 보편적으로 제공되어야 하고, 기존의 복지국가 정책을 대체하는 게 아니라 그것의 보충이어야 한다.

마지막 요구는 포스트-노동 사회 구축에 있어서, 특히 기본소득에 가장 큰 장애물이 될 수 있을 '노동 윤리(work ethic)'를 극복하는 것이다. 우리 사회에서 노동은 자기실현을 위한 가장 주요한 방책이자 궁극적으로 좋은 것으로 여겨진다. 비노동은 심지어 죄악시되었다. 종교적으로도, 직업의 종류나 성격과 상관없이 자신의 노동에 귀의하는 것이 도덕적 정언명령으로 간주되었다. 따라서 "사람들은 임금을 받을 수 있기 이전에 노동을 통해 인내해야 하며, 자신의 가치를 자본의 눈앞에서 증명해야만 한다"[26]는 노동 윤리를 당연한 것으로 여기지 않는 것이 포스트-노동 사회의 조건이 된다. 이러한 신자유주의적 노동 윤리를 극복하고 노동 윤리에 대한 문화적 합의를 바꾸어 내는 작업은 일상적으로 수행되어야 하며, 그럴 때 고된 노동으로부터 진정한 해방으로 이어질 수 있을 것이다.

AI와 자동화에 대한 최대주의적 입장에서 내놓고 있는 '노동 없는 미래'에 대한 상상은 이 네 가지 요구 사항과 더불어 구체성을 획득한다. 여기에 더해 가장 최근에 제출된 더욱 실질적인 자동화와 가속주의적 대안이 있는데, 이는 아론 바스타니의 '완전히 자동화된 화려한 공산주의(FALC, 이하 화려한 공산주의)'라는 슬로건으로 제시된다.[27] 아론 바스타니는 우선 주류 미래학적 관점인 4차 산업혁명론의 주장과 유사한 '세 차례의 대변혁(농업, 산업, 정보)'으로 기술 발전의 단계를 구분한다. 그리고 이 대변

---

26   Ibid., 125.
27   아론 바스타니, 김민수·윤종은 옮김, 《완전히 자동화된 화려한 공산주의》, 황소걸음, 2020.

혁 이후 우리 사회가 겪는 다섯 가지의 위기(기후변화, 자원 부족, 과잉인구, 고령화, 자동화에 따른 기술적 실업)를 극복함으로써 (혹은 위기 덕택에) 현재의 자본주의 리얼리즘을 무력화시키고 화려한 공산주의라는 유토피아로 나아갈 수 있다고 믿는다. 이때 중요한 것은 3차 대변혁, 즉 정보의 해방에 따른 완전한 기술 자동화를 통해 정보, 노동, 에너지가 모두 '희소성(scarcity)'에서 벗어나 공짜가 된다는 점이다. 마르크스가 그려 내는 공산주의 사회의 모습과 마찬가지로 '화려한 공산주의'는 노동과 삶을 영위하기 위한 필요(necessity)를 넘어 자유와 과잉, 호화로움이 충만한 사회다.[28]

바스타니는 희소성 문제를 극복하고 화려한 공산주의를 구체적으로 성취할 수 있는 해법을 제시한다. 그에 따르면 기술 발전에 따른 생산과 일상의 모든 영역에서 완전한 자동화를 성취함으로써 미래에는 노동의 희소성이 사라질 것이며,[29] "무한하고 깨끗하며 공짜인" 태양 에너지나 풍력발전을 통한 신재생 에너지로 완전히 전환함으로써 에너지의 희소성을 없애 기후변화의 위기를 해결할 수 있다. 한 걸음 더 나아가 비록 태양 에너지로 탈탄소화에 성공하더라도 에너지를 저장하거나 처리하기 위한 광물자원은 계속 필요한데, 이를 지구 바깥의 소행성에서 채굴함으로써 자원의 희

---

28 마르크스가 공산주의는 인류가 '필연의 왕국(필요의 영역)'에서 '자유의 왕국(자유의 영역)'으로 진입하는 것이라고 말하는 지점은 정확하게 가속주의자들이 노동 없는 세계의 실현을 설명하는 방식과 일치한다.

29 노동의 희소성이 사라진다는 것은 대다수 사람이 기술적 실업 상태에 놓인다는 것을 의미한다. 노동이 더 이상 귀하지 않기 때문에 어떤 면에서 이것은 노동자의 비극적인 미래를 보여주는 것 같지만, 자동화된 기계가 인간 노동을 대신할 것이므로 인간 노동은 저렴해지고 흔해지면서 더 이상 필요하지 않게 된다. 노동이 필요하지 않게 된다는 것은 여전히 인간의 잉여화를 의미하는 듯 이해될 수도 있는데, 우리는 (기계에 의한 노동 덕분에) 노동자가 자신의 노동을 판매하지 않아도 되는 상황을 상상해 보는 일조차도 아직 쉽지 않다. 좌파 가속주의적 포스트-노동의 관점이 예컨대 제러미 리프킨이나 앙드레 고르스 같은 이들의 '노동의 종말'과 어떤 점에서 같거나 차이가 있는지 더 들여다볼 필요가 있다.

소성을 없앨 수 있다. 또한 인간의 유전 정보 분석이 용이해지고 유전자 맞춤 편집이나 예방 치료가 가능해지면서 수명과 건강의 희소성이 사라진다. 마지막으로 생태계에 위협이 될 정도로 문제를 일으키는 육류 소비를 대신해 배양육이나 합성 식물성 단백질을 개발함으로써 음식의 희소성을 없앨 수 있다. 그렇지만 바스타니의 시나리오처럼 완전한 자동화 기술의 발달로 우리의 미래가 화려한 공산주의라는 유토피아로 진입하게 될 것인지는 사실상 우리에게 달렸다. 즉 그는 이 새로운 기획을 정치적으로 실현하기 위해서는 대중의 지지, 즉 포퓰리즘 정치라는 뒷받침이 필요하다고 본다. 만일 모두가 원한다면 아마도 우리는 지금 당장이라도 화려한 공산주의의 풍요로운 세계를 쟁취할 수 있을 것이기 때문이다.

자동화론 되돌아보기: 잘못된 원인 파악, 귀 기울일 만한 대안

좌파 AI 최소주의가 여전히 인간 노동의 필요성이라는 인간주의적 유령에 사로잡혀 있다면, 최대주의는 '화려한 공산주의'라는 유토피아적 유령의 도래를 기대한다. 어떤 입장이 되었건 AI와 로봇과 같은 자동화 기술은 인간의 일자리를 파괴하거나 인간의 노동을 대체함으로써 노동계급 권력을 약화한다는 점을 인정하고 있다. 최소주의는 '그럼에도 불구하고' 인간 노동의 필요성(가치)은 비록 줄어들지만 다른 새로운 방식으로라도 여전히 유지될 것이라고 본다. 반면 최대주의는 '그렇기 때문에' 인간 노동은 희소성이 사라질 것으로 본다.

그런데 자동화 기술의 발전으로 노동이 대체된다는 자동화론의 일반적 전제에 대해 아론 베나나브는 결코 동의하지 않는다.[30] 일자리가 파괴되고 노동시장이 악화되는 지금의 현상의 원인은 자동화 기술이 아니라는 주장이다. 자동화론자들은 원인을 잘못짚었고, 베나나브가 보기에는 '기술실업'이 아니라 '불완전고용(under-employment)' 혹은 '불안정 노동(precarious labor)'이 확대되고 있다.

그의 표현을 따르자면 "우리는 '일자리가 없는' 시대가 아니라 '좋은 일자리가 없는' 시대에 들어서 있다."[31] 그는 일자리가 사라지거나 노동조건이 전반적으로 악화되는 원인이 자동화론자들의 주장처럼 자동화 기술의 발전에 의한 생산성 증가에 있지 않다고 본다. 오히려 세계 제조업 시장의 생산능력 과잉에 따른 전 세계적 탈공업화로 인해 성장이 둔화되면서 만성적인 불완전고용과 같은 노동 저수요가 발생하기 때문이라고 진단한다. 그렇기에 노동 희소성이 소멸됨으로써 자동화 사회로 진입할 것이라는 자동화론자들의 예상은 애초부터 인과관계가 잘못되었다고 본다. 노동의 수요가 낮아지는(노동이 사회적으로 덜 필요해지는) 배경에는 과학기술의 발전보다 산업(특히 제조업)의 침체와 기업들의 과소투자(현금 축적)가 있는 것이다.

자동화론자들의 주장에 따르면 자동화 기술로 인해 언젠가 모든 일자리가 기계의 노동으로 대체되고 인간은 노동하지 않는, 사실상 완전한 실업 상태에 진입하게 된다. 이때에도 여전히 살아가기 위해 인간은 소득이 필요하므로 자동화론자들은 이 문제를 해결할 방법으로 보편적 기본소득을 제시한다. 베나나브는 "자동화 이론가들이 위기의 원인을 잘못짚

30   아론 베나나브, 윤종은 옮김, 《자동화와 노동의 미래》, 책세상, 2022.
31   위와 같음, 95.

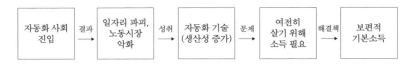

〈표 3-1〉 아론 베나나브가 보는 자동화론의 일반적인 전개 방식

은 것은 사실이나, 이들이 제시하는 대안은 귀 기울일 가치가 충분하다"[32]
고 본다. 반드시 자동화로 인해 지금의 노동 저수요와 불완전 고용이 증
가하는 것은 아니지만, 기본소득은 미래에 대다수 노동자가 처하게 될 불
안정한 삶에 대한 좋은 해결책이 될 것으로 판단한다. 물론 기본소득을
어떻게 실행하느냐에 따라 완전히 다른 결과를 가져올 수 있지만, 그는
"국제 탄소세와 기본소득을 함께 시행한다면 청정에너지로 전환하는 지
난한 과정에서 일자리 창출과 실업 문제를 신경 쓸 필요 없이 탄소중립
경제 실현에 집중할 수 있으므로 기본소득은 기후위기 해결에도 큰 역할
을 할 것"[33]으로 본다.

하지만 기본소득의 한계도 분명히 존재한다. 기본소득이 자본주의를
넘어서 '화려한 공산주의'로의 진입이라는 비전의 토대로 기능하기 위해
서는 우선 지속적인 노동 저수요의 원인이 생산성의 급속한 증가라는 자
동화론자들의 분석이 옳아야 한다. 베나나브의 분석에 의하면 노동의 위
기가 자동화와 생산성 증가에 따른 것이 아니고, 오히려 전 지구적 과잉
생산능력과 위축된 투자 때문이라면 어떻게 해야 하는가? 베나나브의 답
은 현실적으로 지금과 같은 방식으로는 가속주의에서 말하는 탈희소성

32   위와 같음, 126.
33   위와 같음, 144.

의 자동적 진입이나 기본소득은 요원하므로, 오히려 "사회생활의 근본적인 재구조화를 추진하는 사회운동의 압력", 예컨대 (전통적인 제조업에서의 산업 노동자보다는) 불안정 노동계급의 연대나 집단적 행동을 통한 계급 권력의 재조직이라는 다소 낯익은 방식에 머무르고 만다.

AI 자본주의에서 AI 공산주의로

자동화된 AI와 로봇 기술이 엮어 낼 자본주의의 미래 혹은 자본주의 이후(post-capitalist) 사회에 대한 상은 좌파 내에서도 매우 다양한 양상으로 그려진다는 점을 확인했다. AI가 앞으로의 노동조건을 어떻게 변화시킬 것인가에 대한 각각의 평가는 조금씩 다르지만, 그럼에도 자동화 기술의 도입과 급속한 발전에 따라 (비록 베나나브는 인과관계를 부정하고 그레이와 수리는 고스트워크의 중요성이 더욱 확대된다고 보지만) 노동이 축소(일자리의 상실과 실업의 증가)되고 있다는 인식은 대체로 공통된 것으로 보인다. 물론 최소주의와 최대주의라는 다소 극단적인 구분은 현실의 풍부한 논의와 현장성을 자칫 평면화·추상화할 위험을 지니고 있다. 최소와 최대 사이의 폭넓은 중간 지대에서 펼쳐지는 다양한 이론적 스펙트럼과 복잡한 위상학적 관계망을 파악하고 다층적 지형을 그려내는 데에는 추가 연구가 필요할 것이다.

최소주의와 최대주의 사이 어딘가에 커다란 심연, 즉《비인간 역량》의 저자들이 생각하는 이도 저도 아닌 또 다른 가능성이 존재하겠지만 이에 대해서는 따로 논의하지 못했다.《비인간 역량》의 저자들이 그려내고자 애쓰는 인공일반지능(Artificial General Intelligence, AGI)이 생산의 보편적 수단으로 구현된다면 실제 도래할 'AI 자본주의'는 우리 모두의 기대

	최소주의	최대주의
AI의 영향력을	과소평가	과대평가
자동화에 대해	비판-저항-회피	환영-옹호-가속화
집중하는 시간은	현재	미래
세계를 보는 관점이	현실주의적	이상주의적
지향이	인간주의적	탈(비)인간주의적
자동화의 결과는	노동의 악화(약화)	노동의 소멸(해방)
이에 대한 대책은	AI 규제와 감시 노동 권력 강화	보편적 기본소득 노동 및 자원의 탈희소성

〈표 3-2〉 AI와 자동화에 대한 좌파 최소주의와 최대주의 특성 비교

나 예측과는 전혀 다른 방향으로 펼쳐질 수 있을 것이다. 어떤 면에서는 미래에 대한 어둡고 디스토피아적인 상상(인간의 대량 잉여화, 트랜스휴먼, 혹은 인간의 절멸)이 현실화될 수도 있고, 자동화되어 더욱 강화된 자본주의적 착취·추출·축적의 체제하에서 인간은 노동 해방은커녕 완벽한 기계적 예속을 경험하게 될 가능성도 있다.[34] 그 바깥을 상상할 수 없는 새로운 'AI 자본주의 리얼리즘'이 우리 앞에 놓여 있을 수도 있다는 것은 공포스러운 일이다. 하지만 오히려 그렇기에 그것의 도래를 적극적으로 막아야만 하는 이유가 될지도 모른다.

　　그런 점에서 당면한 비판적 상상, 음울한 미래상을 걷어내고 화려한 상상을 미루지 않고 현실에서 급진적으로 실현해 나가기를 요구하는 좌파 가속주의자들의 화려한 공산주의는 일견 용감한 돌파로 보인다. 그러나 우리는 화려한 공산주의나 AI 자본주의가 아닌, AI를 거부하거나 그것의 개발과 적용을 가속화하는 방식을 넘어선 'AI 공산주의'[35]를 통해

34　백욱인은 《인공지능 시대 인간의 조건》(휴머니스트, 2023)에서 이 점을 상세히 보여 준다.
35　《비인간 역량》의 결론에서 저자들은 '공산주의적 AI(communist AI)'의 필요성을 논하는

"지금까지 개발을 촉진해 온 자본의 구조적 역학관계를 청산"[36]하는 방식을 구상해 볼 필요가 있다. 이를 위해서는 지금까지와는 다른 혁명의 관점, 즉 AI와 자동화된 기계에 대한 새로운 관점이 필요할 것이다. "AI가 주도하는 자본주의적 개발의 비인간주의를 거부"한다고 해서 다시금 "인간 예외주의와 인간 종의 주권을 재확인하는 고전적 휴머니즘"을 방어할 수 있는 것은 아니다. 따라서 새로운 방식의 "공산주의 역시 비인간적 (inhuman)이어야 한다".[37] AI 자본주의를 넘어설 AI 공산주의는 어쩌면 기존의 인간(중심)주의적 사유와 소유관계의 근본적 전복을 요구할 것이다. 지금까지의 자본주의가 인간에 의한 인간의 착취에 기반했다면, 그러한 착취의 관계를 비인간적 자동화 기술이 대체하거나 소멸시키는 방식으로 발전할 때 AI 공산주의가 가능할 것이다. AI가 인간 모두를 위한 기술, 일종의 공공재로서의 커먼즈(commons)가 되어야 하는 것이다. 하지만 비인간적 AI 공산주의가 어떤 것일지에 대한 구체적인 상이 아직은 너무 부족하기에 앞으로 이에 대한 더 많은 논의가 필요하다.

최소주의자인 동시에 최대주의자가 되자

2020년 한 해에만 860명의 노동자가 중대 재해로 노동 현장에서 목숨을 잃은 한국 사회에서 AI 자동화와 노동의 종말을 이야기하는 것은 어

데, 이 단어의 순서를 뒤집어 'AI 공산주의'라는 개념을 생각해 본다. 몇 년 전 서동진은 유사한 맥락에서 한 신문의 칼럼에서 '인공지능 코뮤니즘'을 짧게 언급한 적이 있다(서동진, "인공지능 코뮤니즘은 어떠신지요?", 〈한겨레〉, 2017. 7. 14).

36   Nick Dyer-Witheford, Atle Mikkola Kjøsen and James Steinhoff, *Inhuman Powwer*, 153.

37   Ibid.,160.

쩌면 사치일 것이다. 중대재해기업처벌법 제정을 촉구하는 단식 시위가 국회 안팎에서 일어나고 시민들의 목소리가 울려 퍼져도 결국 정치권은 기업과 소위 재계의 요구를 적극 반영한 누더기 법률을 통과시키고 말았다. 우리 사회는 아직 낙후한 산업자본주의의 틀을 벗어던지지 못한 상태에서 '4차 산업혁명'과 같은 부조리한 개념이나 무조건적인 디지털, 데이터 관련 산업의 개발에 의지해 기술 발전의 고삐를 당기고 있다. 그 결과 지금의 자동화 기술의 발전은 그와 더불어 새로이 형성되는 자동화 주체의 역설적 상황을 만들어 낸다. 즉, 현재 자동화의 조건에서 인간은 기술적 자동화 때문에 플랫폼 노동, 긱 노동과 같은 불안정한 노동으로 밀려나 전통적인 노동자의 지위를 상실하고 오히려 노동자의 지위와 권리를 얻기 위해 투쟁하고 있다. 반면 로봇이나 AI 같은 자동화된 기술은 점점 생산의 영역에서 두각을 나타내고 있기에 오히려 법률적 인격을 부여받아 로봇세나 AI세 등을 부과해야 할 정도로 노동자의 지위를 획득하고 있다. 이 역설적 상황은 인간과 비인간(AI) 사이의 구분보다는 이들 사이의 통합적인 이해가 필요하다는 점을 상기시킨다.

AI 자본주의를 마주하면서 최소주의도 아니고 최대주의도 아닌 그 사이의 어떤 모호한 입장이 되어서는 곤란하다. 나는 우리가 최소주의자이면서 동시에 최대주의자가 되어야 한다고 생각한다. 한편으로는 지금의 AI 자본주의의 작동을 끊임없이 감시하고 통제해야 하지만, 다른 한편으로는 미래의 AI 공산주의를 계속해서 상상하고 지금 여기에서 급진적으로 선취할 수 있는 투쟁과 요구를 지속해야 한다. 동시에 미래가, 우리가 상상하는 대로 이뤄지지 않을 수도 있다는 가장 깊은 의미에서의 회의적인 시선을 잊지 말아야 한다. 하지만 우리가 자동화된 기계 속에 유령으로 남겨지지 않으려면, 배회하며 다가오는 AI 자동화라는 유령에 대해 단지 두려움에 떨기보다는 적극적으로 대면하고 끌어안아야 한다.

4장

디지털 플랫폼 노동 확산과
파견화된 고용을 넘어[1]

김종진

플랫폼이라는 괴물이 만들어 낸 노동

21세기 새로운 노동 형태, 즉 디지털 테일러리즘으로 불리는 플랫폼 노동이 프랑켄슈타인의 괴물처럼 곳곳에서 등장하고 있다. 공식과 비공식의 경계가 불분명한 플랫폼 노동은 일자리 종말이 아니라 또 다른 '하등 취업'의 단면이다. '노동자'가 아닌 '이용자', '작업자', '플레이어' 등 화려한 수사의 이면에는 누가 착취자인지 모호하게 만드는 탈노동의 흐름

---

[1] 이 글은 비판사회학회 정기학술지 《경제와 사회》의 2020년 제125호에 게재된 원고를 수정 보완한 것이다.

이 있다. 전 세계적으로 우버나 딜리버루, 아마존 미케니컬 터크 등으로 표현되는 '플랫폼 노동'이 산업의 한 축을 차지하고 있다.

이미 우리는 아마존 미케니컬 터크의 기업 혁신 사례를 언론 기사를 통해 접하는 것이 일상이 됐다. 아마존의 후손이라고 할 수 있는 에펜, 클릭워커, 스케일 등 온라인 크라우드소싱 중개 서비스가 생겨났다. 한국에는 크라우드웍스와 같은 기업이 대표적이다. 실제로 구글이나 페이스북과 같은 기업들도 온라인 중개 기업을 활용하고 있다. 국내외에서는 플랫폼 노동과 관련해 다양한 용어들이 사용되고 있다. 긱 노동, 온디맨드 노동, 크라우드소싱, 디지털 노동 등이다. 이렇듯 디지털 플랫폼 경제에서 '플랫폼'은 재화의 교환(exchanges of goods)을 중심으로 한 '자본 플랫폼'과 서비스 교환(exchanges of services)의 '노동 플랫폼'으로 구분된다. 일반적으로 고용과 노동 영역에서 플랫폼 노동을 논의할 때는 노동 플랫폼에 한정하고 있다.

한국에서 플랫폼 노동 문제는 노동계와 학계 및 언론에서 다양한 논의가 제기되었다. 특히 음식 배달 기사의 근로자성과 산재보험 적용 관련 법원의 하급심(행정법원, 2013) 및 대법원 판례(2018)[2]가 확정되면서 플랫폼 노동이 핵심 의제로 떠올랐다. 초기에는 배달 대행업체 소속 학생이 보행자와 충돌하는 사고를 당해 근로복지공단에 산재보험을 신청한 사건에 대해 행정법원은 근로기준법상 근로자가 아니라고 판결(2015.9.17. 선고 2014구합75629 판결)했다. 그러나 당시에는 해당 사안이 플랫폼 노동의 관점

---

2   판결 요지는 근로기준법상 근로자로 보기는 어려우나(전속성 등) 일을 수행한 곳(노무 제공)이 '음식점'이 아니라 '배달 대행업체'라는 점, 배달앱 기사가 '음식 배달원'이 아니라 '택배원'에 부합하므로 산업재해보상보험법 시행령 제125조 제6호(특수형태근로종사자)에 해당돼 산재 보상이 타당하다는 것이다(대법원 2018.4.26. 선고 2016두49372 판결).

보다 신종 배달업체에 소속된 특수고용노동자 형태로만 인식되었다.

이를 계기로 2015년 실태 조사 보고서가 처음으로 발표되면서 노동 단체 및 정부와 연구 기관 등에서 관심을 두기 시작했다. 그 후 플랫폼 노동 관련 연구나 논의는 음식 배달을 중심으로 간헐적으로 진행되다가, 2018년 음식 배달 기사의 대법원 판결을 계기로 '근로자성'을 인정받지 못하는 특수고용노동자 문제와 함께 플랫폼 노동이 사회적 이슈가 되었다. 카카오의 택시 모빌리티(2018), 딜리버히어로의 요기요(2019) 등이 대표적이다. 운송이나 배달은 주로 기존 산업에 정보통신기술이 융합되면서 나타나는 플랫폼 노동이지만, 앞으로 정보통신기술과 데이터 산업이 접목되어 플랫폼 노동 일자리는 더 확산할 것이다.

디지털 플랫폼 경제에 대해 유토피아적 혹은 디스토피아적 시나리오가 있지만, 적어도 기술의 진보, 노동자의 욕구, 새로운 소비 방식 등으로 인해 근본적인 변화 움직임을 역행시킬 수 없다는 것에는 공감대가 형성되어 있다. 매우 다행히도 "아마존화" 혹은 "우버화"처럼 한국에서 "쿠팡화(coupanged)"의 빠른 진전에도 불구하고 플랫폼 노동 문제를 전 사회가 우려와 관심을 두고 지켜보고 있다. 지난 몇 년 동안 국제기구(ILO, OECD, EU)에서도 플랫폼 노동 보호 논의가 활발하게 진행되고 있다. EU 집행위원회에서는 최근 지역 기반 플랫폼 노동자들을 노동자로 구분하는 것에 대한 새로운 규정(5개 지표 중 2개 충족 시 노동자 인정)과 지침을 발표한 바 있다.

플랫폼 노동의 문제점은 노동시장에서 기존과 다른 비표준적 계약과 고용을 양산한다는 것이다. 플랫폼 노동자는 기존의 전통적인 임금노동자가 아니라 개인사업자라는 종사상 지위로 구분된다. 이런 이유로 플랫폼 노동자는 사회적 보호나 권리에서 배제되고 노동조합 설립과 같은 노동삼

권의 헌법적 권한도 제한받는다. 이처럼 플랫폼 노동은 전통적인 작업장을 중심으로 한 일자리에서 벗어난 새로운 형태의 일자리 출현을 의미한다. 이를 두고 일부 학자들은 "디지털 부둣가(일감 찾는 가상 이민)", "디지털 갤리선 노예(데이터 입력, 필터링 작업자)", "클릭 노동"과 같은 전통적인 임금노동자와 자영업의 중간 지대인 새로운 집단으로 표현한다. 《플랫폼 자본주의》를 쓴 닉 서르닉(Nick Srmicek)은 플랫폼 앱이 "노동 활동으로부터 데이터를 채굴하는 핵심 장치"라고도 했다. 이들 모두 플랫폼의 작동 방식을 설명하기 위해 활용되는 용어들이다. 플랫폼 노동의 주된 일자리는 고용의 질 차원에서 양극화된다. 고기술의 숙련 노동자는 고용 안정과 높은 임금을 받지만, 저숙련 노동자나 그 밖의 집단은 고용 불안과 낮은 임금을 받는다.

이런 이유로 노동시장에서 '핵심'과 '주변'이라는 고용 모델 논의가 현실 적합한지 의문을 품게 된다. 과거 노동시장 이중구조화 논의는 대기업과 중소기업 노동시장 분석에서 유용했다. 그러나 전 세계적으로 자본과 기업의 고용과 노동 유연화가 경영 전략으로 확고히 자리 잡으면서 새로운 노동시장 접근법이 필요한 시점이다. 기술 발전과 서비스 사회화와 맞물린 노동시장의 변화로 플랫폼 노동은 '사용자 없는 고용, 고용 없는 성장'의 대표 사례가 되었다. 아웃소싱 등 기업의 유연화 전략은 21세기 자본주의 사회의 이윤과 고용 메커니즘으로 자리 잡고 있다. 특히 플랫폼 자본은 플랫폼을 통한 ① 플랫폼 비즈니스 아웃소싱(business process outsourcing), ② 수익 창출 전략(고객과 플랫폼 노동자로부터 수익 창출), ③ 플랫폼 작업 프로세스 관리(노동과정 통제와 알고리즘, Human-in-the-Loop), ④ 일방적 거버넌스 규칙(약관, 계약, 수수료 등), ⑤ 노동권과 사회안전망 등의 배제라는 문제점을 갖고 있다.

자본의 비즈니스 모델은 거래 비용 축소와 이윤 추구를 목표로 기존의 양면시장(two-sided markets)이 다면시장(multi-sided markets)으로 확장되고 있다. 기존의 양면시장에서는 하청과 아웃소싱 문제가 초점이었다면, 현재는 생산과 판매 이외의 서비스 제공 과정까지 연결되는 플랫폼 노동 문제로 전환되었다. 특히 급격히 변화하는 산업과 기술 발전 과정에서 노동시장은 기존의 표준화된 계약이나 고용 관계가 아닌, '비표준화'된 계약과 고용이 진행되면서 이전과 다른 새로운 형태의 고용이 나타나고 있다. 주로 특수고용노동이나 플랫폼 노동과 같은 '보호가 필요한 노동'의 형태다.

IMF 외환위기 이후 한국 사회에서 특수고용노동자나 자영업자가 전체 노동시장에서 차지하는 비중이 높아졌다. 경제활동인구 대비 비임금노동자 비중이 1/3 이상을 차지할 정도로 노동시장은 변화했다. 2021년 기준 독립노동자로서 국세청 원천징수 납부자가 700만 명을 넘어섰다. 노동시장에서 비정규직 비율은 전체 임금노동자 대비 1/3 수준까지 내려가고 있으나, 문제는 특수고용노동자(165만 명), 플랫폼 노동자(292만 명), 독립 계약자 및 프리랜서(400만 명)의 증가다. 이처럼 노동시장에서 '모호한 고용관계'나 '보호가 필요한 노동'의 증가는 사회적 불평등을 증가시킬 뿐만 아니라 기존의 노조 효과성을 상실하게 만든다.

그렇다면 플랫폼 노동은 어떻게 정의되고 구분되며, 기존의 특수고용 문제와 어떤 공통점과 차이점이 있는가? 또한 플랫폼 노동을 단일한 형태로 규정짓고 일반화할 수 있는가, 아니면 내적 차이점이 있는가? 만약 플랫폼 노동이 더 확산한다면 노동시장에 어떤 영향을 미칠 것인가? 더불어 플랫폼 노동에 대한 접근과 대응은 국제기구나 국가별로 어떤 특징을 보이고 있는가? 이 글은 이같은 질문에 대한 답을 찾기 위해 플랫폼 노동의 정의와 유형, 규모, 국내외 논의와 쟁점을 소개하고, 국내 플랫폼 노동의 실태를 탐색적 차원에서 검토한다. 앞으로 플랫폼 노동이 증가할 경우 사회구조, 기업 조직, 작업장 및 개별 노동자에게 어떤 영향을 미칠지 사회과학적 분석과 대안적 논의가 모색되어야 한다.

디지털 플랫폼 노동의 확산과 쟁점 검토

1) 플랫폼 노동의 확산과 논의

경제협력개발기구(OECD)는 전 세계적으로 온라인 노동은 연평균 26% 이상 성장하고 있으며, 그 가운데 소프트웨어 개발 및 기술, 크리에이티브와 멀티미디어를 성장 속도가 가장 빠른 분야로 판단하고 있다. 이제 온라인 노동은 회계, 비즈니스 컨설팅 및 법률 자문과 같은 전문 서비스 영역으로 확대되고 있다. 특히 단일 고용주를 위해 풀타임으로 일하는 대신 집이나 공동 작업 공간에서 원격으로 다양한 시간에 여러 고객에게 서비스를 제공하는 일자리가 더욱 증가하고 있다. 새로운 형태의 작업이 대중화되면서 온라인 프리랜서에 대한 전 세계 수요는 지난 5년 동안 매년 11%씩 증가했다. 그 결과 디지털 기술의 발전 과정에서 출현하는 새로운 노동의 형태가 주목받는다. 산업구조 변화와 기술 발전 과정에서 독립 계약자나 자유직업 종사자로 대표되는 플랫폼 노동의 증가에 관심을 두고 있다. 디지털 플랫폼 경제는 기술혁신과 맞물려 고용과 생산성 등에 다양한 영향을 미치고 있기 때문이다.

디지털 경제는 '개발-공급-이동-판매-서비스'라는 가치사슬 과정에서 나타나는 거래 비용 축소가 핵심이다. 이를 통해 자본과 기업은 생산성 향상 및 자원 절약, 인력 부족 현상 극복, 자동화를 통한 높은 노동비용 부담에서 벗어나는 효과를 얻는다. 이미 전 세계적으로 어디에서나 작업 결과물을 제공하는 온라인 노동이나 호출형 플랫폼 노동이 확산하고 있다. 문제는 노동시장에서 플랫폼 노동 확산의 부정적 측면이다. 고용과소득 불안정성, 그리고 사회보험과 노동권 배제 문제다. 특히 플랫폼 기업은 비표준적인 계약으로 근로기준법에서 벗어난 고용이 가능하고, 최저임금 이하의 보수를 지급해 저임금·불안정 노동을 가속화한다.

플랫폼 노동(Platform work)의 정의는 매우 다양할 수 있지만, UN 산하 전문기구인 국제노동기구(ILO)는 "온라인을 통해 플랫폼을 이용하여, 불특정 조직이나 개인이 문제 해결이나 서비스를 제공하고 보수 혹은 소득을 얻는 일자리"로 규정한다. 국제기구들은 플랫폼 노동을 '새로운 형태의 노동'으로 규정하고 있으며, 웹 기반의 플랫폼 노동(온라인 수행 작업)과 지역 기반의 플랫폼 노동(오프라인 호출형 작업)으로 구분한다. ILO는 비상업성 플랫폼을 제외한 노동 플랫폼을 서비스 제공의 형태와 과업 방식에 따라 다양하게 유형화한다(〈그림 4-1〉). 웹 기반 플랫폼 노동과 달리 지역 기반 플랫폼 노동은 기존의 특수고용노동자 논의에서 제기된 종속된 독립노동자와 유사한 성격을 보인다.

이와 맞물려 디지털 플랫폼 노동의 비판적 접근은 우리에게 유의미한 시사점을 준다. 플랫폼 노동은 크라우드 관점이 아니라 노동시장을 비판적으로 분석해야 한다. 첫째, 기존의 사회기술 연구(socio-technical research)는 크라우드를 비정형화된 사람들의 네트워크로 규정하고, 크라우드의 다양성, 익명성, 대규모성, 비정형성, 지속가능성과 같은 특성에 초점을 둔다. 둘째, 노동시장 연구(labour market studies)는 비판적인 관점에서 플랫폼 노동자의 낮은 임금과 존재감, 노동 분업 등 부정적 문제에 강조점을 둔다. 사회학적 분석(sociological analysis)은 과거와 달리 현재 엘리트 집단이 크라우드를 혁신의 원천이라는 수사를 활용함으로써 중간 계층의 권력과 전문 지식에 대한 의존도를 낮추려고 한다는 점을 지적한다.

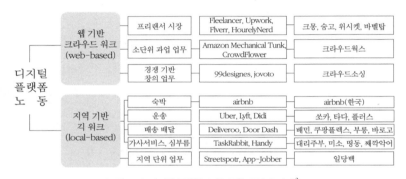

〈그림 4-1〉 디지털 플랫폼 노동 유형 구분과 사례 [3]

플랫폼 경제와 연동된 노동시장에서는 세계화된 경쟁시장에서 노동 공급의 품질과 유능한 노동자를 선택하기 위해 정보의 표준화(개인 정보, 과거 성과, 고객 평가)가 '프로필'이라는 형태로 작동된다고 본다. 특히 온라인 노동은 시공간 분리로 인해 직접적인 노동과정 통제가 불가능한 특정 '노동 규범'을 준수하는 방식으로 구축된다. 노동 규범은 '유능성'으로 규정되며, 플랫폼 노동의 표준과 자격에 관한 규정이 기존의 권력 기관에서

---

3 ILO(2018)의 분류 기준에 한국 사례를 포함해 재구성.

플랫폼으로 이동한다. 온라인 노동의 확산으로 노동시장 진입 장벽이 낮아지고 교육과 직업 시스템 약화도 나타난다. 웹 기반 플랫폼 노동을 수행하는 노동자들은 평판에 의해 업무 수행이 좌우되므로 플랫폼에 종속되기도 한다.

기존 연구 중 일부를 제외하면 플랫폼 노동의 혁신성을 주장하는 논의들이 많고 플랫폼 노동의 규모와 정의 등이 주로 소개된다. 플랫폼 노동 연구는 최근 몇 년 사이 활발히 진행되고 있으나 이론적이고 경험적인 연구는 제한적이다. 플랫폼 노동의 혁신성과 연관된 논의들은 디지털 경제의 급속한 확장이 일으키는 인간과 기계 간의 인터페이스와 같은 업무 변화 초래를 강조하거나, 알고리즘의 무자비성과 학습 효과로 언젠가 인간의 일자리가 상실될 것이라는 주장으로 정리할 수 있다. 반면에 플랫폼 노동의 부정적 현상을 강조하는 논의는, 디지털 경제 확산이 정보의 집중화, 대량 맞춤 생산, 서비스화, 자원 효율성 극대화로 나타나고 있다고 지적한다.

초기 플랫폼 노동의 주요 쟁점은 고용 지위와 관련해 노동법 적용 여부를 둘러싼 문제인데 고용 형태 오분류(mis-classification) 문제, 회색 영역에 대한 보호 문제, 제3의 고용 지위 부여 방안 문제로 요약된다. 고용 형태 오분류는 노동시장에서 노동자와 자영자의 고용 형태를 명확히 정의하고, 위장 자영자로 고용할 경우 벌칙 등 엄격한 법 적용 필요성을 강조하는 의견이다. 회색 영역 보호는 노동자와 자영자 사이의 중간 지대로 구분되는 노동자에 대해 공정한 임금과 차별 금지, 적정 노동시간, 산업 안전과 건강 등 권리와 혜택을 확대하거나 사업주 의무와 책임을 명확히 하자는 의견이다. 제3의 고용 지위 부여는 새로운 중간 고용 상태를 설정하고 표준적인 임금노동자의 권리와 보호의 일부를 적용하자는 의견이다.

한편 디지털 기술의 발전은 계약 방식의 비표준적 확대, 고용 형태의 파편화 등 부정적 요소가 확인된다. 무엇보다 디지털 고용 관계(digital employment relations)에서 노동은 종합적 능력(hybrid skill-set)과 사고를 갖춘 일부 고숙련 일자리 형태를 제외하고는 테일러리즘 원리에 따라 조직화되는 디지털 노동 분업(digital division of labor)을 확산시키기도 한다. 이런 이유로 플랫폼 노동자는 근로기준법, 산업안전보건, 남녀고용평등과 일가정양립지원법, 사회보험, 노동조합 및 노동관계조정법 등 기존 법제도의 보호를 받지 못한다. 이 글은 웹 기반과 지역 기반 플랫폼 노동에서 주로 후자를 중심으로 검토했으나 일부 사례 분석에서는 전자의 내용도 다루었다.

2) 플랫폼 노동의 접근과 대응

플랫폼 노동은 일터로부터의 유해 환경이나 일생활 균형 등에서 자유롭고 비공식 경제의 일이 공식 부문으로 전환된다는 '긍정성'이 있지만, 비표준적 계약 및 노동안전보건 관리 허점이나 사회보험 미적용 등 '부정성'도 있다. 또한 플랫폼 노동은 노동시장 진입 장벽을 낮추고 노동 참여를 촉진하는 장점이 있지만, 고용 조건이나 사회보험 및 안전에 아무런 제도적 적용을 받지 못하는 단점도 있다. 국제기구나 주요 국가들은 새로운 기술과 경제 현상에서 발생한 플랫폼 노동의 보호 한계성을 지적한다. 기존 법률 재개정이나 사회 협약 혹은 분쟁 해결 기구, 공정 거래 및 표준 계약과 단가, 사회보험, 안전 건강, 교육 훈련 등의 정책 필요성이 제기되는 이유다.

이런 맥락에서 한국에서도 최근 몇 년 사이 플랫폼 노동이 확산할 수밖에 없는 현실을 고려해 최소한의 권리와 사회적 보호를 어떻게 보장할 것인가가 논의되고 있다.[4] 현재 플랫폼 노동 문제를 둘러싼 국제기구나 나라별 접근은 다양하고 대응에도 차이가 있다. 다만 플랫폼 노동의 접근 방법과 적용 범위의 포괄성, 규정의 구속력 여부에 따라 4개 유형으로 구분할 수 있다(〈표 4-1〉).

	높음　　　　　　　　　적용 범위 포괄성　　　　　　　낮음	
	[유형 A] ILO, 개별국가(스페인, 독일)	**[유형 C] 개별 국가**
낮음	적용 범위 확대: 자영업자까지 포괄 보호, 최소한 조건과 기분, 모니터링, 규범 설정 등	기존 자국 법조항 적용 검토(조세와 사회보장 등) : 벨기에, 덴마크, 아일랜드, 스웨덴, 네덜란드, 영국, 오스트레일리아, 한국
규정구속력	**[유형 B] EU, 지역(이탈리아, 볼로냐) 협약**	**[유형 D] 프랑스, 지역(미국 주정부), 단체협약**
높음	EU 노동자(Worker) 범위 확대, 사법적 판단과 지침, 권장 사항과 같은 규칙 포괄사회협약: 도시의 디지털 노동권 기본 원칙 헌장 (이탈리아 볼로냐, 뉴욕 등)	프랑스: 고용 지위와 관계없이 플랫폼 노동자를 사회적 보호 목적 입법 적용 지역: 노동자 적용 법규 시행, 최저 소득 보장 단체협약: 동일 노동조건, 최하 임금 보장 (덴마크, Hilfrs, Voocali, 오스트레일리아, 이탈리아, 네덜란드, 미국 등)

〈표 4-1〉 플랫폼 노동 접근과 보호의 차이: 포괄성과 구속력[5]

첫째, A 유형은 플랫폼 노동과 같은 비전형 노동자의 보호 필요성을 원칙으로 하고, 독립노동자나 자영업자에게 사회적 보호와 최소의 소득 보장과 같은 적용의 확대 필요성을 제기하는 방식이다. 플랫폼 노동의 문제점은 노동법 미적용, 낮은 보수와 최저임금 이하의 임금 수준, 불공정 대우 및 공식 제도 미흡 등이다. 이에 ILO는 플랫폼 노동의 국제적 기준

4　한국의 플랫폼 노동 법제도는 2021년 국회에서 플랫폼 노동 보호 법안이 발의된 바 있고, 2022년(민주당)과 2023년(정의당)에 각기 일하는 사람 보호 혹은 권리 보장 법안이 발의 되었다. 일부 광역(서울, 경기 등)과 기초(성남, 안산 등) 지자체에서는 플랫폼 노동 관련 조례와 정책, 사업을 진행하고 있다.

5　Broecke(2019), Eurofound(2018ab), ILO(2019, OECD(2019), Mex(2019) 내용을 토대 로 유형화.

과 노동 보호 및 존중의 필요성을 언급한다.

둘째, B 유형은 취약 노동자 보호의 관점에서 새로운 지침을 통해 노동조건을 규율하고, 노동 형태와 상관없이 의무적으로 일자리 투명성을 제고함으로써 플랫폼 노동자를 보호하는 방식이다. 유럽연합은 2017년 유럽의회에서 플랫폼 노동 논의 이후 2018년 '선택된 플랫폼 노동의 고용 및 노동조건'을 통해 지침 및 권고 이행 노력을 하고 있다.

셋째, C 유형은 다수의 개별 국가가 플랫폼 노동을 자영업자로 분류하고, 법정에서 사건별로 고용 지위 다툼이 발생할 경우 법률에 따른 판단을 적용한 사례다. 국가별로 플랫폼 노동자를 보호하기 위한 법적·사회적·정치적 제도에 관한 내용을 담고 있다. 다만 유럽 국가에서도 플랫폼 노동자를 고용자로 구분하는 경향이 많은 곳(벨기에, 덴마크, 독일)과 제3의 지위로 구분하는 경향이 많은 곳(아일랜드, 네덜란드, 스웨덴, 영국)으로 나뉜다.

넷째, D 유형은 법률로서 독립노동자의 직업훈련, 집단 교섭을 위한 노동조합 가입 권리, 실업급여 등 임금노동자 일부의 권리를 적용한 사례다. 프랑스는 플랫폼의 사회적 책임과 플랫폼 노동자의 권리를 법으로 규정한다. 2016년에 제정된 '노동과 사회적 대화의 현대화 그리고 직업적 경로의 보장에 관한 법률'은 디지털 플랫폼의 사회적 책임과 플랫폼 노동자의 권리를 규정하고 있다. 한편 이탈리아 볼로냐에서는 지방의회와 라이더유니온이 공정한 보상, 정보 제공, 고객 평가, 데이터 보호, 안전, 노동권 보장 등이 포함된 사회협약(2018. 5)을 체결했다.[6]

6 덴마크 가사 서비스 제공 온라인 플랫폼 기업 Hilfrs는 플랫폼 등록 노동자에게 임금, 휴가비, 연금 등에서 일반 노동자와 같은 노동권을 보장하는 노사 간 단체협약을 체결(2018)한 바 있으며, 덴마크 통번역 프리랜서 플랫폼 Voocali는 4분위 이하 임금을 보장하도록 협약을 체결(2018)했다.

이처럼 플랫폼 노동 문제를 둘러싼 각 국가나 지역별 대응도 상이하지만, 노사 간 대응도 차이가 있다. 특히 개별 국가와 지역에서 플랫폼 노동자의 고용 지위를 둘러싼 쟁점은 전 세계적인 이슈다. 우버나 리프트 운전기사와 딜리버루와 같은 배달 기사의 '근로자성' 문제가 주된 갈등으로 표출되고 있다. 미국 캘리포니아에서는 우버·리프트 등 노동법상 보호를 못 받는 독립계약자 관련 규제 법안이 통과되었으나, 현재는 기업들의 소송으로 시행되지는 못한다. 또한 미국 뉴욕이나 시애틀 등에서는 음식 배달 라이더 최저임금제를 시행한다.

캘리포니아 AB5 법안은 ① 회사의 지휘·통제로부터 자유롭고, ② 그 회사의 통상적인 비즈니스 이외의 업무를 해야 하며, ③ 스스로 독립적인 고객층을 갖는 등 해당 사업에서 독립적인 비즈니스를 구축해야 한다. 결국 캘리포니아 AB5 법안 내용은 기업이 노무를 제공받을 때 "ABC 테스트"를 통과해야만 노동자가 아니라 독립 계약자로 고용할 수 있도록 규정했다. 법안의 취지는 전통적인 고용관계의 사용자와 노동자 범위를 확장한 것으로, 세 가지 조건에 해당하지 않을 경우 노동자로 인정해야 한다는 특징을 담고 있다.

그러나 국제기구 및 국가별 플랫폼 노동 대응 전략은 구속력과 포괄성에 한계를 갖는다. 그런데도 유럽연합은 회원국들에 플랫폼 노동 지침 및 권고와 이행만이 아니라 구체적인 전략을 제안한다. 유럽연합의 주요 정책 과제 방향은 플랫폼 경제와 노동의 정의, 정책적 이질성, 정보 제공과 모니터링, 분쟁 해결 메커니즘, 알고리즘, 모니터링, 고용 지위와 보호, 투명성 등이다. 한국에서도 플랫폼 노동의 제도적·실천적 대응 과제를 모색할 때 유럽연합의 분석 결과와 권고 사항 등은 유의미한 시사점을 줄 것이다.

디지털 플랫폼 노동 실태와 특징

1) 플랫폼 노동 규모와 특징

국제기구나 개별 국가 혹은 노동 조직에서는 플랫폼 노동자가 겪는 이중적 사각지대를 정확하게 포착하기 위해 다양한 논의와 연구 조사가 진행된다. 전 세계적으로 플랫폼 노동 종사자 규모는 경제활동인구의 10% 미만 정도로 추정한다. 2017년 유럽연합 14개 회원국 대상 조사 결과 9.7%가 플랫폼 노동에 참여한 경험이 있는 것으로 나타났다. 독일, 영국, 이탈리아 등 유럽 7개국에서 주 1회 이상 디지털 긱 경제에 참여하는 노동자는 5~12% 수준이다. 플랫폼 노동 취업자 비중은 유럽이 2% 수준이며, 영국(3%~4%), 독일(2.5%), 미국(0.4%~0.5%) 등 국가별로 차이가 있다. 미국은 웹 기반과 지역 기반 종사자 규모가 대체로 비슷하고, 유럽연합은 웹 기반형 플랫폼 노동이 상대적으로 많다.

2021년 ILO는 전 세계 100개국 약 1만2,000명의 플랫폼 노동 실태 조사 결과 보고서를 발표했으며, 한국도 이와 비슷한 경향이 확인된다.[7] 지난 10년 사이 웹 기반 플랫폼 노동이 3배 이상 증가했고 지역 기반은 10배 이상 증가한 것으로 추정된다. 플랫폼 노동자는 대부분 35세 미만이거나 기술 교육 훈련은 거의 없고, 성별 분리 현상이 더 심각했다. 전 세계 조사 대상의 1/3은 플랫폼 노동을 통한 소득이 주 수입원이었다. 온라인 플랫폼

---

7   전 세계 플랫폼 기업은 2019년 최소 520억 달러의 수익을 창출한 것으로 확인된다. 대표적으로 Upwork는 2019년 매출의 62%를 창출했는데, 이는 플랫폼 노동자에게 부과되는 다양한 유형의 수수료(38%)를 통해 생성한 것이다. 조사 결과에서 택시(79%)와 배달(74%) 플랫폼 노동자들은 장시간 일로 인해 스트레스를 받고 있다(ILO, *World Employment and Social Outlook 2021: The role of digital labour platforms in transforming the world of work*, International Labour Office, Geneva, 2021).

노동은 주당 평균 수입이 3.4달러였고, 이들 중 절반은 플랫폼 수입이 시간 당 2.1달러 미만(프리랜서 7.6달러, 마이크로 워크 3.3달러)이다. 온라인 웹 기반 은 주당 평균 23시간 유·무급의 일을 하고 있었고, 그중 절반은 부업으로 일(평균 28시간)하고 있었다. 그러나 이와 달리 지역 기반은 평균 65시간 일 했고, 택시나 배달 플랫폼 노동자는 59시간 일했다.

국가	24세 이하	25-34세	35-44세	45-54세	55세 이상
네덜란드	22%	20%	22%	20%	17%
스위스	29%	27%	18%	14%	12%
독일	22%	30%	20%	17%	11%
이탈리아	19%	21%	24%	23%	13%
스웨덴	28%	30%	19%	14%	9%
영국	23%	32%	24%	10%	11%
한국*	20대 11.2%	30대 15.9%	40대 21.7%	50대 32.6%	60대 이상 18.6%
한국**	15-34세 32.1%		35-54세 56.3%		55세 이상 11.6%
한국***	20대 13.7%	30대 24.6%	40대 20.7%	50대 28.9%	

〈표 4-2〉 주요 국가별 플랫폼 노동 참가자 연령[8]

국가	10% 이하	11-25%	26-50%	51-75%	76-99%	100%
네덜란드	51%	13%	11%	6%	8%	11%
스위스	48%	18%	10%	6%	6%	12%
독일	44%	19%	12%	15%	7%	3%
이탈리아	36%	19%	13%	12%	8%	11%
스웨덴	33%	13%	18%	20%	10%	6%
영국	41%	15%	10%	15%	12%	6%
한국*	30% 이하 29.9%	31-60% 이하 14.3%	61-90% 이하 14.5%	90% 이상 41.4%		

〈표 4-3〉 주요 국가별 전체 수입 대비 플랫폼 노동을 통한 수입 비중[9]

8   유럽 7개국(Huws 외, 2017), 한국은 *김준영(한국고용정보원, 2018), **장지연(한국노동 연구원 노동패널, 2018), ***장귀연·김철식 외(국가인권위원회, 2019) 내용 재구성.
9   한국노동연구원 노동패널(2018)에서 플랫폼 노동으로 소득의 절반 이상을 1개 회사에서

조사 방식과 대상의 차이가 있지만, 유럽과 한국의 플랫폼 노동 참여자 연령이나 소득 분포에서 차이가 확인된다. 유럽은 플랫폼 노동 참여자의 연령대가 비슷한 분포를 보이고 있으며 소득 분포도 크게 차이가 없다. 반면에 한국은 취업자 중 플랫폼 노동자 비중이 1.7~2%이며, 플랫폼 노동자 중 다수는 50대 이상이고 소득의 90% 이상자도 절반 정도 된다. 한국 플랫폼 노동 규모는 220만 명으로 취업자의 약 8~10% 내외로 추정된다. 플랫폼 노동자 중 남성과 청년이 전체의 절반 이상을 차지하고 있으며 10명 중 3~4명 정도는 플랫폼 노동이 부업이다. 실제로 플랫폼 노동자 직업군을 보면 기존의 특수고용노동자와 유사한 대리운전, 화물 기사, 퀵서비스, 가사 서비스가 많다.

한국의 불안정 노동 형태의 비임금 노동자는 특수고용노동자, 플랫폼 노동자, 프리랜서 등으로 볼 수 있다. 이들 모두 근로기준법을 적용받지 못하는 상황에서 기존 임금노동자와 유사한 업무를 수행하거나 혹은 준종속적 형태로 일하는 이들이 적지 않다. 2020년 국세청 원천징수 부과 납부 기준 개인사업소득자는 704만 명(청년 164만 명)이다. 정부 통계로 포착하지 못하는 불안정노동자 중 규모 추정 결과 프리랜서는 약 400만 명(청년 73만 명), 특수고용노동자 165만 명(청년 22만 명), 플랫폼 노동자 220만 명(청년 42만 명) 정도 추정된다. 20대나 30대 등 웹 기반 플랫폼 노동자 다수가 실태 조사나 통계에서 포착되지 못한 한계를 고려하면 청년층이나 여성은 더 많을 것이다.

얻는 사람은 74%였다. 유럽 7개국(Huws 외, 2017), *김준영(한국고용정보원, 2018) 내용 재구성.

	비정규직	니트	개인사업소득자[10]	프리랜서	특수고용노동자	플랫폼 노동자
전체	806만 명	–	704만 명	400만 명	165만 명	219만 명
청년	199만 명 (19-34세)	206만 명 (19-34세)	164만 명 (15-29세)	73만6,000명 (19-34세)	22만1,000명 (20대)	74만8,000명 (20대)
여성	449만 명 (청년 110만 명)	117만 명	376만 명	138만 명	94만6,000명	102만 명
자료 시점 분석 발표 기관	2021 일하는시민연구소 유니온센터	2021 일하는시민연구소 유니온센터	2021 국세청 장혜영 의원실	2018 일하는시민연구소 유니온센터	2018 KLSI 정흥준	2021 KEIS 김준영

〈표 4-4〉 한국 노동시장의 비정규직 및 불안정 노동자 규모 추정[11]

2) 플랫폼 노동 실태와 문제점

플랫폼 노동은 유형별 서비스 및 노동 제공 기준, 일 제공 방식과 보수, 플랫폼의 관리 감독 수준이 상이하다. 따라서 플랫폼 노동의 특징과 형태를 살펴보는 것은 제도와 정책을 검토하는 데 매우 중요하다. 이 글에서는 제한적 수준에서 플랫폼 노동 사례별로 계약 및 고용 형태, 근무 형태와 노동시간, 서비스 제공과 보상 방식, 작업 과정과 통제 문제 등을 비교 검토했다.

과업과 작업 방식, 계약의 다양화 　플랫폼 노동은 산업구조 변화와 기술 발전 과정에서 두 가지 유형으로 구분할 수 있다. 하나는 기존 산업의 플랫폼 노동화이며, 다른 하나는 새로운 산업의 플랫폼 노동화이다. 전자는 주로 기존 산업에 정보통신기술이 융합되면서 나타나는 현상으로, 차량·

10　국세청 현행 소득세법 및 시행령에 따르면, 부가가치세법에서 정하는 특정 대상에 대해서는 사업자 등록 여부와 관계없이 사업소득의 3%를 원천징수(지방세 0.3% 별도, 총 3.3%)하고 있다. 이들 대상 중 하나가 이른바 인적 용역으로, 고용과 관계없이 독립된 자격으로 계속된 용역을 제공하고 일의 성과에 따라 수당을 받는 형태다.
11　각기 조사 시점 및 조사 방법의 다르기에 규모 추정이 상이할 수 있고, 때론 프리랜서/특고/플랫폼 노동자 중에서는 서로 중복 규모가 될 수 있다.

운송·물류나 음식 배달 등 특정 개인에게 서비스를 제공하는 노동 형태다. 반면 후자는 IT 기술 발전 과정에서 출현한 새로운 산업으로, 미디어, 콘텐츠, 전문 서비스 등 과업이 특정 개인 혹은 불특정 대중에게 제공되는 노동 형태다. 플랫폼 노동은 3자 혹은 4자 체계인데, 지역 기반 플랫폼 노동은 '플랫폼 기업(운영사)-대행사(중계업자)-수요자(고객)-공급자(노동자)' 관계로, 웹 기반 플랫폼 노동은 '플랫폼 기업(운영사)-수요자(고객)-공급자(노동자)' 관계로 구성된다.

먼저 음식 배달과 물류 운송 형태의 지역 기반 플랫폼 노동은 플랫폼 기업과 계약을 맺은 노동자(기사)가 고객에게 배달·배송하는 작업 형태다. 이 유형은 기업에 따라 고용 계약을 전통적인 임금노동자 형태(플랫폼 노동1)로 일부 운영하는 곳과 비임금노동자 형태(플랫폼 노동2)로 운영하는 곳으로 구분된다. 최근 흐름은 임금노동자(플랫폼 노동1)도 개인사업자 형태로 전환하는 과정이다. '플랫폼 노동1'은 전속성이 높고 풀타임 형태의 노동을 수행한다. 최근 고용 방식이 기존과 달리 '플랫폼 노동2' 유형으로 변화하고 있다. 작업 수단은 개인 차량이나 퀵, 자전거 등을 활용하고 노동시간은 파트타임 형태다.

한편 번역, 디자인, 소프트웨어 형태의 웹 기반 플랫폼 노동은 플랫폼 기업과 계약을 맺은 노동자가 고객에게 과업 결과물을 제공하는 작업 형태다. 이 유형은 플랫폼 기업 회원에 개인이 등록 후 표준 계약을 체결(혹은 약관 동의)하고 일한다. 이는 기존의 프리랜서로 일하는 사람들이 플랫폼 기업에 프로필 제출 후 비표준적인 계약 관계를 맺고 일하는 형태다. 이들 모두 주문 고객과의 계약 관계가 플랫폼 기업의 중계를 통해 진행되는 공통점이 있다. 플랫폼 노동1과 2 모두 일하는 시간이나 형태가 자율

	웹 기반 플랫폼 노동 유형		지역 기반 플랫폼 노동 유형			
	고객업무주문 A사	IT소프트웨어 B사	차량승차 C사	물류배송 D사	음식배달 E사	가사청소 F사
서비스 업무 제공 내용	온라인 통한 번역, 디자인 등	소프트웨어 개발 프로그램 등	렌탈 차량 이동 서비스	물류 운송 배송 서비스	음식 배달 서비스	청소, 가사 서비스
인구학적 속성	다양한 연령 (성별 혼재)	20~40대 다수(남성)	40~50대 다수(남성)	30~40대 다수 (남성)	20~40대 다수 (남성)	40~50대 다수 (여성)
전업, 부업 형태	부업	전업, 부업 혼재	부업, 전업 혼재	부업	전업, 부업 혼재	전업, 부업 혼재
고용 형태	프리랜서	프리랜서 (상주형 기간제)	프리랜서(90%) 파견근로(10%)	개인사업자 일부 파트타임	개인 사업자 일부 파트타임	개인사업자
보수 수당 방식	건당 수수료 건당 5,000원 이상	계약 금액 수수료 10%	건당 수수료 시간당 1만 원	건당 수수료 750원	건당 수수료* 1건 3,500원	시급 수수료 1시간 1만 원
근무 형태 장소 시간	재택 근무	자율 재택형 상주형	교대제 (오전, 오후, 주말) 파견근로(주중)	전일제/교대제 (주간, 심야, 새벽)	전일제 (주중, 야간 등)	전일제/교대제 (오전, 오후, 전일)
근무 요일 노동시간	자율	자율 다수 일부 고정	주 5~6일 파견근로 주 5일	주 6일 다수 (풀타임/파트타임)	주 6일 다수 (풀타임)	주 5~6일 (풀타임/파트타임)
업무 레벨 등급 구분	4등급 (new-junior-senior-semipro)	4등급 (초심자-계약-성실-추천 배치)	4등급 (basic-good-best-perfect)	2등급 (일반 기사- 어시스턴트)	–	3등급 (홈-스타-마스터)
노동 통제 방식	응답시간, 프로필, 제품 평가 (의뢰인 평점)	상호 평가 (평가 공개)	별점 (이용자 평점) APP	별점(시간 배송, 수령 고객 평가) APP	별점(시간 배송, 주문 고객 평가) APP, GPS	별점 (이용 고객 평가)
작업 비품	–	주문형 업무 비품 제공	–	–	보호 장비 지원 이륜차 리스 비용	업체 상이 작업 도구 제공
사회보험		기간제 적용	프리랜서(미적용) 파견근로(적용)	–	–	–
노동안전	평점 스트레스	평점 스트레스	교통사고 폭언, 다툼 등	교통사고 폭언, 다툼 등	교통사고 근골격계, 폭언 등	근골격계 성희롱, 폭언 등
교육훈련	–	–	앱 사용, 서비스 교육	–	배달 안전 교육	앱 사용 서비스 교육

〈표 4-5〉 국내 초기 주요 플랫폼 노동 유형별 사례 비교 검토(2019) [12]

성이 높고 자유로운 곳에서 일이 수행된다. 하지만 번역이나 소프트웨어 개발 등은 과업의 작업 방식에 따라 '플랫폼 노동1(1인 작업 완료)'과 '플랫폼 노동2(복수 분할 작업 완료)'의 유형으로 구분된다.

결국 플랫폼 노동의 과업 방식이나 서비스 제공 방식에 따라 다양한

---

12 운영업체 자료 및 관계자 간담회, 플랫폼 노동자 인터뷰 내용을 재구성(김종진 외, 2019).

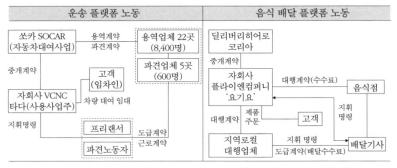

<図 4-2> 플랫폼 노동 계약 관계, 작업 과정 및 불법 파견, 위장 도급 문제[13]

계약 방식과 고용 형태가 확인된다. 플랫폼 노동 계약 방식은 표준 계약 형태가 다수이며, 고용 형태는 1인 자영업자가 대부분이다. 지역 기반 플랫폼 노동(C사, D사, E사, F사)은 '근로자성'과 '산업재해'와 같은 전통적인 특수고용 문제나 불법 파견(위장 도급) 논쟁이 나타나고 있다. 반면에 웹 기반 플랫폼 노동(A사, B사)은 전형적인 프리랜서 형태의 독립 사업자 형태의 일자리로, 종속성이나 전속성 문제보다 표준 계약, 수수료, 일과 업무 성격, 평판과 같은 문제들이 주요 쟁점이다. 플랫폼 노동 특성상 대부분 온라인과 오프라인을 매개로 해 상품과 서비스를 제공한다는 점에서 표준적인 서비스와 매뉴얼이 중요하기 때문에 C사와 E사 형태처럼 불법 파견 문제(지시 명령)가 발생할 수밖에 없는 구조이다(<그림 4-2>).[14]

13 운송 및 음식 플랫폼 노동 계약 관계와 작업 과정은 해당 플랫폼 기업 자료 및 관계자 인터뷰 내용 재구성.
14 2019년 E사는 노동부에서 근로자 인정 판단이, C사는 검찰에서 불법파견 사실이 확인되었으며 2020년 법률적 다툼이 진행되고 있다. 장지연(2019)에 따르면 플랫폼 노동자의 53.5%가 일하면서 일하는 방법, 노동시간, 근무 장소 등에 대한 지시나 규율을 받고 있다.

노동의 게임화와 위계화 현상　　플랫폼을 통해 각양각색의 일자리들이 출현하고 있다. 같은 방식으로 운영되는 일자리라도 이전과는 다른 과업으로 진행된다. 점차 일과 산업 전체에서 개인의 삶 자체가 게임이 되는 세상이 될지도 모른다. 아마도 고정적이고 안정적인 일자리가 아니라 불확실성이 높은 불안정한 일자리들이 양산될 것이다. 내가 플랫폼에 참여해야만 소득을 얻는 일자리, 즉 각자도생의 경쟁 구조는 일감과 소득에 반영된다. 플랫폼 자본과 기업은 노동자 스스로 동기 부여하는 '게임화' 시스템을 위해 작업 진척을 점수화해 보상하는 방식을 고안했다.

　　플랫폼 노동에서 개인사업자 대부분은 프리랜서 형태로 일하므로 노동의 대가를 임금이 아닌 건당 혹은 시간당 수수료 형태로 받고 있다. D사처럼 일정 테스트 기간 이후 '세미'라는 형태의 수수료 체계로 변경한 곳은 지난 몇 년 사이 이용자 요금 인상과 달리 플랫폼 노동자의 건당 수수료는 낮아지고 있다. 게다가 플랫폼업체들은 노동자 간 경쟁과 생산성을 높이기 위한 등급제나 인센티브를 통한 일터의 위계화, 게임화 작동 메커니즘도 활용한다. 사례 조사 대상 플랫폼 기업의 대부분은 과업이나 업무 수행 평가에 따라 등급제를 시행하고 있다. 플랫폼 노동자의 등급은 업무 수행 기간이나 고객(수요자)의 평가에 의해 이루어지고, 등급 간 수수료 차이도 있다. C사처럼 상품 시간대(심야, 새벽), 배송 지역(원거리), 날짜(명절, 기상 악화), 상품 품목(수산품, 공산품)에 따른 배달 기사의 수수료 차등 방식이 대표적인 사례다. 최근에는 시장 경쟁으로 노동자가 받는 건당 수수료가 낮아진 탓에 플랫폼 노동자들은 소득 불안정에 놓여 있다.[15]

15　플랫폼 노동자들이 일을 선택한 이유는 "일거리를 구하기 쉬워서(28.9%)"와 "생활비 등 당장 수입이 필요해서(28%)"가 다수였다. 플랫폼 노동자들은 일주일 평균 5.1일(6일 이

사례 조사 대상 웹 기반 플랫폼 노동은 기존과 전혀 다른 방식으로 작업 과정 및 일의 형태가 진행된다. 고객 주문형 플랫폼 노동(A사)이나 IT 소프트웨어 플랫폼 노동(B사)은 업무 자율성이 높고 시공간을 초월해 진행되는 형태다. 특히 A사보다 B사 과업은 전문 기술과 숙련 형성이 필요한 형태로, 어플리케이션·웹·소프트웨어 개발 업무를 수행한다. 이런 이유로 B사의 업무는 A사에 비해 과업 성격과 내용이 상대적으로 장기간 필요하고 업무 내용에 따라 해당 기업에 상주해 일을 수행한다. 웹 기반 플랫폼 노동(A사, B사)과 달리 지역 기반 플랫폼 노동은 일하는 과정에서 시공간의 구속을 받는다. 대표적으로 E사는 1조(오후 4시~오전 2시), 2조(오후 5시~오전 3시), 3조(주중 오전 7시~오후 5시), 4조(주말 오전 7시~오후 5시) 교대제 근무 형태였고, F사는 오전과 오후 파트타임과 전일제 근무 형태로 운영된다. 외견상 자유로운 일의 선택인 것처럼 보이지만, 노동과정에서 배차나 일감 선택의 자율성이 적다 보니 시간 비례 원칙에 의해 소득이 결정되어 '시간의 불평등이 소득의 불평등'으로 연결된다. 이를 반영하듯 플랫폼 노동자의 절반 이상이 1일 9시간 이상 장시간 노동을 한다.

한편 플랫폼 노동이 노동시장 유연화나 자율적인 근무 형태 등의 유인이 있다고 해서 여성 일자리가 남성보다 더 많이 창출되는 것도 아니다. 지역 기반 플랫폼 중 C사, D사, E사에는 여성이 거의 없고, F사만이 대부분 여성이 회원으로 등록되어 있다. F사는 청소 가사 서비스로, 여성들이 현재의 플랫폼 노동을 선택한 이유 대부분이 "일자리를 쉽게 찾을 수 있기 때문"

상 56.9%, 3일 이하 13.7%), 1주일 평균 36.9시간(52시간 이상 비율 23.5%, 15시간 미만 21.1%) 일하고 있었다. 한편, 플랫폼 노동자들은 일하면서 실적급 형태의 수수료(69.9%) 가 대부분이었다. 플랫폼 노동 수수료는 평균 1,534원(3,000원 이상 29.4%, 500원 이하 45.8%)으로 나타났다(김준영 외, 2019).

이었다. 하지만 50대 연령층에서는 "정규직 일자리를 찾기 어려운 이유 때문"도 많았다. 게다가 IT·소프트웨어 프로그램업체(B사)에 여성보다 남성 비율이 0.5배 많은 까닭은 플랫폼 노동에서도 기술과 젠더 격차가 일자리에 반영되고 있기 때문이다. 사실 온라인 플랫폼은 국내외 시공간 및 활동 범위를 벗어나고 있어 여성이 비공식 경제에서 빠져나올 것이라는 점은 맞다. 그러나 그 자체로 여성과 남성의 일자리 경기장이 평평하게 될 것이라는 논거는 과잉 해석일 수 있다. 예를 들면 특정 연령대와 과업을 수행하는 온라인 노동을 제외하면 정규직을 찾을 수 없어 더 많은 시간 일하기를 원하는 '저고용(under-employment)' 문제가 가사 서비스 플랫폼 노동(F사)에서 나타나기 때문이다.

다양한 통제 방식과 노동 안전　　플랫폼 노동은 전통적인 통제와 관리 방식 및 노동과정도 확인되지만, 이전과 다른 새로운 형태의 통제 방식(rating systems)이 주된 문제점으로 제기되고 있다. 현재 지역 기반 플랫폼과 웹 기반 플랫폼 모두 직간접적인 통제 방식(surveillance)이 활용된다. 지역 기반 플랫폼 노동은 작업 과정이 실시간 GPS(위치 추적)나 APP(응용 소프트웨어)를 통한 전자 감시 기술의 IT 통제가 작동된다. 고객과의 대면 접촉을 통한 상호작용이 이루어지기 때문에 감정 노동 문제도 발생한다. 게다가 고객에게 실시간으로 플랫폼 어플리케이션을 통해 운송·배달 기사의 개인 사진까지 드러나면서 인권 보호 문제가 제기된다. 다만 C사와 F사의 업무는 고객과의 상호작용 빈도나 강도가 높아 고객에 의한 플랫폼 노동자 평가가 큰 영향을 주지만, D사와 E사 업무는 고객과의 접촉 시간이 짧아 상대적으로 쟁점은 아니다. 한편 A사와 B사 모두 플랫폼 노동자와 이용자(의뢰인) 간의 직접거래를 제한하며, 모니터링을 통해 발각되면 회원 목록에서 탈락시킨다.

문제는 웹 기반 플랫폼 기업의 평가 시스템을 통한 노동과정의 통제다. 플랫폼 기업별로 차이가 있지만 고객에 의한 다양한 평가(리뷰, 별점, 제품)가 활용된다. A사와 B사 모두 플랫폼 노동자는 회원 등록 시 각기 개인 프로필(이력, 경력, 이전 작업 등)을 게시해야 한다. A사는 고객에 의한 일방적인 평가 시스템이고, B사는 고객과 노동자 간 상호 평가 방식으로 진행된다. 하지만 고객으로부터 좋은 평가를 받아야 차후 일감을 수주받는 데 유리하므로 플랫폼 노동자 스스로 '별점노예'라고 지칭할 정도로 고객 평가에 민감하다. 실제로 좋은 리뷰를 받기 위해서 플랫폼 노동자들은 과업에 명시되지 않은 추가적인 일을 해 주기도 하고, 고객이 마음에 들 때까지 여러 차례 수정해 주기도 한다. B사의 상호 평가 제도는 수요자와 공급자 모두에게 공개되어 형식상 평등한 것처럼 보인다. 그러나 시장에서 과업을 수주해야 하는 플랫폼 노동자는 일정 이상의 평점을 받아야 높은 단가의 프로젝트 접근이 가능하다. 따라서 소득의 양과 평점은 직결될 수밖에 없고, 절차상 상호 평가 제도는 실질적 평등에 비례 균등하지 않다.

웹 기반 플랫폼 노동은 유형별 차이는 있지만 일하는 과정에서 시간 압박과 스트레스 문제가 제기된다. 대표적으로 일감이나 콜 대기 상태의 시간 압박(being on call)이다. 휴일이나 잠시 다른 일을 하고 있다가 고객이 올린 일감에 응답시간을 놓치면 소득이 상실되기에 항상 긴장해야 한다. B사의 경우, 기업이 30일 동안 찾아야 할 과업 수행자(파트너)를 2일 내지 3일 사이에 연결해 주기 때문에 시간대에 상관없이 느닷없이 프로젝트가 올라온다. 그 결과 플랫폼 노동자는 항상 스마트폰에서 눈을 떼지 못한다. 특히 IT 업무 특성상 심각할 정도로 과업 기간이 짧거나 과업 수행이 촉박한 일감이 있다. 플랫폼 노동자는 마감 일정을 지키지 않을 경우 나쁜 평점을 받으므로 낮밤을 가리지 않고 일하게 된다. B사는 알고리즘을 통해 플랫폼 노동자에게 지속해서 마감 일정을 알리게 한다. 실제로 온라인 노동의 재택근무자 중 일부는 집에서 대기시간과 노동하는 시간이 혼재해 지불노동과 가사 노동, 일하는 시간 사이의 모호성이 나타난다.

성과평가	세부 항목	온라인 플랫폼 노동		오프라인 플랫폼 노동		전체	
		전국	서울	전국	서울	전국	서울
	〈없다〉	45.2%	53.9%	56.0%	44.8%	53.5%	46.6%
	〈있다〉	54.8%	46.1%	44.0%	55.2%	46.5%	53.4%
∟	(a) 자격 박탈	5.5%	0.0%	13.9%	13.1%	11.6%	10.4%
	(b) 자격 일시 정지	7.0%	5.3%	23.6%	19.7%	19.1%	16.7%
	(c) 일감의 양이 줄어듦	69.6%	88.5%	45.4%	39.3%	52.0%	49.3%
	(d) 건당 수당이 적어짐	18.0%	6.2%	7.8%	4.4%	10.6%	4.7%
	(e) 영향을 미치지 않음	12.2%	0.0%	20.0%	16.4%	17.9%	13.0%
	(f) 모름	7.3%	0.0%	11.3%	7.3%	10.2%	5.8%

〈표 4-6〉 플랫폼 기업의 성과평가 시스템 도입 여부와 활용[16]

플랫폼 노동자들은 일을 수행하는 과정이나 완료 이후 회사나 고객으로부터 '성과평가'를 절반 정도 경험한다. 성과평가 결과는 일감의 양 감소, 자격 일시 정지, 자격 박탈, 건당 수당 감소 등이다(〈표4-6〉). 한편 플랫폼 노동의 서비스 가격 결정은 '플랫폼'이나 '소속 회사'가 대부분 결정

16   질문은 '하신 일의 성과나 서비스 만족도에 대한 별점 같은 평가가 있습니까?'였고, 있다고 하면 '평가가 좋지 않으면 어떻게 됩니까?'라고 추가 질문했다(자료: 김종진(2021b)).

하는 형태로 진행되며 일부 '고객'이 결정한다. '플랫폼'이 가격 결정 주체로 형성되는 곳은 전국(41.7%)이 서울(35.8%)보다 많았고, '본인'이라는 의견은 전국(14.8%)과 서울(15.8%)이 비슷했다(〈표4-7〉).

		온라인 플랫폼 노동		오프라인 플랫폼 노동			
		전국	서울	전국	서울	전국	서울
서비스 가격 결정 주체	본인	28.1	27.1	10.7	12.9	14.8	15.8
	고객	11.5	4.1	12.7	10.8	12.4	9.5
	본인과 고객 협의	18.7	26.8	12.6	17.8	13.7	19.6
	플랫폼	37.5	32.1	42.8	36.7	41.7	35.8
	소속사	3.6	6.5	20.4	20.2	16.6	17.5
	그 외	0.7	3.4	0.8	1.5	0.8	1.9
업무 배정 주체	본인이 선택	59.5	46.9	57.6	55.8	58.0	54.0
	배정하는 일 수행/ 선택권 없음	9.5	9.5	27.7	21.3	23.5	18.9
	본인이 제안하고 고객이 선택	31.0	39.9	14.8	22.9	18.5	26.3
일하는 시간 결정 주체	플랫폼/ 소속사	13.3	86.7	35.5	64.5	31.1	68.9
	본인[17] 바꾸기 쉽다	77.2	92.5	54.2	82.0	59.5	84.6
	일정기간 유지	11.7	7.5	8.9	18.0	9.5	15.4

〈표 4-7〉 플랫폼 노동자의 작업 과정에서의 가격, 업무 배정, 일의 시간 결정 주체(단위: %)[18]

한편 최근에는 플랫폼 알고리즘 관리와 통제 문제가 핵심으로 제기된다. 2022년 실태 조사 결과 노동자들은 플랫폼이 자신의 일감 선택 과정(57.4점), 업무 수행 과정(57.0점)을 관찰·평가한다고 인식했다. 대부분 플랫

17　서울은 본인이 시간을 결정한다고 응답한 사람 중에서 내적 차이('바꾸기 쉽다'와 '일정 기간 유지')를 보기 위해 해당 응답 값을 100%로 했다(김종진(2021b)).
18　질문은 '서비스의 가격은 누가 결정했습니까?', '수행해야 할 일은 어떻게 정해졌습니까?', '일하는 시간은 누가 정했습니까?' 본인이 정한다고 하는 경우 추가 질문 '일하는 시간을 원하는 대로 수시로 바꿀 수 있었습니까?'로 구성했다(김종진(2016b)).

폼은 고객 평점을 도입(90%)하고 있으며, 플랫폼 앱 지시를 따르지 않을 경우 불이익(92.5%)을 준다. 노동자들의 불이익은 평점 하락 고시(43.8%), 일감의 물량 감소(35.4%), 단가가 낮은 일감 배정과 소개(34.0%), 일정 시간 계정 정지(31.9%) 등이다. 그러나 평점 하락 유경험자 가운데 1/3(32.6%)만이 문제를 제기했다. 플랫폼 노동자들은 일하는 과정에서 플랫폼 앱 관리와 활용 등으로 인해 다양한 어려움을 겪고 있었다. 주된 애로사항은 업무 중 휴식과 규칙적인 식사의 어려움이었다. 또한 노동 안전과 근골격계 질환 위험성도 확인된다. 특히 플랫폼 노동자들한테는 알고리즘 관리로 인해 무력감(61.8점), 고립감(58.0점), 기계가 된 것 같은 느낌(61.1점), 낮은 성취감(61점), 일의 의미 찾기 어려움(60.4점) 등이 확인된다.

새로운 사회 계약을 위한 노동의 재구성

플랫폼 비즈니스의 확산과 플랫폼 노동의 증가는 전 세계적인 추세이나, 이것이 실현되는 방식은 국가별 혹은 지역별로 차이가 있다. 플랫폼 자본과 기업의 경영전략뿐 아니라 그 사회의 문화와 제도적 특징과 연결된다. 한국의 경우에는 사례 조사 결과, 기존 논의와 상반된 내용도 확인된다. 플랫폼 노동자의 일 선택 이유는 '소득'을 제외하면 일감을 찾기 쉽거나 자유로운 일 혹은 적성 때문이다. 또한 플랫폼 노동으로 얻는 소득이 주 소득원인 경우가 많았지만, 일부는 부업 성격의 소득이다. 특히 웹툰이나 IT처럼 웹 기반 프리랜서 성격이 강한 온라인 플랫폼 노동은 기존과 다른 차이를 보인다. 이런 특성은 한국에서 지역 기반 특수고용노동 성격의 플랫폼 노동 논의가 많았기 때문이다.

그러나 영미 국가나 유럽과 비슷하게 한국에서도 플랫폼 노동자는 임금노동자가 적용받아야 할 근로기준법이나 사회보험을 적용받지 못한 채 사회적 보호에서 배제된다. 더불어 플랫폼 주요 기업의 인사관리는 최소한의 고용을 통한 효율성의 최적화 추구 방식을 모색한다. 특히 서비스 산업과 플랫폼 노동자들은 저숙련화(Low-Skill Workers)가 주된 특징으로 나타난다. 앞으로 플랫폼 노동시장에서도 기존 노동시장과 동일하게 저임금 불안정 노동시장의 젠더 불평등과 맞물려 '고용의 질' 하락과 격차가 더 확대될 것이다. 그리고 구조 조정이나 산업 합리화 과정에서 비정규직 및 불안정 노동자는 제도적인 보호를 받지 못할 개연성이 높다.

기술 발전 과정이 빠르게 도입·확산되는 일자리는 노동이 개인화되고 분업화되면서 종합적 능력(hybrid skill-set)과 사고를 갖춘 고숙련 일자리 형태보다는 노동 분업(division of labor) 현상이 확인되고 있다. 앞으로 번역이나 디자인과 같은 영역에서도 비슷한 현상이 나타날 것으로 보이며, 이런 일자리들 대부분은 경제적 보상·단가가 낮아 여성(gender inequality)이 많이 진입할 개연성이 크다.

기술 발전은 우리에게 빠름과 편리함을 주지만, 기술 발전이 우리 사회 전반에 향유되는 것은 아니다. 디지털 플랫폼화는 기존의 노동자 보호 규정을 밀어내는 새로운 형태의 불안정 저임금 일자리를 창출할 위험성이 높다. 특히 플랫폼 일자리는 일과 삶의 균형이 가능한 '자율성의 환상'을 강조하지만, 그것은 일부 웹 기반 노동에 불과하다. 지역 기반 플랫폼 노동은 일하는 모습만 보아서는 전통적인 노동자나 특수고용노동자와 다를 바 없다. 같은 직업, 작업 방식, 기술 수준은 다르지 않고, 오로지 계약 관계가 다르다. 사회적 관계가 달라질 뿐이다. 지역 기반 플랫폼 노동자는 자영업자 형태인 개인사업자로 분류되기에 사회 구성원으로서 적용받아야 할 시민적 권리에서 배제되거나 사각지대에 놓인다.

결국 일반적인 노동 규범 수용과 함께 플랫폼 노동의 특성에 맞는 정책 모색이 중요하다. 플랫폼 노동은 국가, 지역 그리고 유형별 차이가 있지만 국제노동기구나 유럽연합에서 이야기하듯 비고용 기간의 소득 보장이나 최소한의 권리가 필요하다. 물론 현재 한국의 법제도에서는 새로운 기술과 경제 현상에서 발생한 플랫폼 노동을 보호하는 데 한계가 있다. 따라서 이해 당사자인 플랫폼 노동자와 시민이 정책 설계 과정에 참여하고 개입하는 것이 필요하다.[19] 구체적으로는 '조세와 사회보장 통합 시스템' 설계와 프로그램 모색을 통한 사회적 보호 전략이 검토될 수 있다. 지역 기반 플랫폼 노동은 오분류 방지와 근로자성 문제, 소득과 적정 수수료, 산업 안전 문제가, 웹 기반 플랫폼 노동은 리뷰 시스템, 고객과 알고리즘 통제, 시간 압박 등이 정책 과제로 제시될 수 있다.

물론 전통적인 특수고용 논의처럼 플랫폼 노동의 공통적인 전략적 대응은 국제노동기구나 유럽연합의 접근처럼 노동자의 최소한 조건과 보호조치 등을 수립하는 것이 필요하다. 유럽연합은 플랫폼 노동의 구체적인 전략과 정책 과제를 수립해 회원국에 공동의 정책 과제를 제안한다. 특히 2021년 플랫폼 노동의 노동자성 문제와 투명성 및 알고리즘 지침

---

19 한국에서 배달, 물류, 운송 등 플랫폼 운영사 중심의 '코리아스타트업포럼(2017)'이 설립된 이후 노사관계 행위자가 형성되었다. 플랫폼 기업 출현과 맞물려 노동운동 진영에서는 플랫폼 노동 조직화가 진행되고 있다. 민주노총 서비스연맹에서는 플랫폼노동연대(2019), 여성노조에서는 미디어콘텐츠창작지회(2019)가 설립되었다. 한편 음식 배달 플랫폼에서는 라이더유니온과 플랫폼노동연대가 노조 설립 이후 배민라이더스(우아한형제들, 2019년 12월)와 단체교섭을 진행했다.

권고안을 발표했다.[20] 주요 내용은 노동자 추정 조항(CH2)뿐 아니라, 노조의 역할 및 권리(9조), 알고리즘 결정에 대한 투명성, 협의 및 노동자/노동자 대표 이의제기권(6~8조), 노동자 간 소통 권리(15조), 분쟁 해결에 필요한 데이터 확보 수단 규정(16~18조), 벌칙 규정 도입 요구(19조), 노동자나 자영업자 지위 유무와 상관없이 알고리즘 관련 규제 통한 노동 보호(10조) 등이다.

국가별로 보면 스페인, 독일, 프랑스(노동권 인정, 실업급여 적용)나 미국 캘리포니아주(노동자 적용), 뉴욕주(노동자 지원)처럼 법제도 대응과 지원 유형이 있고, 독일(분쟁 조정), 미국 뉴욕주(지원), 이탈리아(사회협약), 덴마크(단체협약), 오스트레일리아(기본적 실행 방침)처럼 다양한 협약을 통한 대응 유형이 있다. 한국도 정부와 노사 등 이해 당사자 간에 플랫폼 노동 논의가 진행되고 있다.

또한 최근에는 일부 국가와 지역에서 플랫폼 노동의 최저임금 혹은 최저소득 논의와 정책이 시행되고 있다. 대표적으로 미국의 몇몇 지방정부에서는 플랫폼 노동(공유 택시 기사, 음식 배달 기사)의 최저임금 보장 법안이 발의되거나 표준임금제 및 최저임금 보장 제도가 시행되고 있다. 해당 지역에서는 플랫폼 노동자의 시간당 최저 단가를 보장하는 방식으로 제도를 운영한다. 이와 비슷하게 영국의 공정단가제(fair piece rate system)를 통한 플랫폼 노동의 최저임금 반영 논의가 있다. 이는 플랫폼 노동자의 시간당 평균 작업 속도의 산출을 평균 비율(1.2)로 나눈 단가로 적용하자는 것이다.

---

20 2021년 유럽연합의 지침(Directive on Improving Conditions of Platform Work Proposal)의 세부 내용은 유럽연합 홈페이지(https://ec.europa.eu/commission/presscorner/detail/en/ip_21_6605)에서 참고할 수 있다.

EU 분석 결론	EU 정책 과제	한국 정책 과제 방향
플랫폼 경제나 노동 정의, 개념 유럽 내에서 명확하지 않고, 플랫폼 노동 내 이질성에 대한 폭넓은 이해 부족	플랫폼 경제, 플랫폼 노동 정의 필요	플랫폼 노동 ILO, EU 규정 준용
플랫폼 경제 규모와 유럽 노동시장에서 중요성에 대해 실질적으로 알 수 없는 상황	플랫폼 경제 발전: 모니터링 확대 플랫폼 노동 정보 제공 위한 원스톱 서비스 체계	플랫폼 노동 연구 조사, 모니터링, 서비스 제공 등
플랫폼 노동 매우 다양, 모델 지속적으로 변화	정책적인 조치들: 플랫폼 경제의 이질성 인식 필요	변화하는 플랫폼 경제 지속적 논의 틀 형성
일부 노동조건은 기존 전통적 노동시장과 유사하나, 특히 지역 기반 플랫폼 주도 노동은 과거 전통적 노동시장에 비해 덜 보호적인 상황		플랫폼 노동 사회적 호보(프랑스: 실업급여) 논의 → 부정성(불공정 계약, 수수료, 노동 안전, 사회보험) 정책 과제 수립
신기술 사용 노동조건에 특수한 도전, 자동화된 업무 성과 리뷰는 노동시장 접근에 영향	일부 상황에서 부정적인 순위(랭킹)와 평가(리뷰): '잊혀질 권리' 논의 필요, 노동자-고객-플랫폼 상호 평가 필요	플랫폼 상호 평가 제도 의무화 및 이행 준수
시간 지연 등이 방생되는 문제에 대한 플랫폼의 노동자 보호 필요성	분쟁 해결 메커니즘 필요	플랫폼 노동 분쟁 해결 기구 운영 *독일 크라우드 행동 수칙 (Code of Conduct) *독일 옴브즈 오피스(ombudsstelle) *오스트리아 - 페어크라우드워크 (Fair Crowd Work) *프랑스 우버 관측소
플랫폼 노동 차별이나 폭력이 발생 문제	분쟁 해결 메커니즘 필요 알고리즘: 차별적 판단하지 않도록 조치 필요	
플랫폼 노동자는 그들이 수행하는 업무에 비해 과잉 자격인 것으로 판단	플랫폼 경제 발전 모니터링 확대	플랫폼 노동 모니터링 노사정 공동 시행
플랫폼 노동은 고용 지위 불명확성	플랫폼 노동의 고용 지위 분류 필요 고용 지위 떠나 플랫폼 노동자의 사회적 보호와 법적 보호 필요	고용 형태와 무관한 사회적 보호 검토 (일하는 노동자로 규정 '근로자' 범위 확대)
플랫폼 노동자의 특수한 고용 지위	플랫폼 경제 발전 과정 모니터링	플랫폼 경제의 노사정 공동 논의와 규제 방안
다수의 플랫폼 노동자 소득 불명확	플랫폼 결정 노동은 최저임금 준수 업무 매칭 전 투명성 확대	플랫폼 최저임금제, 적정 수수료 통한 소득 안정성 강화
플랫폼 노동자 소득 신고와 세제 문제	플랫폼 경제: 부가 소득 제세 규제 간소화(행정 부담 경감)	'디지털 플랫폼세' 등의 조세 정책 (국세청)과 자원 활용
대표성 약한 플랫폼 노동자 문제 노동조합 통해 대표성 진행	플랫폼 노동자: 집단적 목소리 의견 수렴 필요	플랫폼 노동의 노동권 및 교섭권 부여 (ILO 기본협약 준수)
국가별 노동조합 공공적 공론화 주도		노사정 이해 당사자와 시민 등이 플랫폼 공론화 추진

〈표 4-8〉 디지털 플랫폼 노동의 주요 쟁점과 정책 과제 및 전략: 유럽연합과 한국 비교[21]

21 Eurofound(2018a) 유럽연합 내용에 한국 정책 과제와 전략을 추가해 재구성.

이를 위해 무엇보다 우리도 플랫폼 노동자의 공정한 임금과 최저 기준선을 보장하기 위한 제도적 논의와 검토가 필요하다. 현행 최저임금법률 제5조와 시행령 4조 개정을 통한 방식을 활용하자는 것이다. 특히 각플랫폼 노동 노사관계가 설정된 곳에서는 플랫폼 유관 산업·업종·직종·지역 등의 플랫폼 초기업별 교섭 활성화를 통해 표준화된 임금구조를 만들어야 한다. 더불어 플랫폼 노동의 성별 임금 격차 해소를 위해서는 성평등한 플랫폼 노동시장의 보수산정위원회 등을 통해 차별적 노동시장해소 방법을 검토해야 한다.

물론 우리 사회에서도 2010년대 초반 음식 배달과 대리운전을 시작으로 디지털 플랫폼 경제가 확산하면서 해당 영역에서 노조 조직화가 활발하다. 플랫폼 노동조합은 2018~2019년을 전후한 시점에 설립되었다. 노동조합 조직 형태는 초기업별 형태이거나 독립 노조가 다수이고, 직종별 노조 성격을 보인다. 노동조합 요구 사항 대부분은 법제도적 개선(노동기준, 노동권, 수수료, 산업 안전)이며, 개별 사업장 형태의 기업별 교섭보다는노사정 혹은 노정 교섭 형태를 지향한다. 실제로 최근 몇 년 사이 플랫폼음식 배달 노동조합은 노사정(2020. 9)·노사(2020. 10) 협약을, 택시 모빌리티는 노사 협약(2022. 10)을 도출한 바 있다.

한편 플랫폼 노동 연구들이 활성화되는 시점에서 기존의 특수고용노동자 문제와 구별되는 정책 과제도 필요하다. 사례 조사에서 확인되듯 전통적인 특수고용노동자와 유사한 플랫폼 노동(운송, 물류, 배달)과 새롭게떠오르는 플랫폼 노동(웹툰, 번역, IT)은 정책적 대응에서 다른 접근이 필요하다. 예를 들어 산재보험의 특별 예외 적용에도 언급되지 못하는 다양한프리랜서 형태의 플랫폼 노동에 어떤 제도와 정책이 필요하고, 어떤 지원이 필요할지 논의가 필요하다. 플랫폼 노동의 정책적 상상력은 과거 비정규직 보호의 관점과는 전혀 다른 틀에서 논의되어야 한다. 단순한 소득이나 단가만이 아니라 휴일 휴가부터 경력 및 교육 훈련 등 산적한 숙제들이 적지 않다.

끝으로 디지털 기술은 전 세계적으로 두 가지 측면에서 자본과 노동의 관계를 바꾸어 놓고 있다. 하나는 플랫폼 비즈니스 확장과 맞물린 노동권 문제인데, 플랫폼 노동자들은 기존 노동법을 적용받지 못한다. 다른 하나는 산업혁명 초기의 선대제와 유사한 원시적인 고용 형태가 다시 등장한다는 점이다. 게다가 정보통신기술과 알고리즘을 이용해서 플랫폼 기업은 언제든지 노동자를 지속해서 감시하는 것이 가능해졌다. 플랫폼 자본주의 경제 시스템에서 개별 자본과 기업이 만들어 낸 '앱 작업'은 플랫폼 알고리즘에 기초한 노동 착취의 새로운 단계로 볼 수 있다.

앞으로 전형적인 자본주의 생산과정 '갱신'의 한 형태인 플랫폼 알고리즘과 관련해 기업의 책임성과 의무를 강화해야 한다. 예를 들면 관리·통제권 남용, 사생활 침해, 데이터 권리, 기본권 및 건강의 위험성 등에 대한 기업의 책임성을 강화하고 의무를 부과하는 규정이 필요하다. 이에 플랫폼 노동의 확산과 위험성에 대한 공동 규제와 포용적 연대의 실천이 논의될 필요가 있다. 모든 일과 직업의 모습이 바뀌는 것은 아니지만 디지털 플랫폼화 과정에서 어떻게 '인간 중심적 기술'이 가능할 수 있을지 논의할 시점이다.

2부

인공지능과 플랫폼 노동의 구체적 양상

5장

플랫폼 기업 빅데이터
vs. 배달인 빅데이터

디지털 경제 시대, 배달 노동자의 새로운 일머리[1]

박수민

앱으로 업무 지시가 이루어지는 일터

2020년 12월 24일, 크리스마스 이브 저녁 대목에 배달하는 노동자들이 사용하는 어플리케이션(앱)이 오류를 일으켰다. 문의가 몰리면서 고객센터는 불통이 되었고, 주문 고객의 주소를 확인할 수 없게 된 배달 노동자들은 길을 잃었다. 배달 노동자 대부분은 언제 앱이 복구될지 모른 채 배달통에 음식을 싣고 길을 배회하며 앱이 다시 작동하기를 기다렸다. 작

---

1   이 글은《경제와 사회》139호에 실린 글을 수정한 것이다.

동 오류는 저녁 피크 시간이 시작되는 6시 30분부터 약 4시간가량 이어졌다. 회사는 음식점에 취소된 주문 금액, 노동자에게 6만 원, 고객에게 3만 원을 보상한다고 밝혔다.[2] 보상이 전혀 없는 것보다는 낫지만 간만의 대목을 놓친 자영업자들과 배달 노동자들은 허탈감을 토로했다. 기술적 문제로 배달이 차질을 빚는 경우는 종종 벌어진다. 또 다른 배달 대행업체에서도 디도스 공격으로 접속 오류가 발생해 보상금을 지급했다.[3]

기술적 오류로 인해 앱이 멈춰 버린 때 배달앱이 하는 일이 무엇인지가 오히려 명백하게 드러났다. 배달을 가능하게 하기 위한 전제 조건인 앱이 고장 나 버리자 앱을 통해 이루어지던 모든 일이 함께 멈춰 버렸기 때문이다. 기술이 우리의 일상 한 부분을 차지하게 되면 그 존재감이 옅어지고 자연스러운 배경으로 숨어 버린다. 전기 배선, 수도 배관과 같은 인프라스트럭쳐는 당연하게 거기에 있으면서 일상을 지탱하는 기술로 여겨진다. 일상의 배경을 차지하던 기술이 전면에 그 존재를 드러내는 때는 그것이 제대로 작동하기를 멈춘 때, 바로 고장 나는 순간이다. 고장이 나면 드러나 있지 않던 작동 과정 및 인프라스트럭쳐가 모두 가시화된다.[4]

배달앱 고장을 통해 확실해진 것은, 배달앱이 음식 배달이 이루어지는 전 과정을 통제한다는 것이었다. 배달앱은 배달 노동자들이 도로에서 움직여야 하는 방향, 목적지를 제시함으로써 도로에서의 움직임을 통제한다. 또한 특정 공간에서의 움직임을 통제함으로써 배달앱의 영향력은

2   김보현, "배달의민족 '크리스마스 먹통 사태' 보상에 뒷말 여전한 까닭", 〈비즈한국〉, 2021. 2. 10. http://www.bizhankook.com/bk/article/21384

3   김성현, "바로고, 서비스 접속 장애 보상금 지급", 〈ZDNet〉, 2022. 12. 20. https://zdnet.co.kr/view/?no=20221220151400

4   Star, S. L. The ethnography of infrastructure. American behavioral scientist 43(3), 1999, 377-91; 브루노 라투르 외, 홍성욱 옮김, 《인간·사물·동맹》, 이음.

앱을 넘어 실제 공간까지 확장된다. 도로가 앱의 영향력이 미치는 범위에 들어간다는 것은 도로라는 일터의 성격에 대해 다시 묻는 계기가 된다.

배달 노동자를 비롯한 이동 노동자들에게는 특정한 '작업장'이 없는 것으로 여겨져 왔다. 계속해서 다른 장소로 이동하며 일하기 때문에 회사가 노동자를 감시·통제하기 어렵고, 회사가 그 장소의 여러 조건에 직접적인 영향을 행사하기 어렵다는 이유에서다. 특정 작업장에 모여서 일하는 것이 아니라 개별적으로 일하기에 공통의 작업장을 설정할 수 없다는 점은 이동 노동자들을 노동조건을 공유하는 집단으로 설정하고 공통의 권리를 주장하기 어렵게 만드는 지점이었다. 하지만 기술 발전은 이러한 전제 자체를 바꿔 놓고 있다. 휴대폰이라는 개인화된 미디어, 앱, 알고리즘이라는 기술을 통해 도로에 있는 노동자를 감시하고 이에 따라 통제하는 것이 가능해졌기 때문이다. 디지털 경제 시대에는 작업장의 개념 자체가 고정된 특정 장소를 벗어날 수 있다. 이미 사람들의 일상생활에서 온라인과 오프라인 공간의 구분이 희미해진 지 오래이며, 프랑스에서는 '연결차단권'[5]이라는 온라인과 오프라인의 단절을 강제하는 법률이 나오기까지 했다. 공장의 본질을 생산과정을 조직하고 통제하는 시스템으로 이해한다면, 기술의 발전은 공간의 재구성을 통해 새로운 '디지털 팩토리'를 만들어 내고 있다.

나는 이처럼 온라인과 오프라인이 뒤섞인 작업장을 '혼종적 작업장 (hybrid workplace)'이라고 이름 붙였다. 사람과 기계, 온라인과 오프라인이

---

5 업무 외 시간에 디지털 기기를 통해 업무 연락을 받지 않을 권리로, 노동자의 휴식권을 보장하고 사생활을 보호하는 것을 목적으로 한다. 프랑스에서 2017년부터 시행하고 있다. 더욱 상세한 논의는 한국노동연구원 《국제브리프》 2023년 1월호 기획특집 참고.

뒤섞여 있다는 점에서 혼종적이고, 기업이 기술을 활용해 생산 활동하는 과정에서 만들어진다는 점에서 작업장의 성격을 띠기 때문이다. 새롭게 부상하는 혼종적 작업장의 혼종성은 일하는 방식, 일하는 데 필요한 능력에도 새로운 자질을 요구한다. 컴퓨터가 처음 등장했을 때는 소수만이 사용하는 기술이었지만, 이 기술이 널리 보급되어 일터에서 사용되면서 이제 PC, 엑셀을 비롯한 각종 소프트웨어를 다룰 수 있는 능력은 사무직군에 당연한 것으로 여겨진다. 이제 배달 노동자의 사례를 통해 기술을 활용해 노동을 조직하는 방식은 어떻게 변화하고 있으며 우리의 일터와 일하는 방식은 어떻게 바뀌고 있는지를 살펴보려 한다.

디지털 기술로 새롭게 재단되는 배달 노동자의 시공간

디지털 시대의 혼종적 작업장은 고정되고 단일한 공간이 아니라 디지털 인프라, 물리적 환경, 노동자가 접속을 통해 활성화되는 유동적인 공간이다. 따라서 기업이 작업장에 미치는 영향이 기존의 고정된 작업장처럼 절대적이고 일관되게 작동하지 않으며, 각 요소에 따라 기업이 미치는 영향력이 달라진다. 기업은 앱과 같은 기술 인프라에 대해서는 막대한 영향을 미치지만, 여기에 연결된 다른 요소들에 대해서는 영향력이 제한된다. 따라서 작업장에서 이루어지는 기업의 통제를 파악하기 위해서는 기업의 영향력이 제일 강하게 작용하는 기술 인프라를 살피는 것이 중요하다. 특히 스마트폰을 통해 작동하는 앱은 기술 인프라가 구체적으로 재현되어 사람들과 상호작용하는 인터페이스다. 배달 노동자는 앱을 통해 모바일에 접속하고 앱의 화면을 따라 배달 노동을 수행한다. 앱은 배달 노동자와 가장 빈번하게 상호작용하면서 배달 노동자의 모바일 경험을 형성하는 중요한 지점이라 할 수 있다. 이제 부터는 이 중요한 지점인 앱, 특히 앱의 지도를 중심으로 혼종적 작업장의 기술적 인프라가 만들어 내는 시공간의 특징을 살펴보려 한다.

1) 배달 시간에 종속된 공간

하나의 배달주문이 음식이 되어 집에 도착하는 동안 여기에 얽힌 고객-상점-배달 노동자의 시간과 공간은 필연적으로 얽혀 있을 수밖에 없다. 여기에 얽혀 있는 사람들의 시공간 경험이 동일한 것은 아니다. 음식을 기다리는 고객에게 시간은 천천히 흐르겠지만, 음식을 준비하고 배달하는 상점과 배달 노동자는 촌각을 다투며 바삐 움직인다. 이처럼 서로 다른 시간을 경험하지만, 모두가 공유하는 시간관념이 하나 있다. 바로 '빠른 배달'이다. 음식 배달에서 빠른 배달은 모두가 동의하는 가치이고, 특히 최근 몇 년 사이 단건 배달 서비스가 등장하면서 더욱 중요한 가치로 자리매김했다. 음식 배달 플랫폼 기업들은 자신의 서비스가 더 빠르게 배달할 수 있다고 주장하며 경쟁을 벌여 왔고, 그 과정에서 고객의 시간은 시공간 위계의 최상위를 차지하게 됐다. 이처럼 여러 사람의 시공간이 얽혀 있을 때 그 속에는 권력관계에 따른 위계질서가 반영된다.[6] 그렇다면 배달앱에서는 이 시공간 권력관계가 어떻게 반영되어 있을까?

〈그림 5-1〉은 고객이 음식을 주문하고 나면 제공되는 배달 상태 확

---

6   Sharma, S. *In the meantime: Temporality and cultural politics* (Duke University Press, 2014)(사라 샤르마, 최영석 옮김,《틈새시간》, 앨피, 2022); Cresswell, T. *On the move: Mobility in the modern western world* (Taylor & Francis, 2006)(팀 크레스웰, 최영석 옮김,《온 더 무브》, 앨피, 2021).

〈그림 5-1〉 배달의민족 고객용 주문 앱 배달 상태 확인 화면

인 화면이다. 고객용 주문 앱 화면은 수치 정보와 공간 정보를 통해 예상 배달 시간을 전달하는 것을 중심으로 구성돼 있다. 고객용 앱에서 가장 두드러지게 표시되는 정보는 상단 가운데에 막대 형태로 간략하게 표시된 현황이다. 이 막대는 주문 접수, 배달 시작, 배달 완료라는 3개의 구간으로 나뉘어 있는데, 이미지를 통해 주문한 음식이 어떠한 상태인지를 한눈에 알 수 있도록 해 준다. 배달 상태와 함께 강조되는 정보는 플랫폼에서 진행하고 있는 이벤트 광고와 우측 상단의 남은 배달시간 정보이다. 가게에서 주문을 접수하면 주문 접수부터 배달 완료까지 걸리는 예상시간이 표시되고, 배달이 진행되면서 상황에 맞게 예상시간이 변한다. 다만 이 지도는 플랫폼이 계산한 시간을 보여줄 뿐 현재 음식점에 주문이 얼마나 밀려 있는지, 도로가 얼마나 밀리는지 등은 나오지 않는다. 예상시간과 관련한 여러 변수 가운데 명확하게 드러나는 것은 배달 노동자의 움직임뿐이다.

〈그림 5-2〉 배달앱 배차 화면[7]

    화면 하단에는 배달 노동자의 실시간 위치가 표시되는 지도가 있다. 이 지도에서는 바라보는 자와 그 대상이 되는 자가 명백히 분리돼 있다. 이 지도는 지도의 이용자가 자신의 위치에 따라 길을 찾는 것을 목표로 만들어진 지도가 아니다. 고객은 지도 바깥 모든 정보를 조망하는 위치에서 배달 노동자의 움직임을 실시간으로 관조하면서 배달이 도착할 시간을 가늠한다. 앱의 별점 평가 시스템과 결합하면 배달 노동자의 움직임을 감시하는 이 시선은 노동자에 대한 평가 권력을 가진 시선으로 바뀌기도 한다.[8]

    고객용 앱이 예상 도착시간을 중심으로 구성돼 있다면, 배달 노동자의 앱은 고객에게 빠르게 가는 길을 중심으로 구성돼 있다. 〈그림 5-2〉는 배민커넥트 앱에서 배달 노동자가 배차받을 때의 화면으로 현재 위치−상

---

7   배민커넥트 유튜브 채널
8   Rosenblat, A. & Stark, L. "Algorithmic labor and information asymmetries: A case study of Uber's drivers", *International journal of communication*, 2016. 10. 27; 박정훈, "숨 막히도록 감시당하는 사회", 〈한국일보〉, 2021. 11. 22. https://www.hankookilbo.com/News/Read/A2021112209380000908

가-고객까지의 대략적인 동선, 배달료, 고객 주소가 나온다. 배달 노동자는 이 화면을 보고 배차 수락 여부를 30초 안에 결정해야 한다. 전자지도를 이용해 길을 찾는 과정에서 배달 노동자는 지도의 바깥에서 바라보면서, 동시에 지도 안에 있게 된다.[9] 배달을 수행하기 위해 길을 찾으려면 내 위치를 확인해야 하는데, 이때 나는 움직이는 한 점이 되기 때문이다.

그런데 이때 앱에서 안내하는 동선은 개략적인 방향을 안내하기 위해 각 지점을 직선으로 이은 것일 뿐 실제 운행을 할 수 있는 동선을 의미하는 것은 아니다.[10] 오토바이가 진입하지 못하는 난지한강주차장 같은 곳으로 배달 요청이 오기도 하고 대교, 산을 가로질러서 안내하는 때도 있다. 이럴 때 지도에서 보이는 각 점의 거리는 가깝지만, 길게 우회해서 가야 하므로 실제 거리는 훨씬 멀다. 배달 노동자들은 특히 픽업을 길게 가야 하는 상황을 꺼리는데, 픽업 거리는 배달비에 제대로 반영되지 않기 때문이다. 픽업을 위해 긴 거리를 이동하는 데 드는 시간과 비용은 고스란히 배달 노동자의 몫이다. 배달지에 도착해 보니 GPS의 오류로 고객의 위치가 잘못 표시된 예도 있다. 때로는 내비게이션이 안내하는 시간보다 더 촉박하게 배달 시간을 안내하기도 한다.

이처럼 실제와 차이가 크고, 결과적으로 배달 노동자에게 부담을 가중하는 앱 디자인은 배달 노동자들의 불만과 저항이 모이는 지점이 되고 있다. 배민커넥트는 배달 거리를 직선거리로 산정했다. 이렇게 되면 실제 이동 거리보다 배달료가 더 적게 책정되기에, 노동조합은 지속해서 회

---

9   마쓰오카 게이스케, 홍성민 옮김, 《구글 맵, 새로운 세계의 탄생》, 위즈덤하우스, 2017.
10 여기에서 인용한 화면은 최신 화면과 다를 수 있다. 앱이 자주 업데이트돼 동선이 표시되는 방식이나 화면 구성 역시 바뀌기 때문이다.

사에 이 문제에 대해 시정을 요구했다. 결과적으로 단체협상을 통해 상용 내비게이션을 이용해 배달 거리를 산정하는 방식으로 바뀌었다.[11] 그뿐만 아니라 앱이 업데이트될 때마다 배달 노동자들은 앱의 오류, 운행 시 위험할 수 있는 기능 등에 대해 여러 자료를 모아 회사에 수정을 요구하고 있다. 전자적 공간과 물리적 공간이 혼합된 혼종적 작업장에서는 노동자들의 저항 역시 전자적 공간과 실제 공간을 넘나들며 이루어진다.

고객과 배달 노동자의 화면이 1대 1의 관계, 곧 하나의 거래 정보를 담고 있다면 기업이 바라보는 화면은 노동자, 고객, 상점의 정보를 집적해서 보여 준다. 〈그림 5-3〉은 배민라이더스의 관제실에서 확인하던 관제 화면과 배달 현황 화면이다.[12] 관제 시스템 화면은 개개인에 대한 밀착 감시가 아니라 전체 지역 수준에서 업무의 흐름, 전체적인 인력의 분포와 배치를 파악하기 수월하도록 구성되어 있다. 특히 두드러지는 점은 해당 지역의 배달 노동자들이 만들어 내는 배달 경제의 흐름이 수치로 표현된다는 점이다. 이를 통해 서로 다른 개별 정보, 사람은 공동의 단위로 변환된 표준 형태로 정리되어 하나의 집합으로 표현된다.

관제 시스템에서는 배달 상태(주문시간, 배차 현황, 주문 접수 후 경과시간), 각 배달 노동자의 위치 및 상태(수행 중인 배달, 진행 방향), 해당 지역 전체 주문 건수 및 배차 상태 등의 정보를 종합적으로 확인할 수 있다. 관제 담당자는 GPS를 확인해 근태를 관리하고, 배차가 되지 않은 채 남아 있는 배달을 근처를 지나는 노동자에게 강제로 배차하는 등의 업무를 한다. 택시

---

11 https://www.hani.co.kr/arti/economy/economy_general/1059289.html
12 이 화면은 2017년 배달의민족 개발자가 자사 기술 블로그에 올린 글에 포함된 것으로, 배민이 크라우드소싱-알고리즘 배차를 시작하기 전 배달 대행 모델로 운영될 때의 관제 화면이다. 최근의 관제 화면은 기술 블로그 등에 공개된 내용이 없다.

〈그림 5-3〉 배민라이더스 관제 및 배차 화면(위)과 배달 현황 화면(아래)[13]

플랫폼, 퀵서비스 지점, 일반 배달 대행 지점 역시 이와 비슷한 관제 시스템을 갖추고 있다.

　　배민라이더스[14] 시절에는 권역별로 사무실을 겸한 센터가 있었고, 센터에서 배달 노동자와 관제 관리자가 모일 수 있었다. 알고리즘 배차 시

13　우아한 기술 블로그 https://techblog.woowahan.com/2547
14　우아한청년들은 배달 방식을 일반 대행 방식인 지입제 기사-경쟁 배차 방식에서 크라우드 소싱 모집-알고리즘 자동 배차 방식으로 바꾸면서, 배달 대행을 담당하는 서비스명을 배민라이더스에서 배민커넥트로 바꾸었다.

스템이 본격적으로 도입되면서 우아한청년들은 권역별 센터를 통합했고, 센터는 배달 운영 서비스 지원 담당자들의 업무 공간으로 축소되었다. 배차 알고리즘이라는 자동화 기술이 도입되었다고 관제 시스템이 모두 자동화된 것은 아니다. 예를 들어, 쿠팡이츠에서 배달 품질 담당자를 채용하기 위해 올린 글에는 실시간 배달 현황 관제, 라이브 서비스 운영, 고객 경험 개선, 시장 현황 모니터링을 담당하게 된다고 공지하고 있다. 원활한 배달을 위해 이들은 여전히 실시간으로 배달 현황을 파악하고, 필요할 경우 배달 노동자에게 주문을 배차한다. 연구 과정에서 만난 여러 명의 배달 노동자가 알고리즘을 통해 주문이 자동으로 배차되는 중에도 회사로부터 지금 가는 방향의 주문을 배달해 줄 수 있느냐는 전화를 받은 적 있다고 말했다. 자동 배차라고 하지만 배차가 영 되지 않는 주문이 생기면 이를 해결하기 위해서 결국엔 사람이 전화한다는 것이다. GPS 추적 기술과 관제 시스템은 거대한 도시를 배달 노동이 수행되는 가상의 작업장으로 전환하는 인프라이다.

2) 움직임을 유도하기 위한 시공간의 세분화와 상품화

음식 배달의 핵심은 배달 노동자가 필요한 시간에 필요한 곳으로 움직이는 것이다. 그런데 플랫폼과 배달 노동자는 고용계약을 맺은 사이가 아니고 플랫폼에서 일하는 배달 노동자가 수만 명에 달하기 때문에 플랫폼 기업은 개별적으로 업무 지시를 내릴 수 없다. 대신 플랫폼 기업은 앱을 통해 시공간을 세분화하고, 지역별로 경제적 유인을 달리 만들어서 배달 노동자들의 움직임을 유도하는 사회경제적 맥락을 만들어 낸다.

〈표 5-1〉은 배달 플랫폼에 공지되는 시간별·지역별 배달료 사례이

지점	시간	일반 배차	AI 추천 배차 모드		AI 추천 배차 단건 배달 모드		적용 프로모션
		1.5km 이하	1.5km 이하	1.5km 초과	1.5km 이하	1.5km 이하	
강남 서초점	09:00~10:30	3,000	3,500	4,500	3,500	4,500	AI 추천 배차
	10:30~13:00	3,000	4,000	5,500	4,000	5,500	
	13:00~16:30	3,000	3,500	4,500	3,500	4,500	
	16:30~21:00	3,000	3,500	5,500	3,500	4,500	
	21:00~24:00	3,000	3,500	4,500	3,500	4,500	
	24:00~24:00	3,000	3,500	4,500	3,500	4,500	

AI 추천 배차 프로모션 1km 이하				
시간	강남구	서초구	송파구	강동구
09:00~09:30	4,300	4,000	3,800	3,500
09:30~10:30	3,700	3,600	3,500	3,300
10:30~11:00	4,000	3,800	3,800	3,500
11:00~11:30	4,500	4,200	4,200	3,800
11:30~12:00	4,500	4,200	4,200	4,000
12:00~12:30	4,300	4,000	4,000	3,000

〈표 5-1〉 2020년 프로모션 포함 구간별 최소 배달비(위), 2021년 프로모션 구간별 최소 배달비(거리할증 별도)(아래). 배민커넥트 카카오 채널에 공지된 배달비 사례

다. 이러한 시공간 세분화 방식은 배달 비용, 배달 속도 측면에서의 효율성, 기술적 가능성 등을 종합적으로 고려해 몇 년에 걸쳐 변화해 왔다. 일반 대행 모델을 거쳐 알고리즘 모델로 넘어온 배민커넥트(우아한청년들)는 2019~2021년에 정액제(기본요금+거리 할증) 방식에서 현재의 실시간 변동 요금으로 요금 체계를 변경했다.

〈표 5-1〉은 지금과 같은 알고리즘이 도입되어 정착되던 시기인 2020~2021년 배민커넥트 채널에 공지된 배달비 요금 체계인데, 시공간이 점점 세분화되는 경향을 확인할 수 있다. 회사는 이러한 배달료 체계를 매일 밤 카카오 채널의 공지 사항을 통해 발표했다. 지점(지역), 시간대, 배차 방식(일반/AI), 배달 방식(단건), 배달 거리에 따라 기본요금이 다르며, 차후 운송 수단도 구분해 추가했다. 일반 배차는 정액 체계(기본료+거리 할증)이고 AI 배차는 변동 가격 체계이다. 회사는 배달 노동자들에게 추가 프로모션을 지급하며 AI 배차라는 새로운 기술을 사용하도록 유도했다. 지역은 지점 단위에서 구 단위로, 시간대 간격은 30분 간격으로 촘촘해지는 것을 확인할 수 있다. 배달비 공지는 매일 밤 카카오 채널 및 앱 공지 사항을 통해 업데이트되었으나, 현재는 모두 삭제되어 확인할 수 없다. 쿠팡이츠 역시 비슷하게 지역별 단가표를 웹사이트에 매일 업데이트했다.

이러한 단가표의 지역-시간 구분은 시간 단위에서 분 단위로 점차 촘촘해졌고 2020년경 현재와 같이 앱 내의 지도에 실시간으로 가격을 표시하는 시스템으로 통합되었다. 앱으로 통합된 이후에도 가격 체계는 계속 바뀌었다. 초반에는 정해진 기본요금에 실시간 변동 요금이 붙는 방식이었다면, 현재는 기본요금이 실시간 변동 요금을 의미하는 것으로 바뀌었다. 크라우드소싱 규모의 확장과 함께 시공간에 대한 통제는 세분화되었고, 노동자가 배달료 결정 과정을 확인하고 이해하기는 점차 어려워졌다.

〈그림 5-4〉는 지역별 실시간 변동 요금제가 적용된 이후 배달 노동자들이 사용하는 배달앱의 화면이다. "도로 위에 돈이 둥둥 떠다니는"[15] 배달앱의 지도는 교통 흐름, 도로망이 아니라 플랫폼 기업의 내적 논리에

15   박정훈, 《플랫폼은 안전을 배달하지 않는다》, 한겨레출판, 2023.

〈그림 5-4〉 배민커넥트 배달앱 화면 　　　　　〈그림 5-5〉 쿠팡이츠 주문 집중 구역 표시

따라 구획이 새롭게 이루어진다. 강남, 마포 등의 지역은 이제 강남 1, 2, 3, 4 수준으로 더욱 세분화했고, 지역별로 배달 단가가 다르게 나타난다. 이때 배달 단가는 각 지역의 주문량과 배달 노동자의 수의 균형을 고려하는데, 주문이 많으면 단가를 상향 조정하고 주문이 적으면 단가를 하향 조정한다. 다만 실시간으로 데이터를 반영하면 필요한 인력을 미리 배치할 수 없고 시스템 처리 용량에도 과부하가 걸린다. 따라서 실시간 변동 요금은 실제로는 거리, 요일, 날씨, 스포츠 경기 같은 이벤트 등 여러 요인을 바탕으로 계산한 예측 수요를 기반으로 작동한다.[16] 예측 수요, 로그인

16　Guda, H. & Subramanian, U. "Your uber is arriving: Managing on-demand workers through surge pricing, forecast communication, and worker incentives", *Management Science 65(5)*, 2019, 1995-2014. 쿠팡이츠는 엔지니어링 블로그에서 쿠팡이츠의 가격 책정이 세 가지 부분으로 구성된다고 밝히고 있다. 지역별 변동 요금(동적 요금)은 지역 수준에서 수요-공급 예측에 따라 책정되고, 배달 난이도, 지연시간 등에 따라 주문 수준의 변동 요금이 책정되며, 마지막으로 각 개인에게 부여되는 보너스 요금(특정 건수 이상

한 배달 노동자의 수 등을 종합해 보여 주는 또 다른 화면은 히트맵(heat map)이다. 우버에서도 서지 프라이싱과 함께 묶어서 사용하는 것으로, 현재 주문이 집중되는 지역으로 이동하면 배차를 더 잘 받을 수 있다는 정보를 제시해 노동자의 이동을 유도한다(〈그림 5-5〉). 여기에 더해 신규로 서비스 프로모션, 각 개인을 대상으로 진행되는 각종 프로모션 역시 시공간을 기준으로 다양하게 진행된다.

앱과 도로를 오가는 배달 노동자

배달 노동자들이 일하는 과정을 살펴보면, 기술과 사회적 구조가 별도로 존재하는 것이 아니라 서로 연결되어 작동한다는 것이 명확하게 드러난다. 이 글에서 강조하는 혼종적 작업장은 기술과 사회가 연결된 네트워크의 일종이기도 하다. 기술과 사회가 긴밀하게 연결된 사회에서는 이 연결 자체가 새로운 능력의 기반이 된다.

갑자기 와이파이도, 모바일 네트워크도 먹통이 되어 버린다고 생각해 보자. 이런 일은 디스토피아 소설에만 나오는 것이 아니라 의외로 생각보다 자주 벌어진다. 2018년에는 KT 아현지사에서 불이 나 유·무선 통신이 중단되었다. 2021년에는 구글 서버에 오류가 생겨 이메일 접속이 불통이 되었다. 2022년에는 카카오의 서비스가 중단돼 메신저, 금융, 모

의 배달을 완료하면 주는 보너스 등 상황에 따라 다양한 개별 보너스 정책이 돌아감)이 책정된다. https://medium.com/coupang-engineering/%EC%9D%8C%EC%8B%9D-%EB%B0%B0%EB%8B%AC-%EA%B3%BC%EC%A0%9C-%EB%8D%B0%EC%9D%B4%ED%84%B0-%EC%82%AC%EC%9D%B4%EC%96%B8%EC%8A%A4%EB%A1%9C-%EA%B7%B9%EB%B3%B5%ED%95%98%EB%8B%A4-8bd17406a7bc(마지막 접속: 2023. 4. 30).

빌리티 등의 서비스를 사용할 수 없었다. 카카오 접속 중단에 따른 피해 보상 신청 접수는 10만 건이 넘는다고 한다. 네트워크 접속이 중단되면 당연하게 할 수 있었던 많은 일들을 할 수 없게 되고, 그 결과 금전적 손실 등 다양한 손해가 발생하기도 한다.

기술과 인간, 기술과 사회가 서로 연결돼 있을 때 연결된 관계 속에서 우리는 새로운 행위 능력을 지닌 존재가 된다. 이러한 관점에서 보면 온라인과 오프라인, 가상과 물리적 실제 세계는 분리된 것이 아니라 연결을 통해 서로를 구성하고 만들어 낸다. 따라서 기술이 만들어 가는 경제와 문화에 관한 연구를 위해서는 단순히 기술 자체에 집중하는 것이 아니라, 새로운 기술이 기존의 기술-사회의 배치, 사회 내부의 위계 등과 중첩되면서 어떠한 행위 가능성과 제약을 만들어 내는지 파악하는 것이 중요하다.[17]

배달 노동자들은 바로 기술과 사회가 중첩되는 바로 그 지점에서 앱과 도로를 오가며 일하는 연결된 존재이다. 위에서 살펴보았듯 배달앱이 배달 노동자들에게 보여주는 지도는 매우 추상화된 정보를 제시한다. 하지만 노동자들이 실제 일하는 도로, 길, 주택가는 저마다 다른, 매우 구체적인 상황 정보를 갖고 있다. 오토바이 출입을 금지하는 아파트가 있고 조리시간이 오래 걸려서 늘 음식이 포장되어 나오길 기다려야 하는 음식점이 있다. 스쿨존이 있고 대로가 있다. 배달 노동자들은 앱이 제공하는 정보와 일하는 동안 마주치는 구체적인 맥락과 정보를 통합해 일한다. 그리고 이 과정에서, 혼종적 작업장에서 일하는 배달 노동자들의 새로운 행위성이 나타난다. 배달 노동자들은 알고리즘과 현실의 맥락을 오가며 추상화된 정보 사이의 행간을 읽어 내고, 부족한 정보를 스스로 채우고, 추

17　Miller, D. & Slater, D. *The Internet: an ethnographic approach* (Routledge, 2020).

상화된 정보를 구체적 맥락에 대입해 해석하면서 일한다. 이러한 능력은 배달을 잘하기 위한 일종의 '일머리'이자 연결된 존재로서 습득하게 된 행동 양식이다. 이제부터 배달 노동자들이 일하는 과정을 따라가며 혼종적 작업장에서 나타나는 새로운 일머리를 데이터 확보, 데이터 통합, 공략이라는 세 가지 측면에서 살펴보자.

1) 데이터 확보를 통한 정보의 파악

알고리즘의 세계를 이해하고 그 세상을 공략하는 과정에서 등장하는 특징은 기록과 추적이다. 플랫폼 경제는 정보의 흐름과 축적이 플랫폼으로 흐르는 집중화 구조이기 때문에 플랫폼 기업과 노동자 사이에는 큰 정보 비대칭이 존재한다. 유럽에서는 이 정보 비대칭 문제가 법적 소송으로까지 이어지고 있다. 최근 네덜란드 법원은 승차 공유 서비스 플랫폼 기업과 노동자들의 항소심에서, 노동자들의 정보공개 요구가 기업 영업 비밀을 침해하지 않는다고 판단하고 요금제 및 업무 배정과 관련한 정보를 공개할 것을 주문했다.[18] 하지만 기업이 가진 정보를 확보하는 것은 현실적으로 매우 어렵다. 정보 비대칭이 자신에게 불리하게 작용할지 모르는 상황에 대비하기 위해 노동자들은 자신을 보호하기 위한 목적으로 갖가지 항목들을 기록하며 자체적으로 데이터를 구축한다.[19]

모든 비용을 스스로 감당해야 하는 상황에서 기초적인 차계부를 적

---

18 https://techcrunch.com/2023/04/05/uber-ola-gdpr-worker-data-access-rights-appeal/

19 AARIAN MARSHALL, 고다솔 옮김, "긱 워커, 알고리즘의 계산 오류 확인하고자 자신의 데이터 수집". https://www.wired.kr/news/articleView.html?idxno=2957(마지막 접속: 2023. 4. 30).

거나, 정산이 제대로 들어왔는지를 따져 보거나, 구글맵스와 만보계 같은 앱을 이용해 실제 하루에 이동한 거리를 확인하는 것 모두 실제 들어간 노동과 비용을 확인하기 위한 노력이다. 여기에 더해 혼자서 혹은 동료와 함께 '테스트'하는 경우도 흔하게 볼 수 있다.[20] 이러한 테스트는 알고리즘을 통한 노동과정이 개별화되어 있는 가운데서 혹시 나만 콜을 받지 못하고 있나, 나만 배차가 느린가, 내 수락률이 낮은 탓인가 등의 의심을 확인하는 과정이기도 하다.

한 인터뷰 참여자는 이렇게 축적한 자기 경험을 '배달인 빅데이터'라는 말로 표현했다. 이것은 매일 앱에 표시되는 단가의 변화, 주변 동료들과 정보를 공유하면서 알게 된 정보들을 종합한 정보로, 현재 시점의 상황을 파악하고 판단하는 근거이다.

> (연구자: 지금 사람들을 갖고 테스트하고 있다는 것이 어떤 점에서 느껴지시는 거예요?) 음식점에 가보면 배민 영수증, 쿠팡 영수증이 따로 있거든요. 주문 번호 여섯 자리가 있고, 음식하고 밀려 있는 거나, 상점에서 '이거 나온 지 한참 됐는데 좀 빨리 부탁드려요' 이런 거를 보면, 여기는 적음인데(앱에는 주문량이 적음으로 표시되는데) 지금 콜 밀려 있네. 이런 걸 다 알 수가 있는 거죠.(연구 참여자A)

정보 비대칭이 나타나는 이유 가운데 하나는 시차이다. 실시간 배달료는 실제로 실시간 배달 수요를 바탕으로 계산되는 것이 아니라, 지난 자료들을 바탕으로 필요한 노동력 배치를 만들기 위해 계산해 낸 예측치

20 박정훈,《플랫폼은 안전을 배달하지 않는다》.

〈그림 5-7〉 거절 개수 확인용 계수기

〈그림 5-8〉 배달 통 경고문

이다. 하지만 배달 노동자들은 이것이 몇 분 뒤의 균형점을 목표로 하는 예측치인지 알 수 없다. 결과적으로 배달 노동자들이 현실에서 마주치는 상황과 앱에서 제시하는 주문량, 배달비 정보 사이에는 격차가 생긴다. 배달이 밀려 있는데 주문량이 적다고 표시되거나, 배달이 없는데 주문량이 많다고 표시되는 것이 이러한 예에 해당한다. '배달인 빅데이터'라고 부르는 축적된 경험을 통해 A는 플랫폼 기업의 의도된 정보와 현실의 간극을 파악하고 있었다.

플랫폼 기업이 노동자에게 알고리즘의 작동 원리를 투명하게 설명하지 않고 관련 정보를 충분하게 제공하지 않는 상황에서 노동자들은 자신만의 방법으로 필요한 정보를 만들어 내기도 한다. 예를 들어, 한 배달 노동자는 오토바이에 계수기를 걸어서 가지고 다니면서 거절할 때마다 계수기를 눌러 자신이 설정한 한계 숫자를 넘기지 않도록 확인한다고 말했다(〈그림 5-7〉). 거절을 많이 할 경우 배차가 중지되거나 계정이 중지되는 불이익이 있지만, 불이익을 받게 되는 정확한 거절 개수나 수락률의 기준은 알려진 바가 없다. 내가 거절한 배차 요청 개수가 앱에 따로 표기되지도 않는다. 따라서 노동자들은 이전에 경고받았을 때의 기억, 몇 개 정도 거절했는데 괜찮았다는 주변의 말, 자신보다 수락률이 낮은 사람들이 말하는 배차 경험 등에 의지해 휘발되는 기회와 축적되는 평가 사이에서 균형을 잡으려 노력한다. 알고리즘에 비하면 매우 낮은 수준의 단순 기계인 계수기는 노동자가 정보 비대칭을 극복하기 위해 동원하는 여러 수단 중 하나이다.

배달 노동자들이 생산해 내는 정보는 앱의 작동과 관련한 것에 국한되지 않는다. 상점과의 분쟁, 거리에서의 사고에 대비하기 위해 휴대폰, 바디캠, 블랙박스 등을 이용해 녹음이나 녹화를 하는 경우도 늘어났다. 특히 〈그림 5-8〉의 경고문은 모두가 감시되고 있으며, 동시에 감시할 수 있는 디지털 감시 사회의 특징을 명확히 드러낸다.

일련의 사례들은, 노동자들이 생산하는 데이터에는 기업이 포섭하고 전유하는 데이터 외에 노동자 자신의 필요에 따라 만들어지는 데이터도 있다는 점을 보여 준다. 기업이 아닌 노동자의 관점에서 바라보면 데이터 경제에서 생산되는 데이터의 종류나 목적은 훨씬 더 넓어진다. 데이터 주체들의 권리에 대한 논의가 치열해지는 상황에서 생산과정에 포함되지 않는 자발적으로 생성된 데이터의 위치와 의미에 대한 더욱 적극적인 탐구가 필요하다.

2) 정보의 통합: 역기상화와 질적 계산

공간, 사람의 움직임 등을 모두 수치화해 일련의 정보 패턴으로 파악하는 것을 '가상화'라고 한다.[21] 배달앱에서 제시되는 시공간의 정보들은

---

21 Hayles, N. K. *How we became posthuman: Virtual bodies in cybernetics, literature, and informatics* (The University of Chicago Press, 1999)(캐서린 헤일스, 허진 옮김, 《우리는 어떻게 포스트휴먼이 되었는가》, 플래닛, 2013).

가상화 과정을 거쳐 구체적인 맥락이 소거된 정보들이다. 노동자들이 실제 일하는 과정에서는 이러한 가상화된 정보를 구체적인 장소와 연결하는 역가상화 과정을 반복한다.[22] 이러한 역가상화는 구체적인 물질적 정보의 차원, 더욱 추상화된 가치의 차원에서 모두 이루어진다.

연구 참여자들은 앱을 활용해 효율적으로 일하기 위해서는 알고리즘이 제시한 주문을 모두 수락하기보다 적절하게 거절해야 한다고 말하는 예가 많았다. 그런데 거절하는 과정은 생각보다 단순하지 않다. 노동자들은 알고리즘의 결정이 현재 자신에게 적절한 것인지를 따져 보고, 거절할 경우 이러한 거절에 알고리즘이 어떻게 반응할 것인지를 경우의 수를 셈해 최종적인 결정을 내린다. 수락률이라는 지표가 떨어지는 것이 바로 보이는 상황에서 거절이라는 행위 자체에 부담을 느끼는 경우도 많다. 알고리즘의 결정을 따져 보기 위해서는 노동자 사이의 정보 비대칭, 플랫폼 기업의 정책에 대한 이해가 필요하다. 거절은 심리적·인지적 숙련도가 필요한 일이라고 할 수 있다. 일련의 과정은 알고리즘의 의사 결정에 관한 결정이며, 이러한 결정이 알고리즘을 개발하는 자원이 된다는 점에서 데이터 노동이라고 할 수 있다. 배차 거절은 노동자들이 알고리즘의 지시에 일방적으로 복종하지 않고 자율성을 행사하는 것이지만, 알고리즘이라는 플랫폼의 생산수단을 만들어 내는 과정이라는 측면에서 보면 또 다른 노동이다.[23]

22　기존 시스템의 작동을 역으로 추적해 처음의 설계나 자료를 추정하는 것을 '리버스 엔지니어링(reverse engineering)'이라고 한다. 이 글에서는 시스템의 논리를 추정하거나 설계를 파악하는 것이 아니라, 본인이 체득한 현실의 정보를 기반으로 앱에서 제공하는 추상적 논리를 실제적이고 구체적인 논리로 바꾼다는 의미로 리버스 엔지니어링이 아닌 '역가상화'라는 개념을 제안했다.

23　van Doorn, N. & Badger, A. "Platform capitalism's hidden abode: producing data assets in the gig economy", *Antipode 52(5)*, 2020, 1475-95.

배달 노동자들이 배차 요청을 거절하는 이유는 다양하다. 고층 빌딩이나 외부인 출입이 제한되는 대형 아파트 단지는 엘리베이터가 오르내리는 시간, 외부인 출입 등록의 과정 때문에 대부분이 선호하지 않는 배달지이다. 또한 주문 내용을 보면 자신의 운송 수단에 적재하기에 적절한지를 판단할 수 있다. 도보 배달인데 국밥 여러 그릇같이 무거운 메뉴이거나, 피자와 같이 포장의 크기가 커서 배달 가방에 들어가지 않는 경우다. 또한 배달 거리가 직선거리로 표시되고 픽업 거리에는 보수가 책정되어 있지 않거나, 자동차전용도로로만 접근이 가능한 곳을 안내하는 경우도 있다. 배차 거절은 앱에는 상세하게 나와 있지 않은 구체적인 지리적·물리적 특성과 앱에 제시된 단가와 같은 추상화된 정보를 연결해 판단한 결과이다.

걸은 거 보면 다 그 주변에서 이렇게 이 주변에서 다 왔다 갔다 하거든요. 콜이 많이 들어온다는 표현을 쓰는데, 콜이 많이 들어오는데 주변에서 계속 뺑글뺑글. 좀 있나 보다 싶으면 가고, 갔다가 다시 오고. 이 주변에 있다가. 이런 식으로 특정 범위를 제가 스스로 정해 놓고 잘 안 벗어나려고 하는 거.

제가, 저희 가족들이 다 하고 있는데, 그래서 제가 이렇게 표시했어요. 그래서 우리가 갈 수, 갈 만한 곳. 완전 꿀이 있고 여기까지는. 그래도 갈 만한 곳, 절대 가면 안 될 곳. 근처에서 막 엄청 돌아가고 막 이런 게 있다 보니까.(연구 참여자 B)

〈그림 5-9〉는 도보로 배달하는 연구 참여자 B가 자신의 추천으로 배달을 시작한 가족들을 위해 만든 지도이다. 이 지도는 주문량이라는 단편

〈그림 5-9〉 배달 구역 지도

적 정보를 부각하는 주문 집중 구역 지도(〈그림 5-5〉)와 명확히 대비된다. B
는 도보 배달인에게 1km 내외의 단거리 배달이 주어진다는 기업의 정책,
상점이 한 구역에 몰려 있어서 픽업하려면 결국에는 상점 구역으로 돌아
와야 한다는 지리적 특성, 자기 경험을 연결해 지도를 만들었다. 이처럼
파편화된 경험 정보와 앱에서 제시되는 전자 정보를 조합해 자기만의 지
식을 만들어 내는 것이 효율적인 노동을 위해 필요하다.

　　파편화된 정보를 통합하는 과정에는 물질적 정보뿐 아니라 가치의
통합도 이루어진다. 샤피로는 배달 노동자들이 알고리즘이 제시하는 수
치를 뛰어넘어 여러 질적인 가치들을 고려한 의사결정(Qualculation)을 내
린다고 설명한다.[24] 대표적인 것이 안전이다. 배달 노동자들은 도로에서
상충되는 규범을 동시에 적용받는다. 물리적으로 자동차 도로라는 공간을
사용하는 다른 운전자들과 함께 상호작용하면서 안전한 이동이라는 결

24　Shapiro, Aaron. "Between Autonomy and Control: Strategies of Arbitrage in the 'on-
　　Demand' Economy," *New Media & Society 20(8)*, 2018, 2954-71.

과를 만들어야 한다. 다른 한편으로, 계속해서 시간과 배달료에 대한 정보를 환기시키는 앱을 통한 상호작용에서는 생계를 위해 보다 빠르게 이동해야 한다는 압력을 받는다. 안전 운전은 나와 다른 이의 신체적 안전이 달린 문제이며 다른 운전자들과의 협업의 규칙이 사회적으로 정해져 있어 규칙을 위반하는 것이 가시적으로 드러난다. 반면 빠른 배달은 생계가 달린 문제이지만, 앱을 통해 이루어지는 노동과정은 많은 부분이 비가시화되어 있다. 이러한 비대칭성은 효율적인 혼종적 작업장을 만들기 위한 인지적 활동은 적극적으로 생산관계로 포섭되고 있으나, 노동을 실현하는 신체적 문제는 개별적인 것으로 남아 있다는 것을 드러낸다. 안전과 생계라는 두 실존적 문제가 충돌하는 상황에서 두 세계의 충돌을 어떻게 관리할 것인가라는 과제는, 현재로서는 배달 노동자 개인에게 주어져 있다.

이러한 충돌을 해결하는 전략 중 하나가 선호하는 동선을 만드는 것이다. 라이더유니온은 2021년 11명의 조합원이 참여해 알고리즘 검증 실험을 진행했다. 이 실험 결과 알고리즘 배차를 100% 수락할 경우의 동선과 배달 노동자들이 자율적으로 배차를 거절할 때의 배달 동선이 어떻게 다른지가 드러났다. 〈그림 5-10〉은 배달 동선 패턴이 가장 대비되는 두 명의 자료이다. 한 명은 좁은 지역에서 단거리 배달하는 방향을 선택했고(위), 또 다른 한 명은 단가가 높은 지역으로 옮기고 장거리 배달을 늘리는 방향을 선택했다(아래). 단거리 배달을 선호한 조합원은 주행거리를 줄여 체력을 보전하는 것을 우선시했고, 장거리 배달을 타는 방향을 선택한 조합원은 좀 더 여유 있게 쫓기지 않으면서 일하는 것이 더 안전하게 느껴진다고 말했다. 겉으로 드러나는 결과는 정반대이지만, 결론적으로 두 사람 모두 본인이 안전하게 오래 일할 수 있는 주문을 선택한 셈이다.

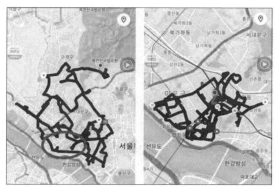
배달 구역이 좁아진 경우

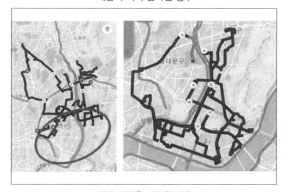
배달 지역을 이동한 경우

〈그림 5-10〉 100% vs. 자율적 수락의 배달 동선 차이[25]

알고리즘 실험 결과는 배달 노동자들의 의사 결정이 단지 단기간의 예상 수입이나 효율성만을 기준으로 이루어지는 것이 아니라는 점을 보여 준다. 계속해서 일할 수 있는 체력과 안전은 플랫폼의 데이터에는 반영되지 않는다. 다만 배달 플랫폼에서 이러한 복합적인 정보와 가치가 축

25 자율적으로 거절했을 때 배달 구역이 좁아지고 단거리 배달이 늘어난 경우(위)와 배달 지역을 이동해 장거리 배달을 한 경우(아래)이다. 각 경우의 왼쪽 그림이 알고리즘 배차를 100% 수락한 때의 배달 동선이고, 그 안의 검정색 원이 자율적으로 수락했을 때 배달이 이루어진 지역에 해당한다.

약적으로 표현된 것이 가격과 거리이기 때문에 이들의 선택은 그 의미에 비해 단순한 형태로 표현될 수밖에 없다. 플랫폼은 광범위한 감시를 통해 데이터를 수집하지만, 그중 일부만을 선택적으로 재현한다. 이러한 선택적 재현은 누구의 기준에서 무엇이 생산적인 데이터로 간주되어 경제 회로 안으로 포섭되는가를 보여주며, 동시에 재현되지 않은 노동의 가치는 어떻게 봐야 하는가의 문제를 제기한다.

3) 공략: 알고리즘의 논리를 적극적으로 파고들기

알고리즘과 구체적 장소가 결합한 혼종적 작업장에서 일하는 것은 정보와 장소의 연결, 정보와 시간의 연결에 대한 예민한 감각을 벼려 낸다. 한 노동자는 음식을 주문할 때 배달앱을 열어 각 플랫폼의 단가를 먼저 확인하고, 단가가 높은 플랫폼의 주문앱으로 주문하면 배달이 빠르다고 귀띔해 주었다. 단가가 좋으면 일을 나와 대기하는 사람이 늘어나기 때문에 그만큼 배차 속도도 빨라질 확률이 크기 때문이다. 이러한 역가상화는 비단 배달 플랫폼에 국한된 지식은 아니며, 넓게 보자면 디지털 미디어를 자기 삶의 맥락에 따라 활용하는 미디어 실천 역량이라고 볼 수 있다. 예를 들어, 사람들은 길을 찾을 때만 전자지도를 쓰는 것이 아니라 거리뷰나 위성사진 보기 기능을 활용해서 특정 지역의 주변 환경을 확인하기도 한다. 디지털 미디어 활용이라는 범용 능력이 알고리즘으로 통제되는 혼종적 작업장 환경을 만나 일을 잘하기 위한 일머리로 활용되는 셈이다. 디지털 기술과 내적 논리에 익숙한 노동자들은 더욱 적극적으로 계속해서 변화하는 앱의 논리를 따라가며 '공략'하기도 한다.

AI 배차도 공략법이 다 있어요. (연구자: 어떻게 공략해요?) 저희는 지인들끼리 항상 만나서 얘기하는 게 ○○ 같은 경우는 맨날 정책 바뀐다고 얘기하잖아요. 그럼 우리는 그거거든요. 그 정책을 회사는 어떻게든 자기네들 편한 대로 돈 좀 덜 쓰고 보내려고 하는데 우리는 그러면은 돈 더 받아먹고 하는. 이제 게임, 진짜 게임. 아까 그 텔레그램방 게임처럼 우리도 공략집을 만들어 보는 거야. (…) 그런 식으로 이제 공략을 찾아서 다니는 거예요. 시간대별로, 이게 많이 되는 시간, 많이 돈을 안 주는 시간, 그런 거 다 파악하고. 어디를 가면은 이제 마트 많이 뽑으니까 거기는 안 가고. 그런 거를 공략을 하는 거죠. 안 그러면. 안 그러면 이거 못해요, 진짜.(연구 참여자 C)

C는 회사가 계속해서 정책을 바꾸면서 노동자를 움직이려고 한다면, 노동자들도 거기에 맞춰서 회사의 정책을 이용해 돈을 더 벌면 된다고 말한다. 이러한 생각을 가진 동료들과 함께 계속해서 앱이 돌아가는 방식을 연구하고, 이용할 지점을 찾아내고, 직접 실험해 보며 '공략집'을 만든다. 공략집은 비디오게임 등에서 문제를 해결하고 다음 단계로 넘어가는 방법을 모아 놓은 책을 일컫는다. 회사는 계속해서 문제를 던지고, 노동자들은 이 문제를 해결해 나가는 과정을 게임에 빗대 말한 것이다. 하지만 이러한 작업장 내 게임에서 노동자는 작업장을 정복하거나 최종 승자가 되는 것은 아니다. 공략을 통해 이들은 이미 회사가 원하는 지역과 시간에 일하고 있기 때문이다. 이러한 작업장 내의 게임은 노동자들의 자율성이 발휘되는 현장이면서 동시에 회사의 이익이 만들어지는 과정이기도 하다.[26] 장기적 고용관

---

26 Burawoy, M. *Manufacturing Consent: Changes in the Labor Process Under Monopoly Capitalism* (Chicago University of Chicago Press, 1979).

계에 대한 기대감이 사라진 상황에서 불확실성은 자발적인 적응과 학습을 끌어냄으로써 노동과정을 간접적으로 통제하는 기제로 작동한다.[27]

찾아낸 공략은 회사가 다시 업데이트할 때까지 잠깐만 유효할 뿐이며, 어느 순간 효과가 떨어지면 다시 새로운 공략을 찾아 나서야 한다. 프로그램의 업데이트와 새로운 행위 패턴의 등장이 계속해서 이어진다. 배달 노동자는 회사가 만든 배달앱의 가장 열성 이용자이자 비판자이며, 소프트웨어의 업데이트는 이러한 열성 이용자들의 피드백, 이용을 통해 완성된다. 자동화된 사회는 기계만으로 이뤄지는 것이 아니라 기계와 인간이라는 이종의 결합을 통해 만들어지며, 이러한 헤테로메이션 과정에서 인간은 다종다양한 노동을 통해 기계의 원활한 작동을 뒷받침한다.[28]

혼종적 작업장에서 알고리즘의 통제를 받는 배달 노동자는 배달이라는 본연의 업무를 수행하면서 동시에 알고리즘을 고도화하는 데이터 노동을 수행한다. 하지만 이러한 데이터 노동이 노동자를 전면적으로 기술 경제에 포섭하지는 못한다. 알고리즘의 결정을 판단하는 과정에서 노동자는 플랫폼 기업과 노동자 사이의 정보 비대칭을 뛰어넘고, 알고리즘의 논리를 더 적극적으로 파고드는 능력을 키우며, 더 나아가 그 과정에서 기술의 감시에서 벗어날 수 있는 빈틈을 찾아내기 때문이다.

---

27 Sallaz, J. J. "Permanent pedagogy: How post-Fordist firms generate effort but not consent", *Work and Occupations 42(1)*, 2015, 3-34.

28 Ekbia, H. and Nardi, B. "Heteromation and its (dis) contents: The invisible division of labor between humans and machines", *First Monday 19(6)*, 2014.

혼종적 작업장의 부상과 헤테로메이션 노동

지금까지 우리는 배달 노동자의 사례를 통해 기술이 일하는 시공간, 일하는 방식을 어떻게 바꾸고 있는지를 살펴보았다. 나는 이렇게 바뀌고 있는 일터를 '혼종적 작업장'이라고 이름 붙였다. 그런데 사실 일터에 감시 기술, 첨단 네트워크 기술이 도입된 것은 최근의 일이 아니다. 콜센터의 경우 작업 내용이 모두 디지털화되어 몇 분 동안 통화를 하는지, 하루 종일 몇 건을 처리했는지를 비롯해 세세한 내용을 관리자가 확인한다. 방범 활동을 위해 CCTV를 설치한다고 해 놓고 그 카메라로 직원들을 감시하는 인권 침해는 다양한 일터에서 벌어지고 있다. 나아가 직원의 PC 화면을 감시하고, 방문하는 웹사이트 목록과 방문시간을 확인하는 소프트웨어('보스웨어'라고 불린다)도 있다. 모두 기계와 인간, 기술과 사회가 연결된 일터이며 혼종적 작업장이라고 볼 수 있다. 다만 위와 같은 사례는 모두 기존에 일터, 사무실, 작업장으로 불리는 고정된 공간에서 감시가 이루어지는 경우이다. 반면 배달 노동자와 같은 이동 노동자의 경우 감시와 지시의 공간적 범위가 기존에 사무실이 아닌 곳까지 확대되는 상황을 보여 준다. 기술이 어디에나 편재하는 유비쿼터스 환경이 구현되면서 일터의 범위는 앞으로 더욱 넓어질 것이다. 일터가 아니었던 곳들까지 일터로 바꾸어 내면서 혼종적 작업장이 확산될 때 일터를 둘러싼 갈등, 일터의 성격은 어떻게 변화할까? 지금까지 배달 노동자의 사례를 통해 구체적으로 했던 얘기를 조금은 이론적으로 정리해 보자.

1) 혼종적 공간의 특징

혼종성 혹은 혼성성(Hybridity)이란 이질적인 근원에서 유래한 사물들이 "이질적 기원 요소들의 물리적 흔적을 내재하면서도 동시에 하나의 뚜렷한 통일체로 부상"하는 것을 의미한다.[29] 혼종성의 개념은 탈식민 연구를 비롯한 문화 연구의 다양한 영역에서 사용되어 왔으며, 또한 자연과 사회, 사물과 인간의 관계를 탐구하는 연구에서도 적극적으로 다루어진 개념이다. 이처럼 혼성성 개념은 정체성, 규범, 물질성, 관계에 이르기까지 다양한 층위에서 살펴볼 수 있다. 디지털 기술이 발전하면서 디지털 기술에 의해 매개되는 시공간은 또 다른 혼종성의 사례로 떠오르고 있다. 이 글에서 혼종성은 인터넷, GPS를 비롯한 ICT 기술의 네트워크, 사람들이 움직이는 실제 공간의 관계를 중심으로 파악한다. 혼종적 공간(Hybrid Space)이란 "모바일 기술을 일종의 인터페이스로 사용하게 되면서 과거에 사이버공간이라고 일컬어졌던 가상 커뮤니티(게임, 챗 등)가 물리적 공간에 통합(migrate)되어 등장"하는 공간이다.[30] 디지털 세계의 논리가 물질계에 영향을 미치는 새로운 현실을 피지컬과 디지털을 합친 '피지털'이라는 용어로 표현하기도 한다.[31]

가상의 커뮤니티가 실제 공간에 통합되는 것은 크게 네트워크와 실제 공간의 중첩, 사람과 기계의 상호작용, 사적 공간과 공적 공간의 뒤섞임이라는 측면에서 살펴볼 수 있다. 현대의 도시는 모바일 통신 기술을 기반으로 한 네트워크와 실제 공간이 중첩돼 있다.[32] 한때 큰 인기를 얻었

---

29 Mitchell, K. *Cultural geography: A critical dictionary of key concepts*, 2005, 188(데이비드 앳킨슨 외, 박경환 외 옮김,《현대문화 지리학: 주요 개념의 비판적 이해》, 논형, 2011).
30 de Souza e Silva, A., "From cyber to hybrid: Mobile technologies as interfaces of hybrid spaces", *Space and culture 9(3)*, 2006, 261-78.
31 이광석,《피지털 커먼즈》, 갈무리, 2021.
32 김수영·강명주, 〈플랫폼 노동자가 경험하는 시공간 구조와 대응 전략〉,《한국사회정책》 29(1), 2022, 3-47.

던 '포켓몬고'와 같은 게임은 휴대폰을 통해 게임앱에 접속하면 도심의 특정 지역을 게임 장소로 바꾸어 주었다. 배달 노동자들도 통신 네트워크, 휴대폰, 앱에 모두 연결됐을 때 이들이 위치한 공간은 배달이 이루어지는 곳으로 변모한다.

혼종적 공간의 또 다른 측면은 기계-환경-사람의 상호작용이 만들어 내는 행위성과 수행성이다. 기계와 인간의 이종 연합이 제대로 작동하기 위해서는 사람들이 새로운 기술을 잘 이해해 이용하면서 동시에 기술의 작동을 원활하게 만들기 위해 기계를 보조해야 한다.[33] 기술은 인간에게 새로운 가능성을 주지만 기술의 가능성이 실현되는 것은 사람을 통해서다. 음식 배달 노동은 거리에서 하는 이동 노동으로, 노동자는 업무를 지시하는 앱뿐 아니라 배달을 하며 거리에서 사람, 사물과 끊임없이 마주친다. 이들은 일상적으로 음식점 주인이나 고객, 비에 젖어 미끄러운 길, 가파른 계단, 교통신호를 마주치고 때로는 다른 배달 노동자의 사고 현장을 목격하기도 한다. 이러한 마주침이 만들어 내는 상호작용은 앱을 통해 이루어지는 인지적 계산과는 달리 신체적 능력, 특성, 모습에 따른 물리적이고도 구체적인 성격을 띤다. 배달 노동은 노동자가 신체의 이동과 경험이 핵심적인 고객을 대신해 몸을 이동하는 노동이기 때문이다. 음식 배달 플랫폼 노동자들의 시공간 경험에 주목한 연구들이 시공간의 물질성에 주목하는 것도 비슷한 맥락이다. 배달 노동자들이 경험하는 시공간은 노동자의 행위성의 조건으로 작용한다는 점에서 물질적이고, 매일의 노동 실천, 기술, 환경이 결합되었을 때 만들어진다는 점에서 수행적이다.[34] 또한 매일의 마주

---

33 Ekbia, H. & Nardi, B. "Heteromation and its (dis) contents."

34 Zheng, Y. & Wu, P. F., "Producing speed on demand: Reconfiguration of space and

침을 통해 공유하는 정동, 규범을 통해 노동자들은 거리를 노동의 장소로 만들어 내고 있다.[35]

혼종적 공간의 마지막 특성은 서로 다른 특성이 있는 공간이 뒤섞임에 따라 발생하는 규범의 충돌이다. 21세기 노동자들이 일하는 공간은 정보, 사물, 사람이 뒤얽혀서 구분하기 어려운 상태로 네트워크를 따라 계속해서 이동하는 공간이며, 이러한 이동이 공사의 구분을 뒤섞어 버리는 공간이다.[36] 예를 들어 공적 도로를 따라 움직이는 자동차는 인간과 자동차라는 기계가 결합해 이동하는데, 자동차를 타고 이동하는 것은 도로라는 공적 공간 속에 사적인 삶이 흐른다는 점에서 혼종적이다. 이어폰을 이용해 도로를 이동하면서 음악을 듣는 사람들은 음악을 통해 자신을 둘러싼 청각 환경을 구성해 공적 공간 안에서 자기만의 영역을 구축한다. 그런데 이때 연결은 개인 미디어를 통해 개별적으로 이루어지고, 이들이 어떤 네트워크에 접속되어 있는지는 드러나지 않는다. 또한 같은 공간에 있더라도 저마다 다른 가상의 커뮤니티에 접속하는 것이 가능하므로 같은 공간에 있다 하더라도 누군가는 배달을 하고, 누군가는 포켓몬고를 하는 것처럼 상이한 공간 경험을 할 수 있다. 같은 공간에서 서로 다른 커뮤니티에 속해 있으므로 같은 공간에 있으면서도 서로 다른 규범을 추구하게 되고, 이는 규범의 갈등과 충돌을 일으킬 수 있다. 동일한 공간에 상이한 성격과 규범을 적용하는 집단들 사이의 갈등은 택배나 음식 배달 노동자들의 아파트

---

time in food delivery platform work", *Information Systems Journal*, 2022.

35 정예슬, 〈전치된 자들의 장소 만들기〉, 《공간과 사회》 32, 2022, 82-114.

36 Urry, J. *Sociology Beyond Societies: Mobilities for the Twenty-first Century*, (Psychology Press, 2000)(존 어리, 윤여일 옮김, 《사회를 넘어선 사회학》, 휴머니스트, 2012).

단지 출입을 둘러싼 노동자와 주민의 대립으로 나타나기도 한다.[37]

내가 혼종적 공간이 아닌 혼종적 작업장이라는 용어를 쓰는 것은, 배달 노동자들이 활동하는 혼종적 공간이 일반적인 미디어 기술의 발달로 저절로 나타난 것이 아니라 플랫폼 기업의 기업 활동을 위해 생산의 현장을 적극적으로 만들어 내는 과정에서 등장한 것이라는 점을 강조하기 위해서다. 기술의 발전은 물론 혼종적 작업장이 만들어질 수 있는 구조적인 전제 조건이다. 하지만 혼종적 작업장은 ICT 기술(technology)뿐 아니라 각종 노무 관리 기술(technique)이 결합해 만들어지는 공간이다. 시공간의 속박에서 자유롭게 일할 수 있다는 광고와 달리 플랫폼 배달 기업들은 배달 노동자들을 특정 시공간에 배치하기 위해 여러 기술과 기교를 동원한다.[38] 따라서 이 혼종적 공간은 자본의 통제와 이에 대한 노동자의 대응이 경합하는 각축장(contested terrain)으로서,[39] 이러한 경합 속에서 통제의 경계(frontier of control)가 유동적으로 움직이면서 노동-자본의 관계가 만들어지는 공간이라고 할 수 있다.[40]

2) 인간의 마무리로 완성되는 자동화 회로

기계화, 자동화와 관련한 논의에서 한 축을 차지하는 이야기는 '기계가 인간을 대신할 것인가?'에 대한 갑론을박이다. 이 이야기의 한 축은 자

37   김리원, 〈택배 도시 현상의 거시적 · 공간적 행위 경관 연구: 마켓컬리 샛별배송 서비스를 중심으로〉,《공간과 사회》32(2), 2022, 203-47.

38   Heiland, H. "Controlling space, controlling labour? Contested space in food delivery gig work, New Technology", *Work and Employment 36(1)*, 2021, 1-16.

39   Edwards, R. *Contested terrain: The transformation of the workplace in the twentieth century* (New York: Basic Books, 1979).

40   Taylor, P. & Bain, P. 1999. "An assembly line in the head: work and employee relations in the call centre", *Industrial relations journal 30(2)*, 1999, 101-17.

동화 기술의 발전으로 일자리가 사라지고, 결과적으로 로봇이나 소프트웨어가 사람을 대신할 것이란 비관적 전망이다. IBM의 CEO는 한 인터뷰에서 향후 5년 내 7,800명의 일자리를 AI로 대체할 것이란 계획을 밝혔다.[41] 또 다른 이야기의 축은 자동화의 결과는 일자리의 '소멸'이 아니라 일자리의 '쇠퇴'라는 것이다.

2023년 봄 레딧(Reddit)이라는 대형 커뮤니티에 한 게임 회사의 3D 디자이너가 분노에 차서 "미드저니 때문에 내 일에서 사랑했던 모든 것을 잃었다"라는 제목의 글을 올렸다.[42] 이 디자이너는 이미지를 생성해 주는 생성형 AI인 미드저니 V5의 출시로 하루아침에 디자인이라는 일의 과정과 의미가 바뀌어 버린 것에 분개했다. 글쓴이는 미드저니 V5 출시 이후 3D 디자인은 자기 손과 창의력을 발휘해 디자인하는 것에서 명령문을 작성하고 미드저니가 만들어 낸 이미지를 수정하는 것으로 바뀌었다고 개탄했다. 하룻밤 사이에 바뀐 이 게임 회사의 디자인 작업환경은 자동화 기술의 발전으로 인한 일자리 쇠퇴가 어떤 모습인지를 보여 준다. 디자이너의 일자리는 사라지지 않았다. 다만 디자이너 일의 핵심이 창작에서 수정으로 바뀌었을 따름이다. 기술의 보조를 받아 3D 디자인을 하는 것이 아니라 3D 디자인 과정이 끝나도록 마무리하는 것으로 기술과 사람의 위치가 바뀌었다.

디스토피아 영화처럼 소프트웨어와 로봇이 인간을 대체하는 날이 어느 날 찾아올지도 모른다. 하지만 현재까지 자동화란, 기술이 인간을 완

---

41 https://m.khan.co.kr/economy/economy-general/article/202305021728001?fbclid=Iw
AR3nKWAPil0-12x0QNwiJnyERwn60CcJrLzpeTnTHUcRJxd37L00N3H31Zk#c2b

42 https://old.reddit.com/r/blender/comments/121lhfq/i_lost_everything_that_made_me_
love_my_job/

전히 대체하는 것이 아니라 기계와 인간이 함께 일하는 방향으로 발전해 왔다. 완전 자동화는 기계가 주변 환경의 불확실성을 감당하기 어려워 현실적으로 불가능했기 때문이다.[43] 그리고 그 과정 중 일부는 3D 디자이너의 사례처럼 인간 노동의 역할이 축소되는, 때로는 기계의 뒤치다꺼리를 담당하는 것이었다. 3D 디자이너는 디자인이 아닌 명령문을 수정하고 있다고 한탄했지만, 생성형 AI를 이용하기 위해 명령문을 작성하고 수정하는 것은 새로운 직업으로 부상하고 있다. 생성형 AI에 입력하는 명령문을 프롬프트(prompt)라고 한다. 이 프롬프트에 따라 결과물이 달라지기 때문에 최적의 결과물을 얻기 위해서는 프롬프트를 정확하게 설계하고 작성하는 일이 중요하다. 프롬프트 입력-결과물 확인-프롬프트 수정을 거치면서 소프트웨어의 품질이 올라가기 때문에 이 AI 훈련사를 높은 연봉을 제시하며 구하는 기업이 늘어나고 있다.[44]

　　인간의 마무리를 통해 완성되는 자동화 시스템을 헤테로메이션 (Heteromation) 시스템이라고 한다. 스스로 움직이고 판단하는 기계에 의해 이루어지는 자동화를 뜻하는 오토메이션(automation)과 대비되는 개념이다. 오토메이션에서 오토(auto)는 스스로를 뜻하는 단어인데 반해, 헤테로메이션의 헤테로(hetero)는 서로 다른 것을 뜻하는 접두사이다. 즉 헤테로메이션이란 서로 다른 것들이 합쳐져 움직인다는 뜻으로, "이 시스템에서 최종 사용자는 핵심적인 작업을 담당하며 그 결과 최종 사용자는 없어서는 안 될 시스템상의 매개자" 역할을 담당한다.[45] 이종(hetero)이라는 말

43　Ekbia, H. R., Nardi, B. & Sabanovic, S. "On the margins of the machine: Heteromation and robotics", iConference 2015 Proceedings, 2015.

44　https://www.newspim.com/news/view/20230607000599

45　Ekbia, H. & Nardi, B. "Heteromation and its (dis) contents."

이 드러내듯 이 시스템에 연결된 존재들은 형식, 내용, 가치에서 모두 다르기 때문에 저절로 연결될 수 없다.

데이터가 중심이 되는 경제에서는 디지털 형식에 맞게 세상을 연결하는 작업이 필요하다. 위에서 설명한 프롬프트 엔지니어, 디지털 라벨링과 같은 업무가 대표적인 사례다. 디지털 라벨링은 인공지능이 읽을 수 있는 형태로 정보를 가공하고 정제해 AI 학습에 핵심적인 데이터셋을 만들어 내는 일이다. 이러한 업무는 온라인에 국한되지 않는다. 마트에서 자동 검색 및 계산 키오스크가 제대로 작동하기 위해서는 고객에게 기계 사용법을 안내하고, 기계가 고장 나면 수리하고, 물건의 위치를 모르는 고객을 대신해 매장을 가로질러 상품을 찾아 주는 것과 같은 인간의 뒷받침 노동이 필요하다.[46] 데이터 기반 기술이 실제로 작동하기 위해 인간이 중간에서 윤리적 판단, 전자 정보의 물질화, 전자 시스템의 운영 환경 조성 등을 담당하는 것이다. 이처럼 기술이 원활하게 작동하기 위해서는 사회-기술적 맥락에 맞게 조정하고 통합하는 과정이 필요한데, 이러한 기술의 작동을 뒷받침하는 노동은 가시화되지 않거나 사회적으로 인정받지 못하는 경향이 있다.[47]

《고스트워크》에는 승차 공유 플랫폼 우버의 드라이버가 운행을 시작하기 위해 앱에 접속해 화면에 얼굴을 확인하면, 안면 인식 프로그램이 아니라 지구 반대편 어딘가의 미세 노동(microwork) 플랫폼의 노동자가 실시간으로 정보를 확인한다는 대목이 나온다. 이처럼 보이지 않고 보

46 Mateescu, A. & Elish, M. *AI in context: the labor of integrating new technologies*, 2019.
47 박수민, 〈플랫폼 배달 경제를 뒷받침하는 즉시성의 문화와 그림자 노동〉, 《경제와 사회》 130, 2021, 208-36; Mateescu, A. & Elish, M. *AI in context: the labor of integrating new technologies*.

이지 않아서 더욱 저평가되는 노동을 책의 저자들은 육체가 없는 '유령'에 빗대어 설명한다. 비가시화는 노동이 기술을 통해 매개되면서 점점 더 심각해지는 현상 중 하나다. 디지털 기술을 통해 이루어지는 많은 노동이 점점 더 물리적·사회적으로 드러나지 않는다. 네트워크 기술의 발전으로 작업장은 전 세계에 퍼져 있고, 때로 노동은 서비스 이용의 한 부분 혹은 놀이로 보이기까지 한다. 게다가 이러한 노동은 이미 노동시장의 외곽으로 밀려난 불안정 노동자들이 주로 담당하는 경우가 많다. 사회적으로 비가시화되기 쉬운 취약한 노동자들이 하는 일이 기술로 인해 다시 한번 비가시화되는 상황은 노동시장의 불평등을 더욱 심화시킨다.

빅데이터 시대의 노동자 권리

모바일 네트워크나 앱과 같은 소프트웨어 기술의 발전, 플랫폼 노동이라는 새로운 고용관계의 등장 속에서 모바일 네트워크와 실제 공간이 결합한 혼종적 작업장이 등장하고 있다. 배달 노동자의 사례를 살펴보면 기업은 ICT 기술을 활용해, 기존에는 감시하기 어려웠던 사무실 바깥의 노동자까지 적극적으로 감시하고 통제한다. 특히 주목할 점은 기업들이 경영 활동 과정에서 디지털 기술을 통해 적극적으로 시공간을 재구조화하고 있다는 점이다. 이렇게 재구조화된 디지털 시공간은 노동의 구체적인 맥락을 반영하지 않기 때문에 배달 노동자들은 일하는 과정에서 추상화된 디지털 정보와 구체적인 노동조건을 통합하며 일하고 있다.

배달 노동자들이 앱을 이용해 일하며 보여 주는 각종 일머리는 단순히 효율적으로 일하는 것 이상의 의미를 지닌다. 이들은 추상화된 기술의 논리에 노동의 구체적 맥락을 반영하고 기입하고자 노력한다.[48] 이러한 노력은 개인적 수준에서는 좀 더 수익을 높이기 위한 노하우나 앱에 대한 불만 정도로 보일 수 있다. 하지만 이러한 노력이 노동조합을 통해 모이면 정치적 가능성을 갖게 된다. 예를 들어 라이더유니온, 서비스연맹 배달 플랫폼 등의 노동조합들은 배달앱이 업데이트되고 나면 앱의 오류, 일하면서 위험하게 느껴지는 점, 배달 노동의 현실을 반영하지 못하는 점 등의 사례를 모아서 기업에 전달하거나 공론화를 통해 문제를 제기한다. 이러한 활동은 실제로 배달 거리 산출 방식, 화면 디자인 등의 수정을 끌어내기도 했다. 사업 목표에 최적화된 알고리즘에 노동자의 구체적 경험을 기입함으로써 더욱 공정하고 책임 있는 데이터 경제를 만들어 나갈 수 있다.

데이터 경제 시대에는 프라이버시를 보호하는 것뿐 아니라 자기 입장을 주장하고 반영하는 권리 또한 중요하다. 이러한 연유로 EU에서는 플랫폼 노동 관련 지침에 노동자의 참여에 대한 부분을 일관되게 강조하고 있다. 데이터를 기반으로 정치경제가 작동하는 상황에서 데이터셋에서 누락된다는 것은 이 사회의 정치경제로부터 배제되는 효과를 낳기 때문이다.[49] 데이터를 구성하는 사회적 관계를 가시화하는 것은 인공지능을 둘러싼 공학과 사회과학의 여러 관점을 통합하는 현실적인 방법이기도 하다.[50] 오랜 개발 기간을 거쳐 나온 여러 기업의 AI 챗봇들이 이용자의

48   Qadri, R. & D'Ignazio, C. "Seeing like a driver: How workers repair, resist, and reinforce the platform's algorithmic visions," *Big Data & Society 9(2)*, 2022.

49   Iyanrick, John., Morales-Doyle, Sean. & Watkins, Jamal R. "Racial Justice Through Civic Engagement: A Look at Voting and the Census", in Alonzo L. Plough (ed.), *Necessary Conversations: Understanding Racism as a Barrier to Achieving Health Equity*, 2022.

50   강정한 · 송민이, 〈탈진실 시대 서사 복원적 데이터 마이닝의 필요성과 방법론〉, 《한국사회학》 57(2), 2023, 89-130.

질문에 비윤리적인 답변을 내놓아 문제가 되었다. 이후 윤리적 AI 개발에 대한 논의가 전개되면서 중요하게 지적된 문제 중 하나는 학습 데이터의 편향성과 데이터의 누락이다.[51] 데이터의 완성도는 알고리즘의 완성도와 직결된다. 기계와 인간이 연결된 혼종적 작업장은 배달 노동뿐 아니라 다양한 영역으로 확장되고 있다. 기계와 인간이 어떻게 연결되는가, 그 연결의 규칙은 어떻게 만들어지고 있는가, 그 규칙에서 배제되는 이가 없도록 하기 위해서는 어떤 정책적 대안이 필요한가는 앞으로 더욱 첨예한 문제가 될 것이다.

---

51 고학수, 《AI는 차별을 인간에게서 배운다》, 21세기북스, 2022.

6장

유튜브, 제국, 네트워크 경제

주목과 시간이 가치로 정제되는 기계 도서관

신현우

혼돈의 디지털 바벨 도서관, 유튜브

유튜브는 분당 500시간 이상의 동영상이 업로드되고 하루 평균 150억 회 이상의 조회 수를 넘어서는 최대의 글로벌 플랫폼이다. 하루에 10억 시간 이상 시청되며 이용자 수는 20억 명에 이른다. 한 사람이 24시간 내내 유튜브를 본다고 해도 하루 동안 업로드되는 영상 전체를 시청하려면 3만 시간이 걸리는데, 다음 날에는 그보다 더 많은 영상이 올라오므로 모든 영상을 보는 것은 불가능하다. 유튜브를 하나의 텍스트로 접근하는 것은 제논의 역설과도 같다. 유튜브가 텍스트라면, 우리는 그것을 다 보지 못할 것이므로 영원히 분석할 수도 이해할 수도 없다.

책도 마찬가지다. 책은 끝없이 나오므로 세상의 모든 책을 읽고 이해할 길은 요원할 것이다. 이와 비슷한 상상을 호르헤 루이스 보르헤스(Jorge Luis Borges)는 '바벨의 도서관'이라는 알레고리를 통해 펼친 바 있다. 바벨의 도서관은 육각형으로 된 서고가 무한대로 겹쳐 쌓아 올려진 도서관으로, 여기에는 세상의 모든 언어와 문자가 무작위로 뒤섞인 책들이 비치되어 있다. 어떤 책이 제대로 된 책인지는 알 길이 없다. 그러나 이 혼돈 속에서 의미가 있는 문장과 책을 골라내 맥락화할 수 있다면, 세상의 모든 지식과 정보가 망라된 절대 진리를 발견할 수 있을 것이다. 바벨의 도서관에는 절대 진리를 찾아내고자 수많은 사람이 몰려왔지만, 그 누구도 한 권의 완전한 책을 찾을 수 없었다. "그들은 열정적으로 책장에 입을 맞추었지만, 책의 단 한 자도 이해할 수 없었다."

유튜브에는 하나의 진리도, 선형성도 존재하지 않는다. 유튜브는 자동 생성되는 서고를 지닌 디지털 아카이브이자 현대판 바벨의 도서관이다. 육각형의 서고를 대신하는 것은 우리가 이해할 수 없는 알고리즘과 데이터, 즉 코드화된 구술 아카이브다. 만져지지 않지만 분명 존재하는 이 도서관에서 수많은 사람은 열심히 책을 찾아 헤매거나 자신의 책을 끼워 넣고 다닌다. 물론 혼돈만이 존재하는 것은 아니다. 보르헤스는 바벨의 도서관에서 신성한 책을 읽고 신과 비슷한 존재가 된 한 사서의 존재를 암시한다. 유튜브는 그 반대인데, 보이지 않는 기계들(알고리즘)이 육각형 서고들을 은밀히 재배치하고 있으며 우리는 은연중에 그 기계의 작동자가 된다. 그 결과 엄청난 양의 의미 없는, 그럼에도 현실의 힘관계를 공고화하는 정보들이 사람들의 두뇌를 채운다. 가짜뉴스, 음모론, 프로파간다, 혐오와 차별, 온갖 광고의 바이럴…. 2016년 미국 대선 당시 선거 3개월 동안 인터넷에 유포된 가짜뉴스는 871만 건이었으며, 이는 진짜 뉴스 737만 건보다 많았다.[1] 이러한 가짜뉴스는 유튜브-소셜미디어-포털사이트와 연동되며 급속히 재생산된다. 여기에 더해 비속어와 욕설, 허위 사실과 비방, 혐오와 차별이 난무하는 1인방송과 출처 불명의 방송 채널도 심각한 문제로 대두되는 중이다. 보르헤스는 바벨의 도서관에 몰려든 수많은 사람에게 어떤 일이 일어났는가 이렇게 적었다. "탐욕스러운 수많은 사람들이 줄을 지어, 각자 자신의 변론서를 찾으려는 헛된 욕망에 사로잡혀 층계 위를 내달렸고 (…) 비좁은 낭하에서 서로 논쟁을 벌이고, 음험한 악담을 지껄이고, 신성한 층계에서 서로 목 졸라 죽이고, 자신의 변론서로 잘못 알았던 책들을 터널 밑바닥에 버렸으며, 뒤이어 당도한 사람들에게 떠밀려 정신이상이 되거나 죽어 갔다."[2]

서고를 장악하는 기계, 기계를 조작하는 자본

무엇보다 유튜브라는 공간은 단순히 아카이브가 아니라 가치가 만들어지는 자본의 시공간이다. 자본의 시공간이라는 것은 잉여가치가 만들어지고 그 원료인 인간 노동이 동반된다는 것을 의미한다. 구글이 직접 발표한 바에 따르면, 2021년 구글은 약 350조 원의 매출을 올렸고 102조 원가량의 순이익을 달성했다.[3] 어지간한 제조 기업으로서는 꿈도 못 꿀

---

1   "가짜뉴스와 팩트체크, 과연 누구 힘이 더 셀까", 〈한겨레〉, 2018. 2. 23.
2   호르헤 루이스 보르헤스, 황병하 역, 《픽션들》, 민음사, 1994, 137.
3   "구글 알파벳, 연 매출 사상 첫 310조 원 돌파", 〈아주경제〉, 2022. 2. 2.

엄청난 규모의 부다. 그중 광고 수익이 차지하는 비중은 90%가 넘는다. 유튜브는 이 광고 수익이 자아내는 강력한 알고리즘의 결정체, 미시적 활동의 시청각적 아카이브이자 삶의 변론서들이 넘쳐나는 정보-기계의 영토라 할 수 있다. 이처럼 엄청난 자본주의적 부가 집적되는 데에는 당연히 그만큼의 대대적인 인간 노동이 결부될 터인데, 그렇다면 어떤 노동이 여기에 동반되는 것일까? 기존에 우리가 '노동'이라고 인식하던 종류의 것은 아닌 게 확실하다. 육체노동, 서비스 노동 어디에도 포함되지 않는 노동, 예컨대 정보를 검색하고 키워드를 입력하며 영상을 시청하는 활동 자체가 하나의 노동이 된 것은 아닐까? 다시 말해 우리가 보고 느끼고 어떤 의미를 떠올리는 정신적 신진대사가 구글과 유튜브의 네트워크 경제 안에서 하나의 노동과정처럼 작용하고 거대한 부의 원천이 되는 것이라면, 우리는 이전에 마르크스가 산업 경제를 두고 '정치경제학 비판'이라며 파고들었던 것과 비슷한 방식으로 여기에 접근해야만 한다.

여기에는 두 가지 당위가 전제된다. 첫째, 유튜브는 2005년 독립 개발자들의 스타트업으로 시작되었지만, 인기를 끌면서 수많은 사람이 자유롭게 이용하는 커먼즈처럼 활용되었다는 것이다. 공기나 수자원, 어장을 우리가 선을 그어 놓고 배타적으로 사용하지 않듯이 커먼즈는 공동체 일원들이 자유롭게 향유할 수 있는 자원의 보고를 뜻한다. 디지털 공간에서의 접속, 정보의 생산과 공유, 복제에는 한계가 없으며 웹 1.0은 그 어느 때보다도 강력한 정보 커먼즈의 성격을 지니고 있었다. 물론 데이터센터가 존재하며 설립자들은 이 문제 때문에 결국 구글에 회사를 팔았지만, 중요한 것은 유튜브가 글로벌 스탠더드가 되기까지 누구나 접속할 수 있고 누구나 커먼즈에서 유용한 교환과 공유의 시간이 있었다는 사실이다.

핵심은 비상업적 접근과 이용에 대한 무제한적 자유이다. 네트워크는 오픈 엑세스 상태에서 더 많은 노드를 연결하고 지식과 정보는 더 밀도 높은 네트워크에서 더 많이 만들어진다. 더 많은 이용자의 접근은 더 많은 데이터 확보를 의미하며, 유튜브의 성공 사례는 빅테크의 인터넷 미디어 서비스가 처음에 무료로 제공하는 하나의 모델을 만들었다.

후기산업사회에서 컴퓨터와 인터넷은 본래 자본에 예속된 기술이 아니었다. 컴퓨터와 인터넷은 공공에서 공적 자금을 투입해 개발한 기술 산물이기 때문이다. 타자기를 만들던 IBM이 갑작스레 컴퓨터를 생산할 수 있었던 것은 막대한 세금을 바탕으로 한 국가 차원의 용역이 있었기 때문이다. 한국 또한 초고속 인터넷망을 설립하는 과정에서 대대적인 공적 자금의 투입이 있었기에 좋은 인프라를 확보할 수 있었다. 통신 기업들이 국위선양을 위해 선의로 돈을 쓴 것이 아니라, 시민 사회 전체가 십시일반 만들어 낸 결과물이란 뜻이다. 따라서 컴퓨터와 인터넷은 사실 공공에 속한 것이고 더 나아가 초창기의 PC통신과 월드와이드웹이 그랬듯이, 그리고 구글 인수전의 유튜브가 그랬듯이 본질은 시장이 아닌 커먼즈이다. 이는 TV나 영화 같은 기술이 상용화되는 과정과 다르다. 오픈소스, 자유 소프트웨어 같은 개념이 보편적일 수밖에 없는 것도, '사이버스페이스'가 항시 자유와 해방의 공간으로 상상된다는 점도, 그에 따른 자유로운 정보·지식의 공유와 확대가 추구된다는 점도 그 때문일 것이다.

둘째, 유튜브를 아카이브이기 이전에 하나의 복잡한 기술 체계로 인식해야 한다는 것이다. 가짜뉴스와 음모론, 혐오와 협잡이 범람하는 이유는 본래 심성이 악랄한 인간의 한계가 아니라, 그러한 행위성을 자아내는 기술적 디자인과 힘 관계가 어떠한지를 살펴보는 데서 새롭게 이해해야 한다. 대표적인 예가 유튜브를 이루고 있는 추천·키워드 연관성·광고 알고리즘이다. 우리는 이 알고리즘이 작동하는 방식에 대해 거의 아는 바가 없지만, 이 알고리즘이 우리를 연결하고 광고를 매칭시키며 네트워크 효과를 증폭시킨다. 시청시간에 기반한 광고 수익의 분배 또한 알고리즘이 담당한다. 어떤 영상에 어떤 광고가 들어갈지도 알고리즘이 결정한다. 이 추상으로 짜인 기계의 작동을 파고들어야만 우리는 유튜브 이용자의 삶 활동 전유와 가치 축적의 비밀을 엿볼 수 있을 것이다.

잘 알려져 있듯 유튜브는 젊은 창업가 세 명의 스타트업으로 출발했으며, 폭발적인 인기와 함께 이용자와 트래픽이 크게 증가하면서 데이터센터 부족에 시달렸다. 그러나 2006년 구글에 전격 합병되어 데이터센터와 검색엔진까지 탑재되면서 글로벌 영상 아카이브 플랫폼으로 거듭나기 시작했다. 구글은 이용자들이 남긴 메타데이터를 활용한 광고 수익 모델을 설계했고, 이를 위해서는 먼저 이용자 수를 더 많이 확보할 필요가 있었으므로 2010년까지는 크게 비즈니스적인 개입을 하지 않았다. 구글은 2010년까지 연간 4억 달러의 적자를 보면서 알고리즘 개발과 이용자 확보에만 관심을 기울였다. 그 결과 이후의 부는 훨씬 커졌다. 모바일-PC를 넘나드는 구글의 접근성과 강력한 페이지 랭크 알고리즘, 계정 연동, 편리한 인코딩의 이점 때문에 유튜브는 독점적인 영상 아카이브 허브로 도약할 수 있었다. 무엇보다 이러한 데이터의 시초 축적을 가능케 한 것은 수많은 이용자의 개별적인 활동들 – 영상을 촬영하고, 편집하고, 업로드하고, 공유하고, 댓글을 남기고, 좋아요를 누르는 – 이었다. 2013년 구글 플러스 계정 연동 조치가 이뤄지기 전까지만 해도 유튜브를 지금처럼 수익 창출 수단으로 이용하는 경향은 크지 않았다. 사람들은 자신의 일상을 연출하거나 유희 목적으로 유튜브에 들어와 머물렀다. 사람들이 개인 홈페이지와 블로그, UCC 등 웹 1.0의 유희적 마인드를 가지고 있던 시절이다. 특히 구글의 강력한 검색엔진이 제공하는 키워드 연관성, 그리고 네트워크 효과까지 누리면서 유튜브는 명실상부 독점적인 플랫폼이 되었다.

빅테크의 메타데이터 시초 축적

이탈리아의 자율주의-마르크스주의적 정보기술 이론가인 마테오 파스퀴넬리(Matteo Pasquinelli)에 따르면, 구글 검색엔진의 핵심인 '페이지랭크'는 각 웹페이지의 중요도를 수학적 백분위로 위계화해 수치를 도출해 내는 알고리즘이다. 각 웹페이지는 걸려 있는 링크의 양에 따라 백분위 가치가 매겨지며, 가치가 큰 노드가 많이 걸려 있을수록 더 많은 점수를 얻는다. 이는 본래 학술 논문 시스템에서 피인용지수(Impact Factor) 측정에 따라 논문의 영향력을 평가하는 마르코프체인 메커니즘을 발전시킨 것으로, 페이지랭크가 수치화하는 것은 링크를 기반으로 응축되는 데이터, 주목의 비대칭적 벡터들이다. 즉 페이지랭크 알고리즘은 네트워크 효과를 측정하고 구체화해 웹에 위계를 만들 뿐 아니라 그 가치의 생산과 확산을 독점함으로써 커먼즈의 집합지성을 전유한다.[4] 이렇게 '절대진리'처럼 보이게 만드는 기계 진열장의 작동, 페이지랭크의 효과 때문에 구글은 수많은 이용자를 확보했으며, 이들이 남긴 메타데이터를 상업

---

4   Matteo Pasquinelli, "Google's PageRank Algorithm: A Diagram of the Cognitive Capitalism and the Rentier of the Common Intellect" in Konrad Becker and Felix Stalder, et al. *Deep Search: The Politics of Search Beyond Google* (London: Transaction Publishers, 2009), 5-8.

화해 야후 같은 다른 포털 서비스보다 우위에 설 수 있었다. 지금 구글에서 어떤 키워드를 검색하면 1페이지의 가장 윗줄에 검색 결과로 제시되는 것은 텍스트로 된 정보가 아니라 유튜브의 동영상들이다. 수년간 소셜미디어와 연동되어 엄청난 링크를 축적하게 된 유튜브 영상들이 페이지랭크에서 최상위 가중치를 부여받았기 때문이다. 2008년 구글은 유튜브 페이지를 파트너십 이용자에게 판매하기 시작했다. 이용자가 추천 동영상 섹션을 구매하도록 하고 자신의 영상에 관련 키워드를 입찰해 홍보 동영상으로 승급시키는 판매 전략을 구사해 왔다. 이후 키워드 연관성 기반 추천 알고리즘은 동영상의 제목, 부제, 썸네일, 영상 설명에 들어 있는 키워드들을 바탕으로 관련성이 큰 영상을 자동 재생해 주거나 피드에 영상을 띄우는 방식으로 더욱 정교하게 진화했다.

중요한 것은, 이 같은 키워드 연관성 데이터를 생성하고 정교하게 만드는 토대가 이용자들의 활동이라는 것이다. 키워드 연관성은 이용자들이 검색하고, 동영상을 클릭하고, 구독과 좋아요를 누르는 활동의 결과다. 유튜브를 비롯해 알고리즘과 데이터에 의해 조성되는 정보 기술 생태계는 인간 활동으로 만들어진 제2의 자연이다. 구글과 같은 기업은 수많은 사람이 일궈낸 이 기계 자연의 공유지를 전유하고 인클로저한다. 마르크스가 지적하듯이 "자연은 기계, 기관차, 철도, 전보, 자동방직기 등을 제작하지 않으며 이들은 인간 근면의 산물이고, 인간의 손으로 창출된 인간 두뇌의 기관이자 대상화된 지력이다."[5] 전 세계 디지털 정보의 양은 2년마다 두 배씩 증가하고 있으며, 이는 소셜미디어와 스마트폰 등 수많은 커뮤니

---

5   칼 맑스, 김호균 옮김, 《정치경제학 비판 요강》 II, 그린비, 2007, 382.

케이션 기술 요소와 이용자 데이터가 네트워크를 조직하며 생성된다.[6] 그러나 구글의 인클로저 이후, 유튜브의 커먼즈적 성격은 광고와 수수료의 이윤 공간으로 급격히 변모했다. 또한 구글은 자신의 매출을 정확히 공개하지 않으며 각국에서 광고 수수료로 벌어들인 수익에 대한 조세 회피로 부의 사회적 환원을 철저히 통제하고 있다. 2016년 구글은 한국에서 검색 광고와 유튜브 동영상 광고로 1조1,000억 원가량의 수익을 올렸지만, 자본금 1억 원 규모의 다국적 유한회사로 등록되어 있어 세금은 사실상 1원도 징수되지 않았다.[7]

구글이 유튜브를 플랫폼 자본의 축적 공간으로 변환시키는 과정은 산업자본주의 시기 인클로저와 묘하게 겹친다. 마르크스는《자본론》에서 자본의 시초 축적이 공유지를 일방적으로 강탈하면서 시작되었음을 강하게 역설한다. '커먼즈 인클로저 법안'을 통해 지주가 공유지를 사유지로 증여받는 법령이 시행되면서, 합법적인 '강탈(dispossession)'을 바탕으로 자본이 성장할 수 있었다. 시초 축적은 본래 소작농이던 노동자를 소유에서 분리하는 과정으로, 사회적 생활 수단과 생산수단을 자본으로 전화시키고 다른 한편 직접적 생산자를 임노동자로 전화시키는 과정, 즉 생산자와 생산수단의 역사적 분리 과정이다.[8] 자신의 도구와 기술로 상품을 만들어 내는 장인, 자신의 노동과정을 통제하며 영지에서 농사를 짓는 소작농은 생산수단인 작업장과 토지를 잃고 임금노동자가 된다. 공장과 기계는 자본가의 소유가 되고 노동자는 오로지 자신의 육체적 노동력만을 판

6   백욱인, 〈빅데이터 형성과 전유 체제 비판〉,《동향과 전망》87호, 2013, 305.
7   "구글·유튜브·페북, 한국 시장 매출 조 단위 시대, 세금 0원의 비결은 유한회사. 구글세 신설 시급", 〈피치원 미디어〉, 2017. 6. 13.
8   카를 마르크스, 강신준 옮김,《자본》I-2, 길, 2008, 965.

매하는 임노동관계에 예속되는 것이다. 유튜브가 그렇다. 수많은 사람이 영상을 올리고 시청하지만, 영상을 연결하고 시청하게끔 만드는 알고리즘(페이지랭크, 피드, 추천)과 연결의 기술을 독점하는 쪽은 빅테크 기업이다. 그것이 주된 부인 광고 수수료를 창출하는 강력한 수단이고, 그 소유는 이용자 쪽에 있으면 안 되기 때문이다. 물론 유튜브라는 플랫폼과 알고리즘을 생산수단으로 이해해서는 안 될 것이다. 오히려 이는 자본주의보다도 이전 단계로의 역행으로, 임금노동자이던 수많은 사람을 크리에이터나 유튜버 등 '디지털 농노'로 전화시키는 방식으로 파악되어야 한다.

창의 노동자에서 디지털 창의 농노로, 기계적 예속

추천 동영상에서 광고주로부터 직접 광고를 수주받아 넣거나(PPL), 자동 입찰 알고리즘을 통해 키워드 연관성 기반 광고를 매칭 하는 방식만으로는 유튜브가 자아내는 방대한 시청시간을 설명할 수 없다. 커먼즈의 자유민이었던 이용자들은 이제 '디지털 창의 농노'가 되었다. 유튜브의 시대 이전까지 문화 산업은 방송, 영화, 드라마, TV, 게이밍 등 디지털 문화를 창조하는 이른바 '창의 노동'의 시대라 할 수 있었다. 굴뚝 없는 공장에서 쏟아지는 엄청난 양의 문화 상품은 영상을 제작하고, 편집하고, 그래픽을 디자인하고 설계하며, 스크린을 창조하는 예술가들과 문화 산업 종사자들이 만들어 낸 결과물이다. 창의 노동자들은 육체노동자들과 달리 자신의 작업이 '좋은 노동'이라고 여겼다. 문화 창조 또는 예술 생산으로 이어지는 '창의성' 기반 작업들은 그 미학적 성격 때문에 기꺼이 자아실현과 일치되는 노동, '창의 노동'으로 인식되지만 이는 거꾸로 문화 산업에 의해 열정페이 및 자기 착취를 정당화하는 결과로 이어진다.[9] 유튜브와 같은 1인 방송영상 아카이브 플랫폼이 줄지어 나타나면서 창의 노동자들은 기꺼이 '크리에이터' 또는 '인플루언서'와 같은 명함을 달고 새로운 블루오션에 입문한다. 항구적 실업, 삶의 불안정성과 취약성의 증대, 사무직과 관리직 노동인구가 자동화로 인해 급격히 감소하는 새로운 프롤레타리아화 등 여러 요인이 영향을 미쳤다. 숙련·비숙련 창의 노동자들의 대대적인 유입은 이용자 수의 증폭과 더불어 엄청난 메타데이터 축적과 그에 정비례하는 유튜브 시청시간의 자원이 된다.

유튜브의 추천 알고리즘은 이용자가 영상을 시청한 뒤 자동으로 다음 영상으로 넘어가도록 끊임없이 키워드 연관성을 기반으로 이용자를 현혹한다. 구글에서 정보를 검색하면 페이지랭크 알고리즘은 가치가 가장 큰 노드가 된 유튜브 영상을 먼저 검색 결과에 띄운다. 이러한 '필터 버블'로 만들어진 자동 재생시간은 유튜브의 총 영상 시청시간의 70%에 달한다. 이것저것 추천 영상과 썸네일을 클릭하다 보면 자신의 의지와 상관없이 유튜브에서 보낸 시간이 길어졌음을 깨닫게 된다. 구글은 이용자의 편의와 서비스 개선을 명분으로 삶활동 데이터를 심층 학습해 끊임없이 알고리즘을 진화시킨다. 이용자의 검색 및 시청 기록, 키워드를 수집하고, 다음에 볼 법한 취향과 기호를 범주화해 자동으로 제시하는 것이다. 과거의 텍스트 기반 미디어가 상징과 해석을 중심으로 기호계를 만들었다면, 코드로 이뤄진 복잡한 기술 환경에서 유튜브는 상징과 해석을 데이터로 소구한 뒤 주체를 그 자리에서 없애 버린다. 나의 취향, 내가 매력을 느끼는 서사나 이미지 등은 이제 해시태그나 함축된 키워드로 추상화된다. 이 프로

9   데이비드 헤스몬달프·사라 베이커, 안채린 옮김,《창의노동과 미디어산업》, 한울, 2014.

세스가 어떻게 이뤄지는지는 철저히 블랙박스화되어 있다.

유튜브 시스템 설계자로 일했던 기욤 사스로(Guillaume Chaslot)는 구글에서 해고당한 뒤 영국의 《가디언》과 협업해 유튜브 데이터를 수집, 역으로 분석했다.[10] 그는 영상들을 추천 횟수에 따라 순위를 매기고 검색 동영상 옆에 게시된 추천 동영상으로 추천된 횟수를 1회당 1추천으로 계산했다. 그 결과 다음과 같은 두 가지 결과를 얻었다. 첫째, 유튜브 알고리즘은 조회 수나 좋아요보다는 '시청시간'을 기반으로 작동한다.[11] 동영상의 질적인 측면이나 실제 내용은 고려되지 않으며, 연동된 키워드와 시청시간이 시스템의 작동 원리가 된다. 조회 수는 추천 영상에 큰 영향을 미치

10　"옛 유튜브 알고리즘 담당자가 밝힌 추천 시스템의 비밀", 〈블로터〉, 2018. 2. 6. 다음은 이 기사에서 발췌한 내용이다. "《가디언》은 사스로가 공개한 8,052개의 영상과 그중 상위 추천 1천 개의 동영상을 분석했다. 그 결과 3분의 2에 해당하는 동영상 콘텐츠가 특정 후보에게 유리하게 작동하는 내용이었음이 드러났다. 총 643개의 편향 콘텐츠 중 551개가 트럼프를 지지하는 성향을 보였고, 나머지 3분의 1의 추천 동영상은 선거와 무관하거나 중립적인 내용이었다. 또한 유튜브의 추천 동영상 데이터를 2016년 선거에서 활동한 트위터 계정 데이터와 통합하는 분석 작업을 한 결과, 51만 3천 개가 넘는 트위터 계정이 8,052개의 동영상 중 적어도 1개 이상의 링크를 트윗했다는 사실이 확인됐다. 그중 3만 6천 개 계정은 1개 이상의 링크를 10번 이상 트윗했다. 《가디언》은 해당 트윗 계정 중 가장 활동적으로 나타난 19개 계정은 동영상 링크를 1천 번 이상 트윗했으며, 이는 자동화된 활동의 증거라고 주장했다."

11　질렌과 로젠의 데이터 분석도 유튜브 추천 알고리즘에서 시청시간이 가장 중요한 요소라고 파악한다. 시청시간은 ① 조회 수: 영상의 조회 수, ② 평균 시청시간: 평균 시청시간이 8분가량인 영상은 5분 미만인 영상들보다 약 350% 높은 빈도로 추천됨, ③ 세션 시작: 이용자가 유튜브를 이용하기 시작할 때 해당 영상으로 시작하는 경우, ④ 세션시간: 유튜브에서 시청을 마치고 다른 사이트로 이동하거나 사이트를 닫을 때까지 보낸 시간의 총합으로 이 중 해당 영상을 얼마나 봤는지 측정, ⑤ 세션 종료: 얼마나 많은 유튜브 시청 세션이 해당 영상으로 마감되는지를 측정, ⑥ 업로드 빈도: 이용자의 영상 업로드 빈도. 이상 여섯 가지의 요소를 통해 산출된다. 영상의 길이 또한 중요한 요인이다. 질렌과 로젠은 3분, 10분, 30분, 70분 단위로 시간을 구분해 영상을 업로드한 결과 70분짜리 영상이 초기 이틀간 가장 많이 추천된 것으로 나타났다(Matt Gielen & Jeremy Rosen, "Reverse Engineering The Youtube Algorithm: Part I," *tubefilter*, June 23, 2016; 오세욱, 〈알고리즘으로 본 유튜브의 미디어 지향〉, 《관훈저널》 61권 1호, 2019, 14에서 재인용 및 참조).

지 않고 키워드 연관성에 더 의존한다.[12] 그렇다면 이 키워드 연관성이란 뭘까? 이용자가 동영상 업로드 시 설정하는 영상 제목, 부제, 썸네일, 영상 내 자막, 영상 설명 안에 들어가는 키워드를 알고리즘이 분석해 시청시간을 기반으로 가장 연관성이 큰 키워드를 학습하는 것이다. 둘째, 노드에 걸린 링크의 수를 가중치를 환산해서 수치화하는 마르코프 체인 원리 때문에 (다시 말해 질이 아닌 양으로만 측정하는 방식 때문에) 인위적인 조작으로 추천 동영상 빈도를 높이거나 특정 콘텐츠를 이슈화할 수 있다는 것이다. 이용자 및 영상에 연결된 노드들의 네트워크 활동으로 가중치는 높아질 수 있고 가중치가 높아질수록 검색 결과나 노출 빈도는 훨씬 커진다. 그 영상이 스너프 필름이건, 가짜뉴스건 질적인 측면은 아무 상관이 없다. '높은 조회수'는 많은 사람이 그 영상을 좋아해서 시청한 결과가 아니라, 동영상의 가치화 과정에서 가중치가 높아져 사람들이 많이 볼 수밖에 없게끔 만들어진 결과에 가깝다. 따라서 유튜브의 거대한 시청시간은 상당 부분 양화에 의한 필터 버블에 의존한다고 할 수 있다. 유튜브는 이런 기술의 블랙박스화를 통해 총 영상 재생시간의 70%를 증대할 수 있었다. 유튜브에 자극적인 언설, 섹스어필, 음모론, 가짜뉴스가 판치는 이유는 기술의 설계 자체가 시청시간을 늘리도록(클릭하도록) 강요하고, 광고 수익을 벌어들이는 지대 추구 경향 때문이다. 요컨대 유튜브는 골목의 상권이나 문화적인 가치에는 아무런 관심이 없고, 오로지 재개발이나 임대료에만 혈안이 된 디지털 지주 또는 건물주 같은 존재로 자리한다.

---

12   Gloria Chatzopoulou, et al., "A First Step towards Understanding Popularity in Youtube," 2010 INFOCOM IEEE Conference on Computer Communication Workshops, 2010, 6.

과거 문화 산업이 이미지, 언표, 표상, 상징과 같은 기호적 장치들을 통해 지배 논리를 공고화했다면, 유튜브와 같은 정보 기술 환경에서는 비기표적 기호계의 장치들(알고리즘, 데이터, 프로토콜, 인공지능)이 통제 수단이자 권력의 코드가 된다. 다시 말해 네트워크에 연결된 다중의 언어와 사고를 움직이고 행위성을 생산하는 힘은 텍스트가 아니라 기술 그 자체다. 구글과 유튜브의 알고리즘은 바벨의 도서관에 몰려든 방문객들이 빠져든 혼란과 같이 '탈진실'을 만들어 낸다. 좋아할 법한 것들만 보여주고 흥미를 느낄 만한 요소들만 눈앞에 펼친다. 새로운 물신과 상품 미학이다. 랏자라또가 지적하듯이 자본주의에서 중요한 것은 비기표적 기호계의 장치들(경제적, 과학적, 기술적, 금융적)을 통제하고 이를 통해 권력관계를 탈정치화하며 탈개체화하는 것이다.[13] 유튜브의 복잡한 기술 환경이 자아내는 알고리즘의 힘은 이용자들의 자발적인 자기 상품화와도 결부되어 있지만, 무엇보다 코드와 데이터 기반 비기표적인 힘의 생산적 배치를 통해 주체를 기계적으로 예속시키는 데 초점이 맞춰져 있다. 요즘 너도나도 유튜브에서 구독과 좋아요를 통해 한몫하려는 디지털 창의 농노들로 가득하다. 월드와이드웹의 시대, 커먼즈적 감각은 사라졌다.

웹 1.0과 사이버펑크의 시대, 인터넷에서 선물과 증여는 보편적인 삶의 태도였다고 할 수 있다. 웹에 접속한 사람들은 정보·지식의 공통화에 참여하는 대안적인 민주주의 공간의 참여자, 커머너(commoner)의 자유를 공유했다. 그러나 이런 감각은 알고리즘과 메타데이터 상품화의 물결 속에서 퇴색되어 간다. 이제 사람들은 더 많은 구독과 좋아요를 위해, 크리에이터들은 '알고리즘의 간택'을 받고자 엄청난 노력을 기울인다. 키워드

13　마우리치오 랏자라또, 신병현·심성보 옮김,《기호와 기계》, 갈무리, 2018, 58.

연관성 기반으로 움직이는 알고리즘에 맞춰 사람들이 가장 많이 검색한 키워드들을 썸네일이나 자막 등에 의도적으로 집어넣는 것이다. 조잡하고 긴 제목이 들어간 영상들이 점점 늘어나는 이유다. 검색엔진의 키워드 검색 결과 첫 페이지를 차지하는 정보들은 유튜브 영상, 그리고 광고에 장악된 블로그 글의 노드들로 채워졌다. 요즘은 간단한 정보를 찾기 위해서 스크롤을 움직이며 긴 동영상의 광고와 바이럴 속으로 들어가야만 한다.

'기계적 예속'은 행위성이 부정성이나 비판이 아닌 양화 매커니즘으로 움직이는 알고리즘에 의해 만들어지는 요즘 유튜브의 양상을 매우 잘 반영한다. 기계적 예속은 억압이나 이데올로기가 아닌 삶의 태도와 인간 활동에 관여하는 테크닉을 형성하고 조정하는 것으로 출발한다.[14] 유튜브 같은 전 지구적인 플랫폼은 상상적인 것의 의미와 방향을 통제하고 소통 기계 안에서 방향 지어지고 흐르도록 만든다. 언어는 소통하면서 상품을 생산하고 주체성을 주조하지만, 상품화된 소통은 기계적 예속을 통해 상상적인 것과 상징적인 것을 자본의 힘에 봉사하게끔 함으로써 생명정치적 격자 구조 안에 그것들을 통합한다.[15] 유튜브의 메타데이터 요소들, 즉 동영상 업로드와 시청, 댓글, 구독, 좋아요, 공유 등의 행위는 직접적으로 생산적이며, 정해진 방식으로 '생산을 생산'하고, 나아가 물적·사회적 관계를 생산한다. 이를테면 1인 방송을 하는 크리에이터와 시청자, 유튜브 채널과 구독자, 소셜미디어의 인플루언서와 팔로워의 관계 등이 그렇다. 이들의 관계를 상품이나 광고 없이 이야기할 수 있을까? 정보 커뮤니케이션 기술은 초연결 사회를 추동했지만, 그 연결은 디지털 창의 농노들의

---

14 위와 같음, 53.
15 안토니오 네그리·마이클 하트, 윤수종 옮김, 《제국》, 이학사, 2001, 67.

상품화된 교환이라는 범주 안에서 더 촘촘한 포획망을 만들고 있다.

비물질과 물질의 경계는 사라졌다, '지대'가 핵심이다

유튜브, 구글, 소셜미디어, 게이밍이 자아내는 거대한 지구적 디지털 기술 환경에서 '의사소통 행위'의 비물질적 성격에 주목했던 비물질 노동 이론가들은 다중의 인지적·정동적·창의적 활동이 노동과정 또는 생산적이 되는 실질적 포섭의 역학을 규명해 왔다. 이러한 비물질 노동은 의사소통의 형식과 조건 속에서 이미지적인 것, 소비 취향 등에 형태를 부여하고 그것을 물질화한다는 것이다.[16] 비물질 노동으로 생산된 상품, 예컨대 문화 상품이나 메타데이터, 키워드 연관성 등은 노동력의 물질적 역량을 생산하기보다는 그것을 사용하는 사람을 변형시키는 측면이 있다.[17] 생산과정과 생산되는 상품들의 인식적인 그리고 정서적인 측면들로 정의된 비물질 노동은 고도의 의사소통 협력, 네트워크로 연결된 기술들의 이용, 그리고 노동시간과 여가시간의 희미해진 경계 등을 포함한다.[18]

그러나 유튜브와 같은 인클로저된 플랫폼에서 행위성을 직접 생산하기까지 하는 알고리즘의 시대에 '비물질'과 '물질'의 경계를 구별하는 것은 더 이상 유의미해 보이지 않는다. 알고리즘은 직접적인 생산수단으로 정의할 수는 없지만 디지털 창의 농노들의 자발적인 정동적 활동을 부로 환원하는 기계다. 산업자본주의 시대 증기기관과 크랭크, 실린더 등 기계

16　Maurizio Lazzarato, "Immaterial Labour," in *Radical Thought in Italy: A Potential Politics* (Minneapolis: University of Minnesota Press, 2006).

17　Ibid., 139.

18　닉 다이어-위데포드·그릭 드 퓨터, 남청수 옮김, 《제국의 게임》, 갈무리, 2015, 119.

장치가 하는 역할들을 정보 기술 환경에서 새롭게 재구성한 기계적 힘이자 새로운 노동 행위성의 원천이 곧 알고리즘이다. 산업기계가 노동자의 육체적 힘뿐 아니라 이전의 사회적 관계(가내수공업, 매뉴팩처)를 임노동관계로 대체했듯이, 이 정보 기계도 산업자본주의의 임노동관계를 디지털 지주와 디지털 창의 농노의 관계로 대체한다. 이는 마르크스가 이미 《자본론》에서 강조한 바다. 마르크스에 따르면 공업이나 농업의 생산방식에서 일어난 혁명은 사회적 생산과정의 일반적 조건인 교통·통신 수단의 혁명을 동반했고, 기계로서의 노동수단은 자연과학을 의식적으로 사용하는 물적 존재 양식을 취한다.[19] 또한 기계가 생산물에 이전하는 가치의 비율이 일정하다면 기계의 생산성은 그 기계가 인간의 노동력을 대체하는 정도에 따라 계산될 수 있는데, 이 계산은 곧 한 상품을 만드는 데 들어가는 '사회적 필요 노동시간의 평균'을 측정해 임금노동의 가격을 측정하는 추상적 힘이 된다. 마르크스는 이를 "구체 노동의 추상노동화"라고 표현한다. 기계는 시간당 RPM이 일정하므로 이에 맞춰서 일하는 인간 노동력이 측정될 수 있고, 이것이 임금의 최저치를 결정하는 기준이 될 수 있다. 임금노동은 이 과정을 통해서 형성된다.

지금까지 비물질 노동 이론가들이 정보커뮤니케이션 기술 환경에서의 활동을 비물질 노동이라고 따로 떼어 놓고 생각한 이유는 인터넷이나 플랫폼에 빅데이터나 알고리즘 같은 추상화 능력이 탑재되기 전이기 때문이었다. 예컨대 티치아나 테라노바 같은 이론가는 이 추상화 과정을 생각하지 않고 인터넷에서의 활동을 '자유 노동(free labour)'이라고 정의한

---

19 카를 마르크스, 강신준 옮김, 《자본》 1-1, 길, 2008, 521.

바 있다.[20] 마이클 하트(Michael Hardt) 또한 컴퓨팅 환경이 자본에 의해 도입되면서 지식, 정보, 서비스, 소통 영역에서 임금/비임금 노동의 경계가 희미해지는 '정동 노동(affect labour)'이 부상, 기계제와 임금노동에 기초한 기존의 노동가치론이 전면 재고되어야 한다고 주장했다.[21] 그러나 구글과 유튜브는 재생 기반 CPM(cost per thousand impression)에 시청시간을 계산, 예상되는 수익을 알려 주고 더 많은 광고를 넣거나 더 많은 영상을 올려 적극적으로 홍보하라고 유혹한다. 구글의 페이지랭크, 피드, 추천, 애드센스 알고리즘은 그 어떤 기계보다도 정교하게 한 영상의 콘텐츠나 키워드가 '시간당 얼마만큼의 가치를 만들어 내는지' 측정한다. 이것은 초자연적인 힘이나 정동이 아니라 존재론적으로 정교한 물질적 기계다. 더군다나 유튜브의 모든 데이터는 전 세계 38개소 이상의 데이터센터에 전송되어 보관되며, 그것들은 광섬유를 이용하고반도체와 희토류로 구성된 컴퓨터에 내장된다. 정보가 엔트로피처럼 '유형적인 것'이 아니라는 사실이 그것이 물질적이지 않음을 의미하는 것은 아니며, 따라서 정보는 비물질적이지 않다.[22]

빅테크의 알고리즘 제국 유튜브, 디지털 중세가 도래하다

요컨대 유튜브를 투과하는 이용자의 삶활동은 '물리적으로 강도가 낮지만 가치와 사회적 관계(디지털 지주와 디지털 창의 농노)를 생산하는 노

20   Tiziana Terranova, "Free Labour: Producing Culture for the Digital Economy", *Social Text 18(2)*, 33–58.
21   안토니오 네그리 외, 김상운 외 옮김, 《비물질노동과 다중》, 갈무리, 2005, 139–57.
22   조지 카펜치스, 서창현 옮김, 《피와 불의 문자들》, 갈무리, 2018, 322.

동, 네트워크 가치를 생산하는 노동'이다. 알고리즘이라는 기계들은 인간 소통과 재현을 수치화하고 위계화하며, '평균 시청시간'이라는 준거를 통해 하나의 사회적 필요노동시간과 적정한 영상 러닝타임을 만들어 낸다. 여기에 구글이 유튜브를 독점하는 데서 나오는 독점지대, 알고리즘의 자세한 작동과 개발을 이용자가 전혀 알 수 없는 특별 잉여가치, 그리고 대량 생산된 잉여 시청시간이 결합하면서 네트워크 가치는 완성된다. 그 대표적인 예가 유튜브에서 2021년까지 운영한 광고 수익의 산출 방식인데, 영상 채널 소유자는 구독자 1,000명과 지난 12개월간 업로드한 영상의 총 시청시간이 4,000시간이 넘어야만 광고를 넣을 수 있었다. 이 장벽은 없어졌지만, 만약 크리에이터가 활동을 그만둬서 구독자가 1,000명 아래로 떨어지거나 지난 12개월 총 영상 시청 시간이 4,000시간을 넘지 못하면 수익 배분은 중단된다.

유튜브는 광고 수익의 45%를 수수료로 수취해 가며, 현재는 광고를 보지 않기 위한 프리미엄 구독 서비스까지 생긴 상황이다. 시청 시간과 키워드 연관성 기반 알고리즘이 얼마나 강력한 추상화 능력을 가졌으며, 영상을 창작하고 관리하는 데 들어가는 작업과 이용자들의 시청을 어떻게 사회적 필요 시청시간으로 환원하고 있는지 알 수 있는 대목이다. 굳이 정동 또는 비물질이라는 개념을 사용하지 않더라도 우리는 이미 구글과 유튜브의 새로운 사회적 관계, 새롭게 강제하는 노동 개념이 매우 구체적이고 물질적이라는 사실을 깨닫게 된다.

중요한 것은 물질/비물질이 아닌 임금에서 지대로의 변환이다. 구글은 크리에이터를 고용하지 않는다. 여기서 임노동은 아주 부분적으로 존재할 뿐이다. 구글이 직접 고용하는 소수의 엔지니어와 관리자, 그리고 크리에이터의 작업을 하청받는 영상 작업자 등. 구글은 자신들이 전유하는 플랫폼 안에서 자유롭게 활동하도록 만들고, 알고리즘으로 그 활동을 가치화하며, 스스로 상업화하도록 만들어 수수료만 가져간다. 임금노동 형태의 상품생산과 교환이 아니라고 해서 이것들이 노동 영역이 아니라는 착각은 이제 걷어내야만 한다.

유튜브와 같은 플랫폼은 정말 많다. 유튜브는 그중에서도 가장 큰 제국에 해당한다. 황제와 사제의 제국이 아닌 디지털 지주·건물주의 제국. 본래 '제국'은 근대 이후 국가 중심의 자본주의·정치 권력을 넘어서 전 지구적인 네트워크 권력으로 탈영토화한 새로운 형태의 지배 시스템(WTO, IMF, UN 등을 투과하는 금융 및 자본·노동 통제의 권력)을 의미하는 개념이다. 구글, 유튜브, 페이스북, 인스타그램 등 플랫폼은 제국을 디지털 네트워크의 회랑 안에 재건설했다. 내면화된 일상과 알고리즘 통치가 도래한다. 빅테크가 전 지구의 네트워크에 건설한 제국과 하위 제국들이 운영하는 플랫폼의 공장들은 탈중심적인 네트워크에서 인간의 창의 노동과 주목이라는 원료를 뽑아내 상품 형태로 탈바꿈시키는 공장, 코드와 알고리즘으로 건설되어 지대를 뽑아내는 사회적 공장의 영토다. 우리는 이 제국의 영토 안에서 어디로 가고, 무엇을 사며, 어떻게 자신의 마음을 상품화하는지를 내면화한다. 유튜브에 올라오는 무수히 많은 영상과 광고, 상품화된 내면은 그 질서의 표상들이다. 바벨의 도서관이 아닌 '바벨의 사회적 공장'이라는 표현이 더 맞을지도 모르겠다.

이 바벨 도서관에 몰려와 변론서와 절대 진리의 책을 찾는 광신자들은 서고를 누비는 자신의 주목과 활동이 엄청난 지대적 부를 만들어 내고 있다는 사실을 잘 모른다. 자신을 자유로운 창조자 혹은 예술가 비슷한 존재로 여기면서 기꺼이 플랫폼이라는 괴수의 배를 채워 줄 뿐이다. 아침 아홉 시에 출근해 일하고 임금을 받는 것이 아니기에 좀처럼 도둑맞는다고 인식하기 어렵다. 알고리즘이 주목과 데이터를 토대로 가치의 생산과 실현을 자동화하고 있다는 사실도 인지하기 힘들다. 항구적인 실업으로 낙오된 사람들, 고되고 억압적인 노동환경이 싫어 스스로 크리에이터를 꿈꾸는 사람들, 삶을 영위하기 위해 경쟁적으로 영상 제작에 매달리는 사람들은 오늘도 구독과 조회 수에 발목 잡힌 채 어떻게 시청시간과 광고를 늘릴 수 있을지 고민한다. 지대 추구를 통해 거대한 잉여를 창출하는 새로운 플랫폼 자본주의 국면에 우리는 이미 들어섰다. 빅테크 기업들이 독점하는 플랫폼 경제로 갈 것인가? 자유로운 이용자들의 연합과 증여, 선물을 기반으로 한 커먼즈로 갈 것인가, 갈림길이 나타났지만, 레일은 전자를 향해서 깔려 있고 기관차는 이미 그쪽으로 가속하는 중이다.

유튜브는 신호탄에 불과하다. 1인방송, 웹툰, 음식 배달, 물류 등 전방위에서 알고리즘과 인공지능이 마수를 뻗쳐 오는 중인데 알고리즘이 어떻게 작동하는지도 우리는 잘 모른다. 인공지능이 노동을 추방해 새롭게 분업을 조직하고, 노동이 가상(게임)화되어 사람들은 그것이 착취인지 통제인지 알지 못하며, 사회적 관계와 커뮤니케이션을 알고리즘과 데이터 학습이 관장하고, 시장 교환을 암호화폐가 대신하는 묵시록적 비인간(nonhuman)×비인간(inhuman) 기술 정치는 그리 멀지 않았다. 우리에게는 남은 시간도 자원도 얼마 없다. 가능한 모든 수단을 동원해서 이 가속을 늦추고 레일을 커먼즈 쪽으로 돌려놔야만 한다. 디지털세 도입, 알고리즘 영향 평가, 시민 사회에서의 알고리즘 및 플랫폼 감시, 협동조합 기반 플랫폼 운영 등 가용할 수 있는 모든 대안을 타진하지 않으면 임금노동과 상품으로서의 노동력이 사라진 '디지털 중세'는 더욱 빨리 현실이 되어 다가올지 모른다. 디지털 중세는 우리에게 '자유롭게 일하고 자유롭게 돈을 벌어 살아가라'고 하지만, 모두가 자영업자나 소작농이 된다는 것은 미래가 아닌 과거로 거슬러 올라가는 역행이 아닐까? 유튜브와 크리에이터의 삶, 플랫폼에서 건당 수고비를 기대하며 콜을 기다리거나 자기 노동력을 경매에 부쳐야 하는 삶은 근대 너머에 기다리고 있는 잔혹한 메르헨이다. 어쩌면 우리는 근미래에 자본가에게 "제발 우리를 농노가 아닌 임금노동자로 만들어주세요"라고 애걸복걸하는 순간을 맞이할 수도 있다. 기술-예술-정치경제를 넘나드는 마르크스적 항법술을 재구성한 후에야 유튜브와 같은 초자본주의적 축적과 대안적 기술 정치에 대한 전망 또한 그려낼 수 있을 것이다.

7장

웹툰 작가의 노동과정

원하청 구조와 성차별[1]

윤정향·윤자영·최혜영·윤자호

플랫폼 노동의 확산

플랫폼 디지털 산업의 등장은 '노동의 미래'를 규정할 중요한 전환적

사건이다.[2] 플랫폼의 확산은 구인·구직 과정에서 발생하는 거래 비용을

1   이 글은 전국여성노동조합이 발주한 〈디지털 콘텐츠 창작 노동자들의 노동 실태와 보호
     방안(2020)〉 연구를 발췌·재구성해,《산업노동연구》제27권 3호, 2021, 399-436에 게재했
     던 원고를 수정·보완한 것이다. 출판을 허락한 한국산업노동학회《산업노동연구》편집위
     원회에 깊이 감사드린다.
2   박유리·오정숙·양수연·임세실·최충·최동욱, 〈O2O 비즈니스 확산에 따른 시장 변화 및
     정책 방안 연구〉, 정보통신정책연구원, 2016; 이승윤·백승호·남재욱, 〈한국 플랫폼 노
     동시장의 노동과정과 사회보장제의 부정합〉,《산업노동연구》26(2), 2020, 77-135; 최
     계영, 〈디지털 플랫폼의 경제학 I : 빅데이터·AI 시대 디지털 시장의 경쟁 이슈〉, KISDI

감소시켜 일자리 창출과 취업에 긍정적인 영향을 미칠 것이라는 전망이 있다. 예를 들면 플랫폼 일자리의 일하는 방식은 시간과 공간에 구애받지 않고 원하는 시간대에 필요한 만큼 일할 수 있게 해, 전업주부나 퇴직자처럼 임금 근로의 표준적 노동 규범을 따를 수 없는 비경제활동인구가 노동시장에 (재)진입할 기회를 줄 수 있다. 그렇지만 플랫폼은 기업과 이용자의 책임을 면해 주는 이면에 노동자에게 관리와 통제를 행사하면서 그들이 언제라도 대체 가능하다는 불안감을 조장한다.[3] 나아가 시공간의 유연성이 확대되어 노동강도가 강화될 수 있고, 가족을 돌보는 책임을 여성이 지면서 불안정한 일자리를 전전하는 성별 분업을 재생산할 위험도 있다.[4]

플랫폼 디지털 산업이 보여주는 미래 노동이 노동시장에 상반된 영향을 끼친다고 하더라도, 노동자 보호를 규범적 우위에 두는 입장에서는 플랫폼 디지털 산업이 초래할 노동 인권 침해를 걱정할 수밖에 없다. 일

Premium Report 20-01, 정보통신정책연구원, 2020; 장지연, "프레카리아트의 확산과 사회보험의 미래: 디지털 플랫폼 노동을 중심으로", 제8회 아시아미래포럼 세션 5, 2017; 장지연, "한국의 플랫폼 노동과 사회보장", 제10회 아시아미래포럼, 2019; 김종진, 〈웹 기반과 지역 기반 플랫폼 노동 특징과 정책 과제〉, 《노동포럼》 144, 2019, 25-52; 김종진, 〈디지털 플랫폼 노동 확산과 위험성에 대한 비판적 검토〉, 《경제와 사회》 3호, 2020, 296-322; Katz, Lawrence F. & Alan B. Krueger, "The Rise and Nature of Alternative Work Arrangements in the United States, 1995-2015", No. w22667. *National Bureau of Economic Research*; Huws, U., Spencer, N. and Joyce, S. "Crowd Work in Europe: Preliminary Results from a Survey in the UK, Sweden, Germany, Austria and the Netherlands", *FEPS*, 2016.

3   장지연, "프레카리아트의 확산과 사회보험의 미래", 2017; 전병유, 〈변화하는 노동과 노동정책 패러다임: 기술 변화를 중심으로〉, 《기로에선 노동》. 사회정책학회 춘계 학술대회, 2019; 장귀연, 〈노동 유연화로서 플랫폼 노동의 노동 조직 과정과 특성〉, 《산업노동연구》 26(2), 2020, 183-224; Van Doorn, Niels. "Platform labor: on the Gendered and Racialized Exploitation of Low-income Service Work in the 'On-demand' Economy", *Information, Communication and Society 20(6)*, 2017, 898-914.

4   강이수, "4차 산업혁명과 디지털 성별 격차", 《페미니즘연구》 18(1), 2018, 143-79; 오은진·신선미·구미영·권소영·길현종, 《기술 발전에 따른 여성 일자리 전망과 대응 전략(II): 플랫폼 일자리를 중심으로》, 한국여성정책연구원, 2020.

례로 유연 노동시간과 동전의 양면을 이루는 보상받지 못하는 무급 노동시간의 증대, 노동시간의 경계가 불분명해지면서 생활 세계에 침투하는 노동과정 등은 사회안전망 체계 안에서 제한적으로 보호받거나 배제되는 원인이 될 수 있기 때문이다. 특히 디지털 콘텐츠를 생산하는 문화예술 분야는 '창작의 속성' 때문에라도 '노동자로서의 시민권'에 기반한 사회적 보호 체계에서 오래도록 차별받아 왔다. 플랫폼을 바탕으로 창작되는 디지털 콘텐츠 중에서 새로운 한류로 주목받고 있는 대중 예술인 웹툰은 이와 같은 복합적인 현상을 가장 잘 대변하는 장르이자 산업이다. 또한 최근 2~3년간 디지털 콘텐츠 창작 노동자들의 집단적·조직적인 저항과 요구도 꾸준하게 제기되고 있다. 이러한 배경에서 이 글은 하나의 작품을 생산하는 창작 노동자의 자유와 권리가 신흥 플랫폼 산업의 사회·경제적 맥락과 관계에서 어떻게 종속되고 차별받으며 묻히는지 그 노동과정을 분석하고자 한다. 특히 여성 웹툰 작가가 인식하는 노동과정에서의 성차별에 초점을 맞출 것이다.

디지털 콘텐츠 창작 노동자의 플랫폼 노동

플랫폼 노동의 확산은 후기 산업화 시대에 새로운 형태의 노동자와 노동 문제를 만들어 냈다. 플랫폼을 매개로 중개자와 이용자를 포함한 여러 주체가 참여하는 다면 시장이 확대되면서 플랫폼 노동자는 이전의 노동자와 구별되는 특징을 지닌 노동 계층으로 부상했다. 플랫폼은 플랫폼 기업과 이용자의 모든 책임을 면제시키며, 노동자들이 언제라도 대체 가능하

다는 암묵적 위협을 조장하며 관리와 통제를 행사한다.[5]

플랫폼을 통한 일하는 방식은 온라인과 오프라인을 넘나들며 유급 뿐만 아니라 무급의 형태를 취한다. 특히 플랫폼 노동자는 일하는 시간과 쉬는 시간의 경계가 없고 따라서 일의 정당한 보상을 받기가 어렵다. 보상받는 일감을 지속해서 획득하기 위해 상당한 대기시간과 무급 노동이 필요할 뿐 아니라, 이용자가 요구하는 만족스러운 '완성'을 위해서 무제한적인 추가 노동이 투입되기도 한다.[6]

디지털 콘텐츠 창작 노동자의 플랫폼 노동은 '웹 기반 플랫폼 노동'이라고 할 수 있다. 지역 기반 플랫폼 노동은 서비스를 어떤 지역 안의 이용자에게 제공하는 형태로 숙박, 운송, 배송 배달, 가사 서비스, 지역 단위 업무 등의 업종에서 흔히 볼 수 있다. 플랫폼에서 일거리를 구하는 노동자가 일을 주문하는 이용자와 매칭되고, 일을 시작하기 전에 일의 내용과 보상, 수행 방식과 장소가 미리 결정되고 합의된다. 한편 웹 기반 플랫폼 노동은 노동자가 과업이나 창작물을 플랫폼을 통해 주문받고 완성된 결과물을 이용자에게 제공하는 형태를 지칭한다.[7] 지역 기반 플랫폼 노동은 플랫폼 기업에 대한 노동자의 전속성, 즉 노동자가 하나의 기업에 거의 배타적으로 소속되다시피 일하는 성격이 비교적 강하다. 이러한 특징은 이미 우리 노동시장에 존재하는 특수고용형태종사자의 사용자와의 관계성과 매우 유사하다.[8] 반

5 Van Doorn, Niels. "platform labor", 898-914.
6 Koutsimpogiorgos, Nikos, Japp van Slageren, Andrea M. Herrmann, & Koen Frenken, "Conceptualizing the Gig Economy and Its Regulatory Problems", *Policy and Internet*, 2020.
7 김종진, 〈디지털 플랫폼 노동 확산과 위험성에 대한 비판적 검토〉, 296-322.
8 김준영·권혜자·최기성·연보라·박비곤, 《플랫폼 경제 종사자 규모 추정과 특성 분석》, 한국고용정보원, 2019.

면 웹 기반 플랫폼 노동자는 상대적으로 독립 사업자나 프리랜서로서의 성격을 더욱 강하게 띤다. 장귀연에 따르면, 디지털 콘텐츠 창작 노동은 웹 기반 플랫폼 노동 중에서도 '전시형' 플랫폼 노동으로 분류되면서 플랫폼에서 디지털 콘텐츠 창작물이 배치되고 전시되는 점을 강조한다.

디지털 콘텐츠 창작자는 플랫폼 노동 가운데서도 가장 주목받지 못해 왔다. 전통적으로 '예술인'은 노동자로 인식되지 못했기 때문에 노동관계법의 사각지대에 존재했다. 노동과 여가의 경계가 뚜렷하지 않은 활동, 일반적인 생산 공정과 달리 루틴화될 수 없다는 인식, 창작물의 가격 결정 구조의 특수성 등 '예술인'은 전통적인 기준의 노동자가 아니었다. 예술 활동에서 자율성과 통제력을 가질 수 있으므로 착취의 대상이 아니라는 시각도 있었다.[9]

플랫폼은 문화 콘텐츠를 생산·유통하고 수익을 창출하는 방식을 완전히 재구성했다. 문화적 생산의 '플랫폼화'는 노동 개념과 과정, 창작자의 상상력과 시민권 영역에서 핵심적인 변화를 가져왔다. 플랫폼이 문화 영역을 변화시키는 과정에서 주목해야 할 지점들이 있다. 즉 문화 산업, 플랫폼, 콘텐츠 생산자 수준에서 일어나는 변화와 연속성을 함께 고찰하고, 플랫폼 자체가 어떻게 진화하는지 고려하고, 문화 생산자가 플랫폼이라는 새로 등장하는 생산 양식에 적응하면서 동시에 제도적으로 뿌리 깊은 전통과 관습을 이어 나가려 한다는 점을 고려해야 한다. 문화 생산의 플랫폼화는 문화 콘텐츠의 접근성과 창작물의 다양성을 확장할 기회를 제공

---

9   이승렬, 〈공연 예술 분야 종사자는 예술인인가, 노동자인가〉, 《노동리뷰》 2008년 10월호, 2008, 42-51; Cohen, Nicole S. "Cultural Work as a Site of Struggle: Freelancers and Exploitation," *tripleC 10(2)*, 2012, 141-55.

하지만, 독점 플랫폼이 등장하면서 오히려 다양한 목소리의 콘텐츠 창작과 그에 기반한 시민권의 표현을 가로막을 위험도 있다는 것이다.[10]

디지털 콘텐츠의 생산, 유통, 소비의 플랫폼화도 이러한 장단점을 이미 드러내고 있다. 플랫폼 기업은 창작물 생산과 유통 과정에서 어떤 창작물이 생산되고 전시될 것인가에 막강한 힘을 행사한다. 문화 생산의 플랫폼화는, 플랫폼 기업이 디지털 콘텐츠의 교환가치를 실현하는 유일무이한 장소를 제공하고 서비스의 글로벌화를 도모함으로써 오프라인 만화 산업을 완전히 대체하면서 시장 지배력을 강화해 나가고 있다. 플랫폼 기업의 시장 지배력이 커질수록 플랫폼 기업은 독점적으로 지대를 포획하거나 초과 지대를 수취하며, 콘텐츠 창작자의 상대적 협상력은 약화할 수밖에 없다.[11]

플랫폼에서 디지털 콘텐츠 창작자들은 단순히 자기 창작물을 유통해 수익을 분배받는 플랫폼의 이용자가 아니라 플랫폼 기업에 종속된 노동자이다. 콘텐츠 창작자 플랫폼은 위탁 플랫폼(Consignment Content Producers)으로 유형화되기도 하는데, 디지털 콘텐츠 플랫폼의 '유통' 기능에 주목하면 낮은 진입 장벽과 수익의 양극화 문제가 주로 부각된다.[12] 이

10   Duffy, Brooke Erin, Thomas Peoll & David B. Nieborg, "Platform Practices in the Cultural Industries: Creativity, Labor, and Citizenship", *Social Media and Society*, October-December, 2019, 1-8.

11   Scholz, Trebor. *Platform Cooperativism: Challenging the Corporate Sharing Economy Rosa Luxemburg Stiftung*, 2016; Srnicek, Nick., *Platform Capitalism* (John Wiley & Sons, 2017); 백욱인. 〈서비스 플랫폼의 전유 방식에 관한 시론: 플랫폼 지대와 이윤을 중심으로〉,《경제와 사회》, 2014, 104, 174-96; 최계영, 〈디지털 플랫폼의 경제학 I: 빅데이터·AI 시대 디지털 시장의 경쟁 이슈〉,《KISDI Premium Report 20-01》, 정보통신정책연구원, 2020; Kim, Ji-Hyeon. & Jun Yu, "Platformizing Webtoons: The Impact on Creative and Digital Labor In South Korea", *Social Media and Society*, October-December, 2019, 1-11.

12   Kenney, Martin, Petri Rouvinen. & John Zysman, "Employment, Work, and Value

러한 접근은 플랫폼 기업이 창작물 생산과 노동과정 전반에 깊숙이 관여하고 그 창작물의 내용과 장르적 성격까지 좌우할 수 있는 영향력을 간과한다. 최근 수행된 웹툰 창작자들의 사례 연구는, 플랫폼이 창작자와 이용자의 상호작용을 지원하고 창작자를 직접 '확보'해 준편집자 역할을 수행하고, 창작물을 연재하는 창작자를 플랫폼에 종속시키고 창작물뿐만 아니라 노동을 통제하며, 플랫폼 노동자가 가지는 노동의 자율성을 제한하고 창작자에게 무료 노동을 강요하고 있음을 보여주었다.[13]

디지털 콘텐츠 창작자들은 자유롭게 혼자 일하는 프리랜서로서만 일하지 않는다. 플랫폼 기업은 복잡하게 진화하는 웹툰 산업계의 콘텐츠 생산구조와 고용관계의 꼭대기에서 사실상 수많은 디지털 콘텐츠 창작자를 거느린 원청 사업주로 자리 잡고 있다. 전통적인 만화 산업에서 출판사의 '담당자'가 만화작가의 작업 과정을 통제한 데 반해 웹툰 산업은 초기에는 상대적으로 자유의지의 '개인-기반' 작업 과정의 장점을 낳기도 했다.[14] 만화 산업에서 작가들이 조수, 선배 만화가, 담당자 등과 집단적으로 작업했다면 웹툰 산업에서 창작자들은 '독학'으로 혼자 작가로 입문하고 성장한다. 그러나 진화하는 웹툰 산업에서 독립적으로 창작하는 듯 보이는 '작가'는 디지털 콘텐츠 생산과 유통의 거대 가치사슬의 한 축으로서 만화 산업에서와는 다른 방식으로 '집단적으로' 일하게 되었다. 지역

Creation in the Era of Digital Platforms, Berkeley Roundtable on the International Economy", *BRIE Workinig Paper 2018-9*, 2018.

13 최인이, 〈창작물 유통 플랫폼의 노동 통제 방식에 관한 연구: 유료 웹툰 플랫폼의 사례를 중심으로〉, 《산업노동연구》 26(2), 2020, 45-76; 양경욱, 〈플랫폼 경제와 문화 산업: 만화 산업의 플랫폼화와 웹툰 작가의 자유/무료 노동〉, 《노동정책연구》 20(3), 2020, 79-106; Kim, Ji-Hyeon. & Jun Yu, "platformizing webtoons", 1-11.

14 Kim, Ji-Hyeon. & Jun Yu, "platformizing webtoons", 1-11.

기반 플랫폼 노동이 '플랫폼 기업-이용자(고객)-공급자(노동자)' 관계가 주가 된다면, 웹 기반 플랫폼 노동은 '플랫폼 기업 – 중개업체(중개업자·에이전시)-이용자(고객)-공급자(노동자)' 관계로 구성된다.[15] 웹툰 산업은 마치 제조업이나 건설업의 원하청 수직 구조처럼 플랫폼 기업-에이전시-이용자-창작자라는 4자 관계 생태계가 구축되고 있다. 대등하지 않은 각 주체의 상호작용은 노동 통제와 노동의 가치 하락, 그리고 생산 주체와 창작물의 다양성을 훼손할 가능성이 크다.

플랫폼 노동과 젠더 불평등

플랫폼 노동은 젠더 불평등을 개선하고 변형시킬까, 아니면 악화시킬까? 중요한 질문인데도 관련 연구는 아직 많지 않다. 플랫폼 노동의 긍정적 측면에 주목하는 사람들은 플랫폼 노동이 취약 집단에 소득을 창출할 수 있는 쉽고 덜 차별적인 접근을 제공함으로써 '사회적 평등'의 기능을 할 수 있다고 주장한다.[16] 공간적·시간적 유연성이 필요한 돌봄 책임이 있는 여성은 특히 플랫폼 노동에 참여할 유인이 강하다는 것이다.[17]

인공지능과 결합한 플랫폼은 평등을 제고할 수도 있지만, 젠더 불평등과 차별에 기반해 작동하면서 그것을 심화시킬 수 있다.[18] 데이터 분석

---

15   ILO, Digital Labour Platforms and the Future of Work: Towards Decent Work in the Online World, Geneva, 2018.

16   Hoang, Lyn, Grant Blank. & Anabel Quan-Haase, "The winners and the losers of the platform economy: Who participates?", *Information, Communication & Society 23.5*, 2020, 681-700.

17   Adams-Prassl, Abi. & Berg, Janin. "When home affects pay: an analysis of the gender pay gap among crowdworkers", *Available at SSRN 3048711*, 2017.

18   Barzilay, Arianne Renan. "The Technologies of Discrimination: How Platforms

과 알고리즘 관리는 플랫폼상의 불평등과 차별을 생산한다. 플랫폼은 경쟁을 유도하며, 일거리를 따내기 위해서 노동자는 단가를 낮출 수밖에 없다. 노동시장에서 밀려나서 플랫폼으로 진입한 취약 계층 여성 노동자는 플랫폼에서 임금노동시장에서보다도 더 심한 착취에 노출된다. 경쟁에서 이기기 위해서 더 좋은 평점과 리뷰를 획득해야 하는데, 여성 혐오와 편견을 가진 소비자의 평점 테러와 보이콧은 여성 노동자의 소득, 커리어, 생존에 위협을 가한다.

플랫폼에서도 오프라인 경제와 노동 영역에서 드러나는 불평등하고 차별적인 젠더 관계가 작동한다는 입장이 지배적인 듯하다. 오스트레일리아에서도 남성과 여성 모두 돈을 벌고자 플랫폼에 진입하지만, 성별 차이가 있었다고 한다. 여성이 남성보다 플랫폼 노동에 종사하는 이유는 돌봄 책임과 일을 수행해야 하는 일정을 조정하는 데 플랫폼 노동이 이점이 있기 때문이지만, 소득 창출에서 플랫폼은 여성보다 남성에게 더 효과적이다.[19] 플랫폼 노동에서 성별 임금 격차에 관한 사례 연구는 크라우드워크 플랫폼인 AMT에서 성별 차이를 보여 주었다. 그들은 같은 플랫폼에서조차 여성은 평균적으로 남성의 82% 혹은 시간당 1달러 미만을 번다고 보고하고 있다. 소득 수준이 낮은 크라우드 노동자일수록 성별 임금 격차는 더 컸다. 이러한 성별 임금 격차는 여성이 전적으로 짊어지고 있는 가사 돌봄 노동 책임 때문이라고 분석했는데, 분석 대상 여성과 남성의 교육 수준, 주당 근로시간, 경력이 비슷했다고 한다. 여성이 남성보다

Cultivate Gender Inequality", *Law and Ethics of Human Rights* *13(2)*, 2019, 172-202.

19 Churchill, Brendan. & Lyn Craig, "Gender in the gig economy: Men and women using digital platforms to secure work in Australia", *Journal of Sociology* *55.4*, 2019, 741-61.

자녀 돌봄 역할을 맡을 가능성이 더 크다는 사실은 남성과 여성이 '일을 수행하는 방식과 그에 따라 얻을 수 있는 것'에서 차이를 만들었다.[20]

유연성과 온디맨드에 기반하는 플랫폼 노동은 여성 참여가 활발한 영역이라고 예상할 수 있지만 그렇지 않을 수 있다.[21] 온디맨드 노동은 일과 가정생활의 균형을 유지하기 어렵게 만들 수 있다. 돌봄은 미리 계획하고 준비해야 하지만, 예측 가능성이 낮은 노동 일정은 즉각적인 응대가 어려운 여성을 경쟁에서 도태시킨다. 웹툰 플랫폼 기업이 요구하는 작업 방식과 노동과정은 웹툰 산업에서 창작자의 성별과 상상력의 다양성을 제약한다. 플랫폼 기업이 정한 노동 표준에 부합하지 못하는 디지털 콘텐츠 창작 노동자는 재생산권, 건강, 지속 가능한 커리어를 보장받지 못하고 있다.

조사 방법

이 글을 작성하기 위해 설문 조사와 면접 조사를 진행했다. 설문 조사는 코로나19 감염병 확산으로 인해 2020년 8월 3일부터 8월 24일까지 약 3주간 온라인 조사로 진행했다. 조사는 전국여성노동조합 디지털콘텐츠창작노동자지회(이하 디콘지회)의 협조로 조합원과 비조합원 작가를 포함했다. 만 15세 이상 만 39세 이하 청년 디지털 콘텐츠 창작 노동자를 대상으로 설문 조사를 해서 총 471명이 응답했고, 그중 분석에 사용한 표본은

---

20 Adams-Prassl, Abi. & Berg, Janin. "When home affects pay: an analysis of the gender pay gap among crowdworkers", *Available at SSRN 3048711*, 2017.

21 Barzilay, Arianne Renan. "The Technologies of Discrimination: How PlatformsCultivate Gender Inequality", *Law and Ethics of Human Rights 13(2)*, 2019, 172-202.

사례	연령	성별	디혼창작 데뷔 연도	분야	MG/선인세[22]	사회보험가입 (건강보험 외)	웹툰 작품 수
A	30대 후반	여	2015	웹툰	고료 50만 원	국민연금	3작품
B	20대 후반	여	2015	웹툰	MG 80만 원	없음	3작품
C	30대 후반	여	2013	웹툰, 일러스트	선인세 2,000만 원 (화당 200만 원)	국민연금	2작품
D	20대 후반	여	2015	웹툰	-	국민연금	1작품
E	20대 후반	여	2013	웹툰 시나리오	MG 45만 원 (글·그림 150만 원)	국민연금	4작품
F	30대 초반	여	2017	웹툰 시나리오, 웹소설	-	국민연금	4-5작품
G	20대 후반	여	2018	웹툰	고료 50만 원	국민연금	2작품
H	20대 후반	여	2013	웹툰, 일러스트	MG 100만 원	없음	-
I	40대 초반	남	2015	웹툰	MG 500만 원	없음	3작품
J	20대 후반	여	2014	웹툰 시나리오, 웹소설	MG 20만 원	국민연금	다작

〈표 7-1〉 면접 참여자 인적 특성[23]

285명이었다. 이 글에서는 그중 웹툰 작가 199명을 분석 대상으로 삼았다. 설문에 응한 웹툰 작가의 94.7%가 여성이었고 평균 연령은 만 29세이다. 남성 평균 연령은 만 34세, 여성 평균 연령은 만 29세이다. 설문에

22 MG(Minimum Guarantee)는 '최소수입보장', '최소수익보장', '최소수익배분' 등 무엇을 최소 보증하는 것인지에 대해 해석이 분분한 가운데 '최소수익배분'이 일반적으로 받아들여지고 있다. 출판 만화 시기에 창작자에게 지불하던 원고료 방식이 플랫폼 기반 웹툰으로 넘어오면서 게임업계에서 사용되던 지불 방식을 레진코믹스가 처음으로 도입했다. MG는 플랫폼사·제작사가 연재가 시작되면 작가에게 회당 50~70만 원 정도(월 4회 기준으로 200~280만 원)의 창작활동비를 지급하는 방식이다. 연재 중인 작품이 작가가 매달 받는 MG만큼의 월수익액에 도달하지 못하면 남는 차액(월MG-월수익)이 소멸(“월MG”) 되기도 하지만, 최근에는 다음 달로 이월·누적되어(“누적MG”) 작가가 갚아야 할 대출금으로 변질되고 있다. 신인 작가나 수익이 높지 않은 작품의 경우, 연재 종료 후 작가는 누적된MG를 다 갚을 때까지 해당 작품을 다른 플랫폼과 계약을 통해 서비스를 전송하지 못한다. 제작사가 연재 종료 후 3~5년까지를 계약 기간으로 하는 이유이다. 여기에 덧붙여 '후차감' 방식이 적용되는데 이는 연재 종료 후 최종 정산할 때 누적MG를 총매출액(혹은 총수익)에서 비용으로 처리하는 것(선차감 방식)이 아니라, 계약 체결 시 작가와 제작사·플랫폼 간에 약정한 수익 배분 비율에 따라 작가의 배분 몫(가령 신인 작가는 10~30% 수준)에서 누적MG를 처리하는 방식을 말한다. 매출액이 MG에 더하여 약정 수익 배분 비율에 따른 제작사·플랫폼의 수익까지 창출하지 못한다면 연재가 종료된 후에도 작가는 몇 년 간 작품의 전송권을 행사할 수 없다.

23 면접 참여자가 밝히기를 원하지 않는 경우에 MG/선인세 및 작품 수를 - 로 표기했다.

응한 웹툰 작가 199명 중 조합원은 69명(34.7%)이고, 비조합원이 130명 (65.3%)으로 비조합원 응답자 비중이 더 높았다. 비혼/미혼(94.2%)이 다수 이며, 평균 활동 연수는 3.5년이다. 면접 조사는 웹툰 작가를 대상으로 계약 방식·계약 관계의 고충, 구체적인 노동과정과 젠더 불평등 문제를 심층적으로 다루었다. 면접은 2020년 7월 중순부터 8월 중순까지 한 달여에 걸쳐 한 회당 2시간 안팎으로 진행하고 녹음했다. 모든 내용을 전사해 분석에 사용했다. 디콘지회에서 면접 참여자를 모집했으며 총 10명이 면접에 참여했다. 면접은 주로 1인 심층 면접으로 이루어졌고, 면접 참여자의 요청으로 1건만 2인 면접으로 진행되었다. 디콘지회 조합원이 전원 여성인 점을 고려해 남성 비조합원 1명을 면접 참여자로 포함했다.[24]

웹툰 산업의 생산구조와 노동관계

1) 웹툰 산업의 독과점적 생태계 형성

온라인 만화 제작·유통업의 성장과 포털 플랫폼　한국콘텐츠진흥원이 매년 조사·발표하는 보고서에 따르면 2017~2019년 콘텐츠 산업[25] 매출액 중 만화 부문(웹툰 산업 포함)은 전체 콘텐츠 산업에서 1% 수준에 불과했다. 그러나 국내 만화시장에서 웹툰이 차지하는 매출액 비중은 2010년 7.1%에서

24　디지털 콘텐츠 생산 및 수익 배분 과정을 알아보기 위해 에이전시 관계자와 면접을 시도했으나 전화 면접으로 현장 상황을 인식하는 정도의 내용만 다룰 수 있었다.
25　콘텐츠 산업은 '콘텐츠 상품을 생산, 유통, 소비하는 데 관련된 산업'으로, '콘텐츠 산업 특수 분류 체계'에서 정의된 11개 분야(출판, 만화, 음악(공연 포함), 게임, 영화, 애니메이션, 광고, 방송, 캐릭터, 지식정보, 콘텐츠솔루션)를 기준으로 함(한국콘텐츠진흥원 〈2019년 하반기 및 연간 콘텐츠 산업 동향 분석 보고서〉, 2020a).

2015년에 35.6%로 성장했다.[26] 문체부·한국콘텐츠진흥원의 조사 자료에 따르면, 만화 산업 중에서 '온라인 만화 제작·유통업'의 업체 수는 2018년 기준 1.7%에 불과하지만 연평균 15.8%로 급증했다. 다른 만화 산업의 업체가 모두 감소한 데 비해 웹툰 산업만 증가했다. 또한 동년 기준으로 1.7%의 업체가 전체 매출액에서 22.5%를 차지할 만큼 산업 견인력도 크다.

1990년대 중후반 인터넷과 PC의 대중화, 아날로그 콘텐츠의 디지털화 과정을 거치면서 다양한 유형의 디지털만화가 등장했다.[27] 2006년에 이르면 한국 영화 관객 수에서 웹툰 영화 관객 수의 비중이 1.1%가 되며 2013년에는 14.4%로 증가한다.[28] 2014년 국내 웹툰 플랫폼들이 본격적으로 해외로 진출하면서 웹툰은 차세대 한류 콘텐츠로 조명받았다. 정보통신산업진흥원은 디지털 만화시장 규모를 2017년 9억1,200만 달러에서 2022년 13억4,500만 달러에 이를 것으로 전망했다.[29] 다수의 보도에 따르면 웹툰시장은 2020년 현재 1조 원을 넘어섰다.

웹툰 산업은 2014년을 기점으로 양적·질적으로 크게 변화했다.[30] 산업 성장에 결정적인 영향을 주는 변화가 이 무렵에 형성되는데 바로 플랫폼의 작가 대응 전략이다. 하나는 창작 보상 방식을 바꾸는 것이고, 다른

26   김재필·성승창·홍원균, 〈웹툰 플랫폼의 진화와 한국 웹툰의 미래〉, KT경제경영연구소, 2013.
27   박석환·박현아, 〈웹툰 산업의 구조적 문제점과 개선 방안: 웹툰 대형 포털 플랫폼 유통 구조를 중심으로〉, 《코카포커스》 2014-02호(통권 79호), 한국콘텐츠진흥원, 2014.
28   김재필 · 성승창·홍원균, 〈웹툰 플랫폼의 진화와 웹툰의 미래〉.
29   한국콘텐츠진흥원, 《2019 만화산업백서》, 2020b.
30   변화 근거를 다음과 같이 설명할 수 있다. 첫째, 웹툰 전문 플랫폼의 등장이다. 이후 중규모의 다양한 유료 웹툰 전문 플랫폼이 성행했다. 둘째, 모바일메신저 서비스로 성장한 카카오가 다음을 인수·합병하면서 네이버와의 웹툰 주도권 경쟁을 재점화했다. 셋째, 만화 산업 육성 중장기 계획(2014-18)을 발표·지원하는 등 정부가 웹툰 산업에 적극 개입했다. '만화 창작 생태계 활성화 대책(2013. 6)'에 이어 2014년에는 중소 웹툰 전문 플랫폼과 전문 인력 지원 기관(에이전시)을 전략적으로 육성했다. 레진코믹스가 대표적인 사례이다.

하나는 작가 풀을 넓혀 저비용의 콘텐츠를 대량 확보하는 것이다. 레진코믹스는 2015년 기존의 원고료 대신 'MG'라는 새로운 창작료 지급 방식을 도입한다. MG는 초기에는 작가에게 매달 200만 원을 연재 기간에 지급하는 획기적인 창작자 우대 보상으로 인식되면서 대단한 호응을 얻었다. 곧 MG의 수취 구조 실체가 드러났지만, 플랫폼과 에이전시 대부분은 MG를 일반적 보상 기준으로 사용하고 있다.

또 하나는 신인 작가 육성 프로그램이다. 웹툰 플랫폼은 작가 의존도를 낮추고 콘텐츠를 지속해서 확보하기 위해 인큐베이팅 사업을 시스템화했다. 네이버는 '도전만화'와 '베스트도전 코너', 다음은 '웹툰리그'를 통해 신인 작가를 발굴하는 시스템을 두고 있다. 네이버 '도전만화'의 경우 12만 명의 작가 지망생이 매달 8만7,000여 편의 웹툰을 게재하는데, 그중 프로 데뷔 작가는 평균 40여 명으로 0.03%의 확률이다.[31] 그런데도 작가 지망생이 계속 증가해 업계는 저비용으로 참신한 아이디어와 작품을 무한 공급받고 빠른 시간에 수익을 낼 수 있게 되었다. 이처럼 2014년을 전후해 웹툰 산업의 생산 여건이 재편되면서 웹툰의 성장력은 한층 제고되었다.

포털 플랫폼을 정점으로 하는 산업 생태계의 창작 노동자   설문과 면접 조사에 따르면 작가들은 네이버, 카카오페이지 같은 포털 사이트에 작품 게재를 원한다. 웹툰업계가 대형 포털 플랫폼을 중심으로 유통망과 수익 모델이 직조되고 있어서 창작자가 수입을 늘리려면 이 구조에 편승해야 한다.

〈그림 7-1〉은 대형 플랫폼업체가 신생 산업으로서의 강점(저렴한 노

---

31   김재필·성승창·홍원균, 〈웹툰 플랫폼의 진화와 웹툰의 미래〉.

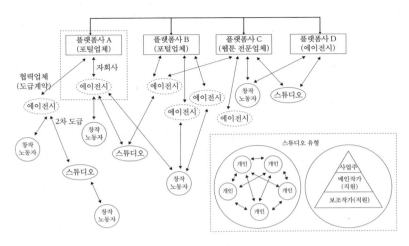

〈그림 7-1〉 웹툰 산업 원하청 구조

동비용, 느슨한 규제, 높은 기대 수익 등)을 발판으로 산업 생태계를 재편한 가치사슬 구조를 나타낸 것이다. 주목할 점은 제조업이나 건설업에서 나타나는 원·하청 수직 계열 구도처럼 웹툰업계도 하도급업체에 해당하는 '에이전시'와 '스튜디오'가 등장한다는 사실이다. 그뿐만 아니라 원·하청 수직 계열화와 독과점화의 수익 다변화 및 제고 전략의 '원 소스(one source)'로써 '웹소설'이 주목받는다. 이에 따라 창작 노동자의 종속적 지위를 강화할 개연성이 높아졌다.

첫째, 창작자를 지원하고 전문적으로 관리하기 위한 목적으로 에이전시가 등장했으나 디지털 콘텐츠 시장에서 에이전시는 공룡 플랫폼의 하도급업체이자 중개업체에 가까워지고 있다. 이런 에이전시가 현재도 계속 생겨나고 있다. 면접 참여자들은 "플랫폼이 대세였던 몇 년 전보다 에이전시가 더 많아졌다"고 한다. 중소 규모 전문 플랫폼은 에이전시 기능을 겸하고 있지만 또 다른 영세 에이전시와 하도급 관계를 구축하기도 한다. 큰 플랫폼이 작은 플랫폼이나 에이전시를 흡수하면서 몸집을 불리고 있다.

다른 한편으로 영세한 '스튜디오'가 생겨나고 있다. 작가들이 모여 협동조합이나 공동 작업장 형태로 만들기도 하고, 기존 플랫폼이나 에이전시가 자회사로 만들기도 하며, 비창작자인 일반 사업주가 직원으로 창작자를 고용하는 사업체로도 등장했다. 플랫폼과 에이전시는 주 협력업체(하도급업체)로 스튜디오와 교류한다. 스튜디오가 생기는 이유는 '분업'을 통해 여러 작품을 생산하면서 수익을 늘릴 수 있는 장점 때문이다. 보통 주 작가는 스토리를 짜고, 공동 작가들이 밑그림, 채색, 배경 등을 나눠서 맡는다. 이처럼 분업화된 팀 작업(혹자는 "만화공장"이라 표현했다)이 늘어나고 있다.

예전 같은 경우에는 작가들이 플랫폼과 직접 계약을 했기 때문에 플랫폼 수수료만 떼어 갔는데, 이제는 플랫폼 측에서도 (…) 더 수고를 줄이고 싶은 거죠. 작가를 관리하고 싶지는 않고 수수료는 받고 싶으므로, 우리는 에이전시를 통해서만 이제 작품을 볼 수 있게 하겠다. 이러면서 에이전시를 통해서만 받는 플랫폼들이 조금씩 늘어나기 시작해서, 작가 같은 경우에는 이제 에이전시 수수료 따로, 플랫폼 수수료 따로 내야 하니까 부담이 커진 상황인 거죠.(면접 참여자 D)

에이전시의 증가는 시장 지배력을 가진 대형 포털업체의 작품 관리 및 수익 제고 전략으로 가속화하고 있다. 일부 플랫폼사는 에이전시를 통해서만 작가와 계약해 작가 관리나 분쟁을 에이전시가 책임지도록 하는 전형적인 원청업체의 모습을 보여 주고 있다. '에이전시만을 통한 작가 계약'으로 한 단계 진화한 포털 플랫폼의 노동비용 전가 방식에 따라 에

이전시의 성격도 전문 기획 관리, 플랫폼사, 인력 파견·알선업체, 직접 고용 등 다변화하고 있다. 플랫폼과의 거래 관계에서 에이전시가 전면에 나서면서 작가들은 더욱 주변화되기에 이른다.

에이전시, 도제 방식, 만화공장 등은 출판만화 시기에도 있었다. 웹툰 산업 시기의 차이점은 에이전시의 양적 증가 외에도 숙련 노동시장의 질적 변화를 짚을 수 있다. 과거에는 예술성을 높이 평가받지 못했으나 장인적 기술에 입각한 숙련 노동시장이 업계의 특징이었다면, 디지털 웹툰 시대에는 저숙련 인력 수요가 높아져 대량 생산 산업의 시장 양상을 보인다. 전통적 숙련(craft)이 기업(사업체)에 종속되도록 변모하고 있다.[32]

둘째, 웹툰 산업이 성장하면서 지식재산권(Intellectual Property right, IP) 확장 가능성을 중심으로 시장에서 끊임없는 실험이 이루어지고 있다.[33] 최근에는 대형 플랫폼업체가 웹소설 판권을 보유해 웹툰 등으로 각색하는 수익 모델로 진화하고 있다. 외양은 초창기 웹툰의 영화화, 웹툰·웹소설의 드라마화와 크게 다르지 않다. 다만 전자는 대중적으로 성공한 웹툰·웹소설을 다른 콘텐츠 제작자(영화사, 방송 등)가 각색하는 저작권 확산 유형이라면, 최근 전개되는 웹소설의 웹툰화는 원소스멀티유즈(OSMU) 방식의 수익 창출 모델인 것은 같지만 창출된 수익이 더 집중되는 모델이다. 두 가지 이유 때문이다. 하나는 웹소설이 다른 영역의 '시나리오'가 될 수 있어서다. 특히 저작권을 확보한 웹소설을 웹툰으로 각색함으로써 자체 플랫폼 안에서 독자층을 추가로 확보할 수 있으며, 다른

---

32 Lindbeck, A. & D. J. Snower, "Reorganization of Firms and Labor-Market Inequality," *The American Economic Review 86(2)*, 1996, 315-21; 조성재·박준식·전명숙·전인·김기웅,《한국의 산업 발전과 숙련노동: 명장의 생애사를 중심으로》, 한국노동연구원, 2013.

33 한국콘텐츠진흥원,《2019 만화산업백서》, 2020b.

영상 장르로 옮기기 전에 이미지화를 통한 1차 검증을 할 수 있다는 강점이 있다. 스토리 판권을 대형 플랫폼이 보유하고 그림 하도급을 받는 스튜디오가 늘어나는 데는 이런 맥락이 있다.

> 이전에는 스토리랑 그림이랑 기본적으로 오리지널 작품이 좀 많았는데 이제 ○○사가 점점 플랫폼에 대세로 떠오르면서 (…) 유명한 웹소설 원작이 있는 거에 판권을 사 놓은 에이전시가, 따로 웹툰 작가를 구해서, 이거를 웹툰화를 시켜서 유통하는 거죠. 그러니까 기존에 이 웹소설 팬이었던 사람들이 웹툰을 보기 시작하고, 이런 식으로 시장이 더 커졌기 때문에 (…) 지금은 오리지널 하는 작가랑 원작이 있는 웹소설을 웹툰화시키는 게 비등비등해졌다고 볼 수 있을 거 같아요. (…) 제가 데뷔를 했을 즈음에는 모든 글, 그림을 일임한다 이런 느낌이었으면, 요새는 저한테 오는 연락이나 회사 측에서도 (…) 당신이 하고 싶은, 오리지널 스토리를 해도 되지만, 우리가 판권을 보유하고 있는 원작 웹소설이 있다, 이거를 이제 웹툰화해 주는 것도 고려해 주면 좋겠다고…(면접 참여자 D)

인기 웹소설의 웹툰화를 제안받았던 면접 참여자에 따르면 이런 현실에서는 독창적이고 자유로운 창작품보다 '다양한 독자층의 기호를 정형화한 형태', '플랫폼이나 에이전시의 요구대로 수익을 높일 수 있는 소재'의 작품들이 대량 생산될 수밖에 없다. 로맨스, 학원물, 판타지물은 '망작'은 면할 수 있는 수준의 보편화된 플롯이 존재한다. 마치 산업 팽창 시기의 '소품종 대량 생산' 단계와 흡사하다. "개성 있는 오리지널 작품이 살 곳이 줄고 있다"는 우려를 할 수밖에 없는 것이다. 창작자의 저작권 보호는 소극적이던 플랫폼업체가 OSMU 방식으로 낙점된 웹소설의 저작권에 적극적인 이유이다. 구상과 실행을 분리해 이윤을 늘리는 것처럼 창작과정을 쪼개 수익 확장력을 제고하려는 것이다.

셋째, 웹툰 산업의 변동은 창작 노동자의 숙련을 양극화하면서 종속적 지위를 강화할 개연성이 높다. 디지털 콘텐츠 창작 노동자는 근로기준법에 따라 근로자성을 판단(사용 종속성, 경제적 종속성)해 보면 몇 가지 중요한 항목에서 노동자성이 약하거나 없다. 판단 조건을 대부분 충족해야 한다는 경직적 접근이 우세하기에(사법적 판결 중시) 근로기준법상 근로자로 인정받지 못하는 것이다.[34] 그러나 플랫폼업체 및 에이전시와 창작 노동자가 맺는 계약은 실질적으로 매우 강한 종속성을 내재한다. 창작 노동자가 동일 작품을 한 곳 이상에서 연재하는 사례는 계약 조항에 저촉되거나배분될 수익이 감소하므로 실현 가능성이 작다. 또한 본 조사에서도 창작노동자가 동시에 두 업체와 계약을 체결하는 사례는 구작이 있거나, 협업(일러스트레이터·글 작가·팀 작업 등) 작품인 경우이다. 개인이 글과 그림을 전담하는 2개 이상의 신작 연재물을 여러 업체와 동시에 계약하는 경우는거의 없다. 한편 취업규칙과 같은 명시적인 근무 조건이 없어도 '창작물의 연재 기간'은 근무 장소와 근무 시간을 구속하지 않을 뿐 '포괄적으로지정된 근무 조건'과 다르지 않다. 또한 업체의 높고 치밀한 감독에 대한반발로 작가들은 업체의 수정 요구 횟수를 제한하고 내용 수정 결정권을

---

34 특수형태근로종사자의 '노동자성 기준'을 만든 대법원의 1994년, 2006년 판결문에 따르면, 지정된 근무 장소, 정해진 근무 시간, 사용자의 업무 지시와 관리 감독, 취업규칙 또는 복무(인사) 규정 적용, 근로자가 제3자를 고용하여 업무 대행하지 않음, 생산수단 비소유, 근로제공의 계속성, 노무 제공에 따른 이윤과 손실 부담 주체, 사회보장제도에서 근로자로 인정받는지가 종속성을 판별하는 기준이다.

작가가 가지길 희망한다. 창작 노동자들은 최소 6개월에서 1년 동안은 계약에 따라 작품을 완수해야 하는 '노동의 계속성'이 발생한다. 다만 이들은 생산도구를 소유하고 있으며 용역 계약을 체결해 계약 기간 중 발생한 손해를 일부 (혹은 전부) 본인이 부담해야 한다는 점에서 플랫폼, 에이전시와 대등한 계약 주체가 된다.

생산과 유통이 밀접하게 얽혀 있는 웹툰 산업의 특수성은 창작노동자의 종속성에 대한 면밀한 이해를 요구한다. 최인이는 '연재 방식'이 완결된 창작품을 매개하는 음악, 영화 등의 창작 산업 플랫폼과 다른 방식으로 창작자를 종속시키고 창작 노동과 창작물을 통제한다는 중요한 지점을 파악했다. 본 연구의 조사 결과 '플랫폼 연재'는 신작과 구작을 구별해서 볼 때 선명해진다. '구작'은 다른 문화예술 분야처럼 이미 완성된 창작물을 전송하는 방식이므로 재연재 기간에는 창작자에 대한 노동 통제가 거의 발생하지 않는다. 반면 '신작 연재'는 플랫폼이 단순한 유통수단이 아니라 생산과정의 중앙 통제 장치처럼 개입하므로 창작자의 종속성을 키운다.

설문·면접 조사 결과 창작자의 창작 과정에 에이전시나 플랫폼 담당자가 작품의 내용과 표현 등을 매회 여러 번 검독·수정을 요구하고, 이것이 반영된 최종 결과물이 전송되는 일련의 단계는 생산과정에서 에이전시나 플랫폼을 분리하기 어려움을 보여준다. 그뿐만 아니라 포털 플랫폼으로의 독과점화는 디지털 콘텐츠가 문화예술품으로서의 가치보다 소비자의 니즈(needs)에 맞는 상품 중 하나로 전시되도록 하기에, 플랫폼이 작품에 독점적 영향력을 가감 없이 행사할 수 있다. '포털의 본래적 기능과 목적'에 디지털 콘텐츠 창작물이 방해나 위협이 되어서는 안 되기에, 조회 수가 하락해 수익성이 떨어지거나 분란의 소지가 있어 포털의 이미지와 수익에 부정적 효과를 초래한다면 과감하게 메인 화면에서 지울 수 있다. 그렇지만 창작자의 권리는 어디에서도 발현되지 못한다. '플랫폼 연재'는 주기를 단축할수록, 매회 많은 내용을 보여줄수록 서비스 이용자의 플랫폼 이용 항상성을 유지할 수 있다. 이런 점에서 플랫폼사가 창작자의 노동을 통제하고 착취해 더 많은 수익을 내고자 취한 '연재 방식'은 유용한 전략이다. 유통 플랫폼이 생산과정으로 확장되면서 포털 플랫폼 자체가 디지털 콘텐츠를 생산하는 생산 시스템처럼, 창작자는 생산수단의 일부처럼 종속적 지위에 처하게 된다.

디지털 콘텐츠 창작 노동자의 시장 진입과 고용 형태　　　디지털 콘텐츠 창작은 누구든지 흥미나 취미로 도전해 볼 수 있다. 이 일에 10대 중후반이 많이 진입하는 이유 중 하나는 디지털화된 대중문화를 소비하는 주력 세대로서 정서적 반응과 흡수가 빠르기 때문이다. 설문 조사에 따르면 디지털 콘텐츠 창작 노동자들은 주로 10대부터 만화나 이야기에 관심을 보였다. 입문 동기를 보면 "활동 분야에 대한 열정이 있어서(39.6%)", "관련 재능이 있어서(23.5%)", "취미 생활 하다가(20%)" 순으로 나타났다. 면접 조사에 따르면 이들은 10대부터 만화나 그림에 재능 있다는 평판을 들었다. 만화 유관 학과가 개설되기 전에는 기성 만화가 문하생으로 시작하거나 시각 디자인과 같은 미술 계열 학과로 진학했다.

실질적인 시장 진입은 크게 네 가지로 유형화할 수 있다. 첫째, 공모전에서 입상하거나 인기를 얻어 플랫폼업체나 에이전시와 연재 계약을 체결해 데뷔하는 유형이다. 공모전은 포털 플랫폼이 다양한 목적(작가 상비군, 아이디어 획득 등)으로 운용하는 신진 작가 양성 프로그램 중 하나이다.

'공모전'에 당선되면 인기 작가 반열에 오르고 고수입이 보장된다는 환상을 주기에 예비 작가들은 공모전에 '올인'한다. 둘째, 개인이 홈페이지나 SNS에 작품을 꾸준히 게재하는 중에 업계 PD가 연락해 계약·데뷔하는 유형이다. 셋째, 자신의 인적 네트워크를 통해 협업 방식으로 결합하는 경우이다. 보조 작가, 공동 창작 등을 통해 데뷔한다. 넷째, 보조 작가로 활동하면서 데뷔하는 방식인데, 셋째와 다른 점은 공개 채용 등의 공식적인 채용 절차를 거쳐 보조 작가로 업계에 입문하는 경우이다. 주 작가의 창작을 도와주면서 실력과 업계 실상을 익히는 방식이다. 네 가지 유형 중에서 '공모전' 방식이 가장 선호되며 규모가 크다. 웹툰시장이 커지고 하도급 받는 에이전시가 늘어나면서 넷째 유형인 보조 작가 시장이 진입 경로로 주목받고 있다. 웹툰 산업의 성장과 함께 창작 노동자들의 진입 경로도 변화하며 고용 형태도 대형 플랫폼업체, 에이전시, 스튜디오 등과 맺는 계약 관계에 따라 독립 사업자, 고용주, 임금 근로자로 지위가 부여된다.

2) 열린 시장과 폐쇄적인 계약 관행

앞서 언급했듯이 디지털 콘텐츠 창작은 취미나 흥미를 느낀 사람들이 비교적 쉽게 진입할 수 있다. 산업의 성장과 낮은 (혹은 낮아 보이는) 진입 장벽은 "10대 때부터 창작에 흥미와 재능을 가진" 사람들이 '디지털 창작 노동자'가 되는 유인이다. 하지만 '좋아서' 입문한 디지털 창작 노동자가 시장에 진입하며 직면하는 것은 불공정한 계약 관행과 불투명한 보상 체계, 그리고 성차별적인 업계 관행이다.

종속적 계약관계와 불공정 계약　　면접 참여자들은 계약 과정에서 플랫폼이나 에이전시에서 형성된 계약 관행을 비집고 들어가 계약 내용을 협상하는 것이 사실상 불가능했던 경험을 토로했다. "경력이 쌓이면 어느 정도 협상할 여지가 조금 있지만" 그렇지 못한 창작 노동자들은 플랫폼이나 에이전시가 제시하는 계약 조건을 그대로 수용하게 된다. 정보 부족도 있으나 플랫폼과의 재계약이 이루어지지 않을 가능성이 높아진다는 '업계 경험'이 작용하기 때문이다.

> (계약을 할 때) 이 작품을 안 하겠다는 결정을 하고 들어가야 하잖아요? 안 할 수도 있다는 결정을 하고 들어가야 하는데 (그렇게 하면 계약이 파행되니까 – 연구자 추가) (…) 업계에서 까다로운 작가로 소문나면 안 찾는다. 그리고 현재는 이런 정서가 만들어진 배경 중 하나가 한 작품을 하고 두 번째 작품을 못 하는 작가 분들이 굉장히 많아요."(면접 참여자 I)

특히 플랫폼 공모전 입상을 통해 데뷔하는 경우에는 협상의 여지가 더욱 좁아지는데, 이는 "상금을 타고 연재 기회를 잡기 위해" 플랫폼에서 요구하는 대로 계약할 수밖에 없기 때문이다. 한 면접 참여자는 계약하는 순간 '상금'은 '선인세'가 되고, 작품에서 난 매출로 선인세를 메워야 했던 경험을 토로했다.

> 이 상금을 타고 싶으면 여기에 무조건 사인해야 한다고 하는 거죠. 작품 연재할 때 그냥 사인할 수밖에 없었던 이유가 저는 이미 입상해서 상금을 토해 내지 않으려면 결국 계약을 할 수밖에 없고, 그쪽에서도 앤 어차피 잡은 물고기니까 딱히 뭔가를 수정해 줘야 할 필요를 못 느끼는 거죠.(면접 참여자 D)

웹툰 작가 입장에서 계약 과정에서의 협상이나 수정 여지가 적은 현실은 불공정 계약 관행으로 이어진다. 설문 조사에 따르면 웹툰 작가는 계약 및 이행 과정에서 불공정 계약 조건을 강요받는데(36.7%), 면접 참여자들은 MG와 수익 배분뿐만 아니라 "손해배상 및 계약 해지" 조항과 관련해 갈등을 겪은 경험을 토로했다. 계약서에서는 "자연재해나 천재지변이 있을 때 계약 해지가 가능하다"고 하나, 작가의 건강상의 문제나 일신상의 사유로 연재할 수 없게 되는 경우를 인정하지 않는다. 관행적으로 작가의 사정을 봐 주고 있으나, 면접 참여자들은 "그 계약 내용을 실제로 들이댔을 때" 겪을 수 있는 불이익에 대한 불안을 느끼고 있었다.[35]

또한 계약서에 구체적으로 명시되지 않은 조항에서 계약 외 노동과 부당 대우가 파생한다. 수정 횟수 의무 조항은 그 내용이 구체적으로 명시되지 않는 경우가 많은데, 이는 작업 내용 변경(45.7%)과 지속적인 수정 요구(29.6%)로 이어진다. 작업 내용 변경으로 인한 추가 노동은 결국 장시간 노동을 지속시키는 원인 중 하나가 된다.

불공정한 계약 관행이 유지될 수 있도록 하는 기제 중 하나는 계약서상의 '비밀 유지 조항'이다. 정보 공유를 가로막기도 하거니와 자문을 통해 계약 내용에 대해서 다층적으로 검토할 수 있는 여지를 줄이는 것이다.

편집부장님, 제 담당 기자님이랑 계약 때 면담을 했어요. 근데 계약 도장 안 찍었는데 두 분이, 이거 비밀 조항 읽으셨죠, 읽었으니까 작가님 엄마

---

35 더욱이 플랫폼과 직접 계약한 경우보다 에이전시를 통해 플랫폼과 계약한 경우 계약과 이행 과정에서 부당 대우 경험을 더 많이 하는 것으로 파악된다. 에이전시와 계약 한 경우 계약 조건 외 작업 요구(40.5%), 부당한 지속적 수정 요구(32.5%), 일방적 계약 해지(23%), 그리고 프로모션을 이유로 한 과다 수수료 책정(20.6%) 경험률이 더 높다.

한테도 이거 보여 주시면 안 돼요, 변호사님 이런 거 뭐 보여줄 수 없어요, 라고.(면접 참여자 B)

파이의 크기도, 내 몫의 비중도 알 수 없는 매출과 분배의 불투명성 '비밀 유지 조항'은 인건비(고료) 책정 기준의 부재와 수입 관련된 정보의 불투명성 으로 연결된다. 웹툰, 웹소설 등 디지털 콘텐츠의 매출은 플랫폼마다 조 금씩 다를 수 있으나 대체로 콘텐츠 유료 판매 수익·광고 수익·지식재산 권 사업 수익 등에서 발생한다.

한편 창작 노동자의 수입원은 크게 MG와 RS(Revenue Share)로 구분 된다. MG는 기존 출판만화·소설 시장의 '고료'에서 파생된 방식인데, 회 차당 최소 수입을 보장하는 대신 창작물의 매출에서 이미 지급한 MG를 제하는 '누적MG'가 토착화되고 있다. 따라서 RS, 즉 '내 작품에서 어떤 경로로, 얼마나 많은 수익이 발생했는지(매출)와 수수료는 창작 노동자의 소득에서 매우 중요한 요소이다.

플랫폼과 창작 노동자가 직계약할 경우, 전체 매출과 수수료를 조금 더 파악하기 쉬울 것이다. 하지만 원하청 구조에 편입된 웹툰 작가는 "회 사 간 계약이기 때문에" 플랫폼 수수료를 파악하지 못해 매출 대비 수입 비중을 정확하게 파악하기 힘든 것이 현실이다.

설문 조사 결과, 매출과 RS 리포트 제공은 정기적으로 단순 금액만 제공받는 경우(36.7%)가 전체 응답자의 1/3 이상에 달했다. 전혀 제공받지 못하는 경우(12.1%)나 요청했을 때 단순 금액만 제공받는 경우(9%)를 고 려하면 결국 창작 노동자 중 절반 이상이 자기 작품 매출이 정확히 얼마 인지, 그중 수수료가 얼마인지 파악할 방법이 없다는 것이다.

플랫폼		에이전시	실질 소득
수수료		수수료	1년 평균 수입(원)
수수료 비중	응답 비중	평균 40.8%	(중위) 2,000만 원
모름	(25.6)		(평균) 2,758만 원
41~50%	(23.6%)		
31~40%	(15.1%)		

〈표 7-2〉 플랫폼 및 에이전시 수수료와 웹툰 창작 노동자 실질 소득(2020)[36]

계약형태		매출 및 RS 리포트 제공						
		전혀 제공받지 못함	요청 시 단순 금액만 제공	요청 시 상세하게 제공	부정기적으로 단순 금액만 제공	부정기적으로 상세하게 제공	정기적으로 단순 금액만 제공	정기적으로 상세하게 제공
계약형태	플랫폼 직계약[37]	2.7%	8.2%	2.7%	0.0%	0.0%	34.2%	52.1%
	에이전시 계약	17.5%	9.5%	4.8%	2.4%	3.2%	38.1%	24.6%
전체		12.1%	9.0%	4.0%	1.5%	2.0%	36.7%	34.7%

〈표 7-3〉 디지털 창작 노동자 매출 및 RS 리포트 제공 현황[38]

또한 에이전시와 계약한 작가는 플랫폼 직계약에 비해 매출 및 RS 리포트를 전혀 제공받지 못하는 경우(17.5%)가 많고, 정기적으로 상세하게 제공받는 경우(24.6%)는 적은 것으로 파악된다.

그 정산서가 의미가 없어요. 그냥 다 뭉뚱그려서 나와요. 그냥 작가님 이번 달 수익 얼마예요, 하고서 총금액만 안내가 돼서 메일이 와요. 그게 정산서예요.(면접 참여자B)

앞서 살펴봤듯이 플랫폼과 직접 계약한 경우보다 에이전시와 계약한

36 디지털 콘텐츠 창작 노동자 노동 실태 조사 결과 재구성
37 디지털 콘텐츠 창작 노동자 노동 실태 조사 원자료
38 위와 같음

경우 계약에서의 부당 대우 경험률이 높으며, 매출 및 RS 리포트도 더 불투명하게 제공하고 있다. 즉, 플랫폼과 웹툰 작가 사이의 가교 및 관리 역할을 하는 에이전시가 오히려 불공정 계약 관행을 더욱 공고히 하고 있을 가능성이 크다. 주목해야 할 것은, 면접 참여자들이 에이전시의 배후에 플랫폼이 있음을 지적하고 있다는 것이다.[39]

> 다음이나 네이버 이런 데는 예전에는 직접 계약이었을 수 있는데, 지금은 자기들 자회사로 에이전시를 만들었어요. 이 에이전시랑 반드시 계약해야 연재할 수가 있어요. 카카오 같은 경우는 자주 계약하는 에이전시들이 따로 있다고 들었구요. (…) 지금은 에이전시 반드시 거쳐서 뭔가 계약을 해야 한다는 이야기를 들었어요. 말하자면 중간에서 한 번 떼 가는 거죠.(면접 참여자 A)

한 면접 참여자는 에이전시 계약 위주로 계약 형태가 변해 가는 것이 "사업을 접거나 연재 중단을 시켜도 책임을 안 져도 되기 때문"이라고 보고 있었다.

이러한 매출과 수수료의 불투명성, 그리고 이중 수수료 문제에서 '창작 노동자의 소득이 과연 공정한 소득인가?'라는 의문을 비롯해 플랫폼과 에이전시의 역할, 그리고 수수료의 합당성 등의 문제의식이 부상할 수 있다. 하지만 웹툰시장은 플랫폼과 에이전시의 역할, 그리고 인건비(고료)

---

39 설문 조사 결과, 플랫폼 직계약을 한 경우 업무 지시 및 관리 감독 주체는 주로 플랫폼 관리자(80.8%)였다. 한편, 에이전시 계약을 한 경우에는 관리 감독 주체가 에이전시 관리자(56.3%)와 플랫폼 관리자(16.7%)로 양분되는 것으로 나타났다. 즉, 에이전시와 계약을 했어도 일정 정도 플랫폼의 관리를 받는 것이다.

책정 기준에 대한 공개적 논의 없이 성장해 왔다.

고료 책정의 '기준 없음'과 오래된 관행의 결합, 성차별적 보상　　　한국콘텐츠진흥원 실태 조사에 따르면, 남성 웹툰 작가의 평균 MG는 107만5,000원이고 여성 웹툰 작가의 MG는 84만9,00원으로 남성 작가에 비해 약 22만6,000원 적은 것으로 나타났다.[40] 한 면접참여자는 같은 플랫폼에서 연재하는 남성 동료 작가와의 수입 차이를 듣고 플랫폼에 항의했으나 '차이'의 기준에 대한 명확한 답을 들을 수 없었다.

> (MG 책정 기준이) 있다고는 해요. 사실 아주 많은 책정 조건과 요소가 있다고 말을 하지만 사실 그냥 감이죠. 예를 들어서 남자 작가랑 여자 작가가 비슷한 매출에 비슷한 인기인데도 불구하고 남성 작가의 MG가 훨씬 높다, 이러면 무슨 기준이겠어요. 이유를 물어 보면 굉장히 다양한 기준이 있다고 대답을 하는 거죠. 그런 식이거든요. 그냥.(면접 참여자 F)

문제는 보상에서의 성차별이 실태 조사에서 일부 확인되고 경험적으로도 확인이 되나 명확한 '증거'를 잡을 수 없다는 것이다. 이는 디지털 창작 노동자들이 서로의 수입과 수수료에 대한 정보가 없고, 계약상 비밀 유지 조항으로 인해 자신의 정확한 매출과 수수료조차 파악하지 못하는 영향이 크다. 즉, 명확한 기준 없는 고료 책정 관행과 정보 불투명성이 결합해 수입에서의 성별 격차를 지속시키는 것이다.

이러한 성차별적 관행이 자리 잡은 요인 중 하나는 출판만화·소설에

40　　한국콘텐츠진흥원,《2019 만화산업 백서》, 2020b.

서부터 있었던 관행인 것으로 유추된다. 웹툰 및 웹소설 시장 형성 초기, 기존 출판시장에 있었던 담당 기자들이 그대로 PD로 넘어오고, 그 PD들이 신입 PD들을 양성하며 이른바 '순정 만화'는 '소년 만화'에 비해 고료가 낮으며, 남성은 가장이기 때문에 고료를 더 주는 "출판가의 역사가 그대로 이어진" 것이다.

예전에 순정 만화는 조금 더 후려쳐지고(평가절하되고-연구자) 소년만화는 좀 더 많이 받았잖아요. 그런데 그런 출판시장에 있었던 담당 기자들이 그대로 피디로 넘어온 경우가 꽤 많아요. 그 피디들이 또 신인 피디들을 양성하고 이래서. 사실 출판가에 있는 역사가 그대로 이어져 왔다고 볼 수 있을 거 같고요.(면접 참여자 D)

웹툰 창작 노동자의 노동과정: 종속과 성차별의 메커니즘

1) 지속 가능한 창작 활동을 위협하는 생산·유통 방식

웹툰 디지털 콘텐츠 연재 주기와 방식, 작품 분량 등 생산·유통 방식은 창작 노동자의 지속 가능한 작업환경을 배제한 채 설계되고, 그로 인한 부담은 창작 노동자에게 전가한다. 웹툰의 플랫폼 연재 주기는 일주일 단위 연재가 보편적이다.

지금은 어쨌든 빨리 나오는 게 더…. 퀄리티가 낮더라도, 빨리 나오는 게 독자들한테 더 어필이 되는 시장이다 보니까! (…)(업계는) 절대로 (주간

연재 포기) 못하죠. 그리고 지금은 주 2회 연재도 구상들 하고 있어요.(면접
참여자 I)

작품을 자주 연재할수록 "독자들에게 어필이 되고" 독자들이 꾸준히
작품을 소비할 개연성이 높다는 이유로 플랫폼업체들은 짧은 연재 주기
를 선호한다(면접 참여자 D, K). 연재 주기는 작품 공정 사이클로서 작업 강
도에 직접적인 영향을 미친다.[41] 창작 노동자는 어떻게 해서든 일주일마
다 작품 마감을 맞춰야 한다.

디지털 콘텐츠 플랫폼이 증가하고 경쟁이 심화하면서 짧은 연재 주
기가 표준이 되었을 뿐만 아니라, 컷 수 등 작업 분량도 증가한 경향이 있
다. 웹툰의 경우에는 1화당 풀 컬러에 최소 70컷 내외를 요구한다. 동일
한 기간에 완성해야 할 분량이 늘어나면 작업 강도와 작업시간이 증가할
수밖에 없다. 더불어 플랫폼의 연재 방식에서 정기 휴재 체제는 찾아보기
어렵다. 휴재는 곧 '수익 감소'로 등치되고, 정기 휴재 등 휴재 없이 매주
작품이 연재되도록 플랫폼의 연재 체계가 표준화되어 있다. 50화 이상 연
재하는 장편 웹툰 창작 노동자는 1년 이상 어떠한 휴가도 없이 작업해야
하는 상황에 처한다.

일단 그런 개념(정기적인 휴식이나 휴가) 자체가 없어서, 작품을 시작하
면, 작품을 하는 동안에, 그런 건 없다고 생각해요. 제가 그걸 요청해 봤자
씨알도 안 먹히지만, 씨알도 안 먹혀서 그런지 몰라도, 요청 자체를 안 하기

41   웹툰 창작 노동자의 작업 공정은 콘티-스케치-펜션(붓터치)-채색/배경-보정/효과 등으
      로 이루어진다. 각 공정별로 1~2일, 혹은 2~3일이 소요된다.

도 하고, 불가능해요. 거기선 업체 측에서는 연재하는 1년 특히, 제일 큰 업체들 (…) (계약하기 전에) 절대 50화 이상 될 때까지 절대 휴재 없다, 그래서 이거 꼭 지켜 주셔야 한다, 이런 얘기 자꾸 하시더라구요.(면접 참여자 B)

사실상 창작 노동자가 플랫폼 연재에 종속된 상태에 있다고 볼 수 있다. 창작 노동자가 개인적인 사정이나 건강상의 이유 등으로 작품을 할 수 없는 상황은 언제든지 발생할 수 있지만, 창작 노동자의 '인간적인 상황'은 플랫폼 연재 설계 시 고려되지 않는다. '예견된 사고'를 막는 것은 창작 노동자의 몫으로 전가될 뿐이다. 창작 노동자들은 연재를 시작하기 전에 비축분을 쌓으려고 노력한다. 당연히 있을 '혹시 모를' 상황에 대비하기 위한 창작 노동자의 고육지책인 셈이다.

작품 연재를 위한 창작 활동 이외에도 플랫폼에서 요구하는 부가적인 활동이 있어 창작 노동자들의 노동량이 늘어난다. 이 부가 노동은 보통 부불 노동이라는 특성을 갖는다.[42] 플랫폼 기반 디지털 콘텐츠 창작 활동은 기존의 창작 활동에 비해 독자와의 거리가 매우 가까워졌다. 플랫폼은 댓글과 조회 수 확인 기능을 제공하는데, 이는 창작 노동자가 관리해야 할 하나의 영역이 된다. 게임업계 사상 검증[43]과 같이 독자의 불링(bullying)은 디지털 콘텐츠 창작 노동자의 노동환경 악화를 초래할 수 있

---

42 대표적으로는 플랫폼의 작품 수정 요청이다. 신인 작가의 경우 취약성을 악용해 계약도 하지 않은 상태에서 끝없이 수정을 요구하는 일이 다수 발생하고 있다. 그 외에 작품이 게시되는 플랫폼 화면에 보일 표지나 썸네일 편집을 창작 노동자에게 요구하기도 하고, SNS를 통한 작품 홍보를 요구하기도 한다.

43 "게임업계 사상 검증으로 알려진 사건은 남성 커뮤니티에서 활동하는 남성 이용자가 남성 이용자가 많은 게임의 일러스트 여성 작가를 '메갈리아 커뮤니티 활동을 했다'는 이유로 '여성 단체를 팔로우했다'는 이유로, 《82년생 김지영》이라는 소설에 관심을 가졌다'는 이유로 게임업체에 항의해 일자리를 잃게 만든 일련의 사건"((사)서울여성노동자회, 2020).

으며, 이를 빌미로 업체가 자유로운 신념의 표현을 단속하기도 한다.

2) 과중 노동과 일상생활 실종

현재의 생산·유통 방식은 과중 노동을 수반한다. 웹툰 디지털 콘텐츠 창작 노동자들의 하루 평균 작업시간은 10.2시간이고, 평균 주당 노동 일수는 6일이며, 주당 평균 작업시간은 59시간으로 나타났다.[44] 디지털 콘텐츠 창작 노동은 노동시간이 길 뿐만 아니라, 심야시간대 작업도 일반적인 특성을 보인다. 면접에 참여한 다수의 웹툰 창작 노동자는 작품 연재를 하는 동안 하루 수면시간이 6시간이 채 되지 못하는 날이 많다고 했고, 마감 때는 잠을 전혀 자지 못하고 작업을 지속하기도 했다. 실태 조사에서 체감 업무 강도가 힘들다는 응답 비율이 87.4%였으며, 과도한 노동량이 주 요인으로 꼽혔다.

디지털 콘텐츠 창작 노동자의 소득은 천차만별이다. 〈표 7-2〉와 같이 지난 1년간 웹툰 창작 활동을 통한 수입은 평균 2,758만 원이며, 중윗 값은 2,000만 원으로 나타났다. '대박' 난 작가들이 많이 알려졌지만, 고소득 작가는 극히 일부임을 알 수 있다. 웹툰 창작 노동자는 디지털 콘텐츠 창작 활동을 주로 주업(97.5%)으로 하고 있지만, 창작 노동 외에 다른 일을 하는 경우도 14.1%로 나타났다.[45] 마이너 장르의 작가들은 생계를 위해 다른 임금노동을 겸하는 경우가 많다. 일상적으로 '시간 부족' 상태에서 잠자

---

44 이 조사 결과는 2019년 한국콘텐츠진흥원에서 실시한 웹툰 작가 실태 조사와 유사한 결과를 보여준다. 한국콘텐츠진흥원 웹툰 작가 실태 조사에 따르면 웹툰 작가의 하루 평균 창작 활동시간은 10.8시간, 주 평균 창작 활동 일수는 5.7일이다((주)글로벌리서치, 2019b).

45 그 이유로 불규칙한 소득(33.3%), 낮은 소득(33.3%), 고용 불안정(17.6%) 등이 큰 비중을 차지해, 저소득 및 소득과 일자리의 불안정성으로 다른 일을 겸하는 경우가 많음을 알 수 있다.

는 시간과 밥 먹는 시간을 아껴 가며 일해야 하는데, 면접 참여자 A는 "음료수와 사탕 같은 단 것으로 끼니를 때우며 작업했다"고 하기도 했다.

작업량과 연재 마감에 따른 스트레스와 부담감, 휴식과 일상 활동이 실종된 생활, 수면 부족, 악성 댓글, 불링 등 플랫폼 기반 창작 노동 환경이 건강에 위협이 되고 있다. "건강 나빠지는 거야 뭐 디폴트(기본값)"(면접 참여자 B)라고 여길 정도이다. 지난 1년 업무로 인한 질병 경험에 관한 질문에서 웹툰 창작 노동자는 두통 및 눈의 피로(75.6%), 어깨, 목, 팔 등 근육통(73.3%), 허리 통증(60.9%) 등 전반적으로 질병 경험률이 높았다. 웹툰 작업으로 인해 손목에 심각한 장애(손목터널증후군, 건초염)가 생겨 시나리오 작가로 전향할 수밖에 없었던 경우도 있었고(면접 참여자 J), "만화를 관두면 안 되겠냐"는 의사의 권유를 받은 경우도 있었다(면접 참여자 I). 면접 참여자 중에는 공황장애나 우울증 등으로 정신과 상담을 받거나 복약 중인 경우가 절반 이상이었다. 더욱이 디지털 콘텐츠 창작 노동자들은 고립된 환경에서 작업하고 연재 기간에는 인간관계 유지에 어려움을 겪는 경우도 많다.

3) 생산·유통 방식에 함축된 성차별

웹툰 창작 노동자는 살아남기 위해서 표준화된 작업 일정과 작업량을 소화해야 한다. '대박 작가'에 대한 과잉 표상은 누구나 열심히 하면 '성공'할 수 있고, 모든 것은 개인에게 달렸다는 인상을 강화했다. 그러나 모두가 동일한 조건에 있는 것처럼 보이게 하는 착시에 불과하다. 이를테면 돌봄 가족 구성원이 있는 창작자가 하루 10시간 이상, 주 6일 이상의 시간을 창작 활동에 쓰고, 휴재 없이 연재를 지속하기는 매우 한계적일 것이다. 이는 플랫폼 연재 방식이 어떤 창작 노동자를 가정하고 있는지를 드러낸다.

사회적으로 성별에 따라 부과하는 돌봄 책임은 차이가 있다. 웹툰 작가의 연령층 분포를 보면, 여성은 20~30대가 가장 많고 남성은 30대가 가장 많으며 20대보다는 40대가 많다.[46]

> 연재 마감과 (할머니) 간병을 동시에 하기가 굉장히 힘들었는데, 결국은 그때 좀 마감도 많이 그르치고, 할머니를 이제 제가 퇴원을 시켰는데 다음날 돌아가시더라구요. (…) 나는 어쩔 수 없었는데(약간 울먹) 안 봐 주시더라구요. (업체에서) 이해를 못 하더라구요. 이해를 못 하겠다고… 왜 당신이 간병을 하는지 모르겠다고… 근데 집안마다 사정이 다 있잖아요. 근데 이 사람도 저한테 뭐라고 했냐면 당신 때문에 내 경력이 엉망이 됐고 막 되게 악에 받친 소리를 많이 하셨는데 그분 입장을 충분히 이해하고 제가 민폐 끼친 건 맞긴 한데 되게 상황적으로 좀 어려웠어요. 재택근무를 한다는 이유만으로 나는 되게 이때 딱 처음 데뷔한 거고 정말 어릴 적부터 꿈을 이루던 과정이었는데… 근데 또 할머니를 저버릴 순 없고….(면접 참여자 C)

위 사례에 나타난 작품에 매진해야 할 사람이 "왜 간병을 하는지 모르겠다"는 태도는 연재 작품 창작자는 '돌봄 노동으로부터 벗어난 사람'이라는 가정이 있음을 단적으로 보여 준다. 또한 여성 창작 노동자가 경력을 유지하며 살아남기가 얼마나 더 어려운가를 가늠할 수 있게 한다. 성별에 따라 기대되는 사회문화적 역할과 책임이 다른 상황에서, 여성 창작 노동자들의 경력 유지는 위태로워지기 쉽다. 창작 노동자가 어시스턴트를 고용해서 창작 활동과 돌봄을 병행할 수도 있지만, 어시스턴트를 고

---

46 ㈜글로벌리서치,《2019 웹툰 작가 실태 조사》, 한국콘텐츠진흥원, 2019b.

용할 수 있을 수준의 MG를 받지 못하는 다수의 창작 노동자가 육아를 하며 작품을 연재하기란 불가능에 가깝다(면접 참여자 J). 전통적인 노동과 달리 디지털 창작 노동은 노동과정에서 자율성이 크다는 인식 뒤에 돌봄 노동을 수행하는 사람들이 차별받을 수밖에 없는 디지털 콘텐츠 플랫폼의 문제를 은폐하고 있다.

일반적인 임금노동자 노동시장에서는 인간다운 삶의 영위에 적절한 표준 노동시간이 존재한다. 또한 출산 및 육아휴직, 돌봄 관련 휴가, 그리고 일·생활 균형 관련 제도 등 일과 생활을 양립할 수 있는 제도적 장치들이 마련되어 왔다. 반면, 디지털 콘텐츠 창작 노동시장은 전형적인 고용관계가 아니므로 이러한 제도적 장치가 작동하지 않는다.

> 결혼하고 아이가 막 태어났는데, 부인 분도 만화가시래요. 근데 인제… "아 여자들은, 진짜 애 태어나고 그러면은 작업하기 힘들 것 같아요" 이렇게 얘기하는 거예요. "애가 집에서 맨날 울어서. 자기가 애 태어나기 전에 작업실을 하나 얻었는데 그러길 정말 잘했다"고 하면서. 사실은 부인은 커리어 끊기고 집에서 아이를 보고 계시고 자기는 나와서 작품을 하고 있는 거예요.(면접 참여자 A)

위의 만화가 부부 사례에서 보듯이, 육아를 분담하며 어느 한쪽도 커리어를 포기하지 않고 각자 창작 노동을 지속하는 방법을 모색하기란 어렵다. 일상생활을 포기해야 할 정도의 과중 노동을 해야 플랫폼 연재에서 살아남을 수 있는 구조에서 부부의 돌봄 노동 분담은 양쪽 모두를 '실패'의 수렁에 빠뜨릴 개연성을 높인다. 따라서 돌봄 노동의 분담은 '비합리적' 결정이 될 가능성이 높다. 경제적 필요를 충족하기 위해서 적어도 한 명은 작품 창작에 '올인'하는 것이 경제적으로 볼 때 '합리적인' 선택에 가깝다. 제도적 장치의 뒷받침 없이 창작 활동과 돌봄 노동의 병행을 개인적으로 해결해야 하는 상황에서 창작 노동자들은 둘 중 하나를 선택해야 하는 상황으로 내몰린다. 이때 두말할 나위 없이 그러한 처지로 내몰리는 대다수는 여성 창작 노동자이다. 성차별적 관행으로 남성 창작 노동자의 MG가 더 높고, 남성 창작 노동자에게 더 많은 보상이 돌아가는 구조는 경제적으로 더 나은 선택을 위해 누구의 경력이 희생될지 정해 놓고, 이를 개인적으로 '합리적 선택'인 듯 위장한다.

4) 성차별적 장르 문법 재생산

플랫폼 기업과 에이전시 등 업체들이 각색과 수정 지시 등을 통해 디지털 콘텐츠 생산에 직접 개입하는 과정에서 웹툰은 성차별적 장르 문법을 재생산하게 된다. 우선 플랫폼 기업이나 에이전시의 PD가 창작자의 작품 기획에 개입해 플롯 등 작품의 큰 구성을 변경하도록 한다. 작품의 장르를 특징짓는 문법은 PD가 기획 단계에서 작품의 변경을 요구할 때 고려하는 주요 사항의 하나이다. 범주별 장르 문법에 맞게 스토리를 각색하도록 요구하고 문법에 맞는 요소를 작품에 넣도록 압박한다. 예를 들면, 여성 주인공 판타지 작품을 구상한 작가에게 남자 주인공을 추가하고 로맨스 요소를 가미해서 로맨스판타지 장르로 작품을 제작하도록 지시하는 것이다. 로맨스판타지가 아닌 판타지 장르에서 여성 주인공을 거의 찾아보기 어려운 것은 이러한 관행과 일맥상통한다.

한 작가님은 그냥 동양풍 판타지에 대해서 그리고 싶으셨는데, 에이전시에서 (힘주어 말하며) 무조~껀 로맨스 넣으라고 계속해서 강요를 해 가지고, 작품을 전면 수정하셨어요. 그러니까 로맨스를 억지로 끼워 넣는 거예요. 남자 주인공을 추가를 해서. (…) 플랫폼~에서 개입을 엄청 많이 하는 거예요. 스토리 단계에서 이거 추가하고 저거 추가 이렇게 합시다 이렇게 얘기를 해서 그리면, 그림체가 눈이 좀 더 키워야 되고, 남자는 좀 더 날카롭게 키를 더 크게 키우시고 막 이런 식으로 지시를 하는 거죠. 그러면서 덩치 차이 일부러 더 크게 하고. 이래야 여자들이 더 좋아한다 더 설렌다 하면서. 남자 캐릭터 이~만큼 늘려 놓고, 여자는 조금 더 어려 보이게 더 예쁘게 이런 식으로.(면접 참여자 H)

작화 단계에서도 웹툰 플랫폼업체는 등장인물의 외모와 채색의 콘셉트 등 구체적인 부분까지 지시한다. 업체들의 이러한 개입은 결국 성별 고정관념에 박힌 캐릭터와 작품을 생산하도록 하고, 성차별적인 내용이 곳곳에 드러나는 작품 생산을 유도한다.

저 같은 경우는 A 플랫폼의 자회사의 에이전시와 일을 하다 보니까 플랫폼으로부터 스토리 작업도 개입을 직접 받는 편이었거든요. (…) 그 초반에 여자 주인공이 강간당할 뻔한 장면을 넣고 그리고 이제 남자 주인공이 그걸 멋지게 구해 주면서 남자 주인공을 첫 등장시키는 연출이 들어갔었는데, (…) 이게 6개월을 싸우다 계속 6개월 동안 이제 막 무급수당, (다른 작품) 완결 들어가고 이러니까 완전 지쳐 가지고 결국 강간 장면을 넣어 제작이 됐는데, 그렇게 하니까 플랫폼에서 이 작품을 메인 광고로 걸어 주더라구

요. 당연히 수입은 몇 배가 더 잘 나왔고요.(면접 참여자 J)

플랫폼업체는 작품에 개입하고 특정 방향으로 유도하는 이유가 수익 때문이라고 주장하는 듯하다. 업체들은 "그렇게 하면 (독자가) 보지 않는다." 혹은 "그렇게 해야 본다"라는 이유를 대며 '위기에 처한 여자를 구하는 남성' 등과 같은 성차별적이고 여성 혐오적 문법을 작품에 담고자 한다.

그러나 수익은 플랫폼업체의 성차별적 관행에 대한 변명에 불과할 수 있다. 탈 성별 고정관념 작품, 여성 서사 중심의 디지털 콘텐츠 작품들이 새로운 하나의 흐름을 형성해 나가고 있다. 예를 들어, 딜리헙(Dillyhub)에서 연재 중인 여성 서사 판타지 〈극락왕생〉은 내용과 연재 방식 측면에서 "잘 팔리는 콘텐츠에 대한 낡은 고정관념"[47]을 벗어나는 시도를 했고 '성공'했다. 주 소비자층은 젊은 여성들인데, 이들은 작품이 주간으로 연재되지 않는다는 것에 불평하지 않고 정기 휴재를 인정하며, 기꺼이 비싼 구독료를 지불하고 여성 서사 중심의 작품들을 소비한다.[48]

작년에 〈극락왕생〉이라는 여성 서사 독립 작품이 이제 성공을 했어요. (⋯) 여성 서사가 지금, 찾는 사람들이 찾는, 문화잖아요. 누구나 소비하는 게 아니라. 일부러 찾아다니시는 분들이 쫌 비싸게 돈을 주고 보셨어요. (⋯) 〈극락왕생〉 같은 여성 서사 작품들은 고급화 전략? 보는 사람의 수는 한정

---

47 "제 지인의 경우에는 피부가 어두운 여성 캐릭터를 디자인해 갔다가, 이런 캐릭터는 인기가 없을 거라고 피부를 하얗게 만들라는 이야기도 들었어요. 잘 팔리는 콘텐츠에 대한 낡은 고정관념이 있는 거죠(https://kr.dillyhub.com/page/74, 딜리헙 고사리박사 인터뷰 내용 중)."

48 〈극락왕생〉은 딜리헙에서 3주에 1회 연재되었고, 1회당 가격은 3,300원이다.

되어 있는데 이분들이 일부러 그런 작품들을 찾아다니는…(면접 참여자J)

이러한 흐름은 독자층의 욕구가 다양할 수 있으며, 기존 관행의 탈피가 반드시 수익 저하로 귀결되지 않는다는 점을 보여 준다. 플랫폼업체가 수익성이나 '소비자의 욕구'를 구실로 여성 혐오적이고 성차별적 요소를 작품에 담도록 개입하지만, 일관되거나 '왜곡되지 않은' 소비자의 욕구가 있어 보이지는 않는다. 오히려 이러한 작품 개입은 디지털 콘텐츠 생산 유통 시장의 성차별적 기존 관행을 따르는 태도에서 기인하는 바가 크다고 볼 수 있다. 소비자나 수익의 이름으로 성차별적 장르 문법의 고착화를 부추길 뿐이다.

플랫폼업체의 작품 개입은 독자의 욕구를 왜곡시키는 결과를 초래하기도 한다. 플랫폼업체의 구미에 맞게 만들어진 작품들이 더 많이 광고되고, 플랫폼 화면의 좋은 자리에 노출되어 이용자의 선택을 받을 가능성이 높도록 '지원'된다. 플랫폼업체가 작품을 어떤 장르 범주로 분류할 것인지 결정함으로써 작가의 의사에 반해 작품의 성격까지 규정하려고 한다. 독자의 욕구를 특정한 방향으로 왜곡시키면서 성차별적이고 여성 혐오적 작품들의 장르 문법과 수익성을 유지하고 재창출하고 있다.

(만약) 여주(여성 주연) 판타지를 썼어요. '저 이거 로판(로맨스판타지) 아니고 무조건 판타지 카테고리에 넣을 거예요' 하고, '들어가면 홍보가 잘 안 돼요. 왜냐면 판타지 카테고리 쪽은 독자님들이 그걸(여주 판타지) 별로 안 좋아하세요' 하면서 홍보를 잘 안 시켜 주고 (…) 배너가 뜬다든지 홍보가 없으면 쭈르륵 미끄러질 거 아니에요. 그러면 사람들은 그런 여성 주연 판

타지가 있다는 사실을 모르고 넘어가면서…. (…) '로판 쪽에 일단 넣은 다음에 로맨스가 별로 없는 로판이다', 이런 식으로 소개 쓰는 경우가 좀 더 많아요. '이쪽(판타지 범주)을 안 가고 그냥 여기(로판 범주)에서 사실 로판 아니다'라고 말을 하는 셈이죠.(면접 참여자 F)

한편, 창작 노동자가 플랫폼업체의 작품 개입과 요구를 거부할 수 있는 여지는 별로 없어 보인다. 플랫폼업체의 요구를 거부하면 계약 자체가 어렵거나, 그렇지 않더라도 프로모션, 자리 배치, 광고 노출 등에서 불이익을 받을 수 있기 때문이다. 플랫폼업체의 성차별적 문법 강요로 인해 성평등을 옹호하는 작가는 이 과정에서 괴리감을 더 크게 느낄 수 있다. 업체의 개입에 저항하고자 할지도 모른다. 그러나 이 경우에 창작 노동자는 업체와의 대립과 갈등으로 인해 플랫폼 기반 디지털 콘텐츠 창작 노동 시장에서 입지를 다지기 어려운 처지에 놓이기 쉽다.

사회적 규제가 필요하다

대형 플랫폼사의 독점적인 수익 전유와 이를 뒷받침하는 웹툰 산업의 원하청 구조 생태계는 불공정 거래와 성차별이라는 심각한 문제를 낳고 있다. 특히 불공정 거래 관행은 웹툰 작가들에게 부당한 대우, 장시간 노동, 일상생활 실종과 소외감을 안겨 주고 있다. 그뿐만이 아니다. 플랫폼과 에이전시의 노동과정 개입을 통해 가부장적인 성차별 구조가 창작품을 통해서도 재생산되고 있다. 그렇기에 자유로운 창작 활동이 가능하며, 고수익을 보장하고, 첨단 기술과 결합해 산업 전망이 밝다는 창작자 유인 요소들은 대다수 웹툰 작가의 노동 실상과 거리가 먼 이상에 가깝다.

코로나19를 계기로 원소스멀티유즈에 의한 수익률 제고와 매체의 다변화, OTT 서비스 채널 확대 등 디지털 창작품의 사회적 영향력이 더욱 높아졌다. 그만큼 웹툰 작가 외에도 웹소설가, 일러스터, 게임 콘텐츠 작가 등 디지털 콘텐츠 창작 노동자를 보호하는 사회적 규제들이 그에 발맞춰 도입·개선되어야 한다.

우선, '창작 노동의 노동 표준'을 반영한 표준계약서 활용을 의무화해 창작자를 불공정 관행으로부터 보호해야 한다. 또한 플랫폼업체가 원청업체로서 고용주 책임을 질 수 있도록 노동조합법 개정 등 제반 법적 규제를 강화해야 한다. 법적 규제 강화에는 플랫폼업체가 사이버블링이나 젠더 혐오적 콘텐츠와 내용으로부터 창작자 노동 인권을 보호하도록 하는 모니터링 체계 구축과 공정위와 노동부의 관리 감독도 포함되어야 할 것이다.

둘째, 웹툰 제작업계에 부합하는 표준하도급계약서를 제정하고 강제할 필요가 있다. 그래서 플랫폼사와 스튜디오, 에이전시가 실제 제작과 유통에 이바지한 비율에 따라 저작재산권을 행사하는 등 권리에 부합하는 책임도 분명하게 지도록 해야 한다.

셋째, MG 제도를 폐지해야 한다. 대신 창작자의 창작 노동 자체에 대한 보상, 연재 준비 기간 보상, 연재 기간에 '작품 이용에 대한 보상'을 골자로 한 '보상 제도'를 새로 도입해야 한다. 현재 MG 방식은 누적MG와 후차감이 다수인데, 이는 작가들이 웹툰계를 떠나게 만드는 착취의 전형으로 인지되고 있다.

넷째, 디지털 콘텐츠 창작 노동자를 위한 산업 안전 차원의 보호 방안도 시급하다. 산업안전보건법 제77조의 적용 대상으로 포함해 특수건강

검진 기회를 부여하도록 하고, 공적 지원 체계 안에서 심리 상담을 원활하게 지원받을 수 있도록 관련 규율을 정비해야 한다.

다섯째, 창작자에게 가해지는 성차별과 여성 혐오를 멈추기 위한 제도적 장치가 보완·강화될 필요가 있다. 웹툰자율심의규제위원회의 여성 할당제 도입, 차별과 폭력 방지 가이드라인 제작·배포, 젠더 전문가와 당사자 참여 등을 검토해야 한다. 상생협의체의 상시 기구화와 같이 당사자의 목소리가 제도 개선으로 나타날 수 있도록 상설화된 정책 결정 통로와 장치가 필요하다.

8장

디지털 전환의 시대,
부유하는 중국 플랫폼 노동(자)

중국 플랫폼 노동의 실태와 알고리즘 노동 통제[1]

정 규 식

디지털 기술의 발전과 변화하는 노동

최근 글로벌 정치경제 변동의 핵심 이슈 중 하나는 디지털화·네트워 크화·지능화로 대표되는 '디지털 경제(digital economy)'로의 전환과 '플랫 폼 노동'의 확산일 것이다. 여기서 '디지털 경제'란 "디지털 기술의 혁신

---

1   이 글은 성균중국연구소에서 발간하는《중국 사회과학논총》제4권 2호에 게재된 〈중국 플 랫폼 노동의 특성과 노동 통제 구조 분석〉이라는 논문을 수정 보완한 것이며, 2021년 대한 민국 교육부와 한국연구재단의 지원을 받아 수행되었다(NRF-2021SIA5BA16076234).

적인 발전으로 인해 창출된 상품과 서비스의 비중이 높아지고, 이에 따라 생산·소비·유통 등과 같은 경제 전반의 질서를 새롭게 구축하는 경제 패러다임"을 의미한다. 그리고 '플랫폼 노동'은 "온라인 플랫폼을 활용해 불특정 조직이나 개인이 서비스를 제공하고 보수 혹은 소득을 얻는 일자리"로 규정된다.[2] 이러한 인공지능, 사물인터넷(IoT), 빅데이터 등 디지털 정보통신기술의 발전에 따른 사회경제적 구조 변화의 충격을 설명하기 위해 초기에는 '4차 산업혁명'이라는 다소 과장된 표현이 각국 정부나 산업계 그리고 학계에까지 폭넓게 사용되었다. 하지만 더욱 최근에는 현재 산업 체계의 변화를 추동하는 직접적인 동력이 디지털 기술의 발전이고, 이것이 이전의 산업 체계로부터의 혁명적 단절이나 파괴를 의미하지는 않는다는 점이 강조되면서 '디지털 전환(digital transformation)'이라는 용어로 대체하는 것이 더 적절하다는 주장이 많이 제기되고 있다. 이러한 "디지털 전환 과정은 생산, 시장 조직 및 노사관계에서 이전과는 질적으로 다른 광범위한 변화를 초래하고, 궁극적으로는 자본주의 체제의 전환을" 가속화할 것이라는 점에서 '디지털 자본주의(digital capitalism)'의 출현으로 이해되고 있기도 하다.[3]

한편 플랫폼 노동의 확산 등 디지털 기술의 발전이 노동 영역에 미칠 영향과 관련해서도 비관적 전망과 낙관적 전망이 공존한다. 즉 인공지능과 로봇에 의한 자동화가 인간의 노동을 대체할 것이라는 비관적 전망이 한편

---

2   정규식, 〈중국 디지털 경제의 발전과 노동 사회의 변화〉, 《중국연구》 제83권, 2020; ILO, *Digital labour platforms and the future of work: Towards decent work in the online world*, 2018; OECD. *OECD Employment Outlook 2019: the Future of Work*, 2019.

3   임운택, 〈디지털 자본주의의 특성: 시장과 노동 통제의 급진화〉, 《경제와 사회》 통권 제133호, 2022; 아론 베나나브, 윤종은 옮김, 《자동화와 노동의 미래》, 책세상, 2022.

에 존재하고, 또 다른 한편에서는 새롭게 창출될 일자리와 노동시간의 단축을 통해 일과 삶의 균형이 실현될 것이라는 낙관적 전망이 제시되기도 한다. 특히 최근 서구 좌파 학자들 사이에서 "완전 자동화된 화려한 공산주의"라는 용어가 등장하고 있는데, 핵심은 디지털 기술의 발전으로 인해 미래 인간은 '(임금)노동의 굴레'에서 해방되어 자아실현을 이룰 것이라는 '탈노동'의 유토피아적 전망이다. 아이러니하게도 실리콘밸리의 경영진들도 이러한 기획에 적극적인데, 이들은 기술 변화로 인한 대량 실업의 사회적 여파와 반발을 최소화하기 위해 '보편적 기본소득제' 도입이나 '로봇세'를 통한 실업 비용 부담 등을 주장하고 있다.[4] 흥미로운 점은 이러한 전망 모두 '노동의 종말' 또는 '탈노동 사회'의 도래를 전제하고 있다는 것이다. 그러나 '디지털 자본주의' 시대에 우리는 노동의 종말이 아니라, 오히려 플랫폼 노동과 같이 비표준적 계약과 고용이 만연한 불안정 노동의 확산을 경험하고 있다. 따라서 디지털 기술의 발전에 따른 '노동의 종말'은 완전고용 아래서의 정규직 노동의 위기만을 반영할 뿐이다. 그렇기에 디지털 자본주의 시대에 변화된 노동 문제를 이해하기 위해서는 새로운 고용 메커니즘으로 자리 잡은 '플랫폼 노동'의 특성과 사회적 영향 및 플랫폼 노동자의 권익 보호 방안 등에 대한 명확한 분석과 인식이 중요하다.

1) 중국 플랫폼 노동 정책 및 노동 권익 현안

최근 거시적인 사회경제구조의 전환과 디지털 경제의 발전을 계속

---

4   아론 바스타니, 김민수·윤종은 옮김, 《완전히 자동화된 화려한 공산주의: 21세기 공산주의 선언》, 황소걸음, 2020.

강조하는 중국에서도 플랫폼 노동과 같은 새로운 유형의 노동관계가 급속도로 확산하고 있다. 2014년부터 폭발적으로 성장한 중국 디지털 플랫폼 경제는 현재 중국의 경제성장과 고용 창출을 견인하는 거대한 영역으로 발전했다. 2020년 7월에 발표된 중국 국가통계국 자료에 따르면, 디지털 기술에 기반한 '삼신(三新, 신산업, 신업종형태, 신사업모델)' 경제의 부가가치 규모가 2019년 기준으로 16조1,927억 위안(한화 약 2,759조 원)에 달한다. 이는 중국 총 GDP에서 16.3%를 차지할 정도로 높은 비중이다. 그리고 중국 인민대 노동인사학원 연구팀에서 수행한 조사 보고서에 따르면 2019년 주요 3개 플랫폼 기업(전자상거래 분야의 대표 기업인 알리바바(阿里巴巴), 온라인 배달 서비스 기업 메이퇀(美团), 온라인 배차 서비스 기업 디디추싱(滴滴出行))에서 총 1억 개가 넘는 일자리가 창출된 것으로 나타났다.[5] 이처럼 디지털 플랫폼 경제가 국민경제와 고용에 미치는 영향이 커지면서 중국 정부도 플랫폼 경제에 대한 관리 감독과 '플랫폼 노동자'의 권익 보호를 위한 정책을 적극적으로 추진하고 있으며, 이와 관련한 정책과 법제도 개선이 다양하게 전개되고 있다.

하지만 플랫폼 노동자의 권익 보호와 관련해서는 여전히 거시적 차원의 정책이나 법률이 미흡한 실정이다. 실제로 중국에서 유일하게 합법적으로 승인된 전국적 노동조합 조직인 중화전국총공회(中华全国总工会) 산하 북경시총공회(北京市总工会)의 노동운동사와노동보호연구실(工运史和劳动保护研究室) 및 북경시인터넷업종공회연합회(北京市互联网行业工会联合会) 등이 플랫폼 노동자의 권익 현황에 대해 수행한 조사는 이러한 사실

---

5   中国人民大学劳动人事学院课题组,《数字经济发展对劳动关系领域的影响及对策分析》, 2019年 10月.

을 잘 보여 준다. 이 조사는 온라인 호출 방식으로 노동 인력을 제공하는 25개 플랫폼 기업에 속한 변호사와 교사, 간병인, 운전기사, 배달원, 미용원, 가사도우미 등을 대상으로 설문 조사와 인터뷰를 진행했으며, 회수된 설문지는 총 1,400건이고 그중 유효 응답지는 1,338건이다. 그리고 대표적인 플랫폼 기업의 고위 관리자와 운영자를 대상으로 심층 인터뷰도 진행했다.[6] 이 조사에 따르면 플랫폼 노동자의 수입 불안정과 안전 문제, 사회보험 미가입 문제, 직업의 불안정성 등이 계속해서 중요한 쟁점으로 제기되고 있다. 따라서 플랫폼 노동과 같은 새로운 노동 형태에 대한 법제도 및 권익 보호 시스템 구축, 플랫폼 노동자를 포괄할 수 있는 사회보험 체계의 수립, 플랫폼 노동에 대한 노동 감독과 쟁의 조정 및 중재 정책의 개선 등이 중국 노동 정책 관련 핵심 현안으로 부상하고 있다.

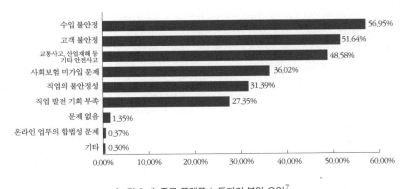

〈그림 8-1〉 중국 플랫폼 노동자의 불안 요인[7]

6   张成刚·冯丽君, "工会视角下新就业形态的劳动关系问题及对策",《中国劳动关系学院学报》第33卷 第6期, 2019.
7   张成刚, 冯丽君, "工会视角下新就业形态的劳动关系问题及对策".《中国劳动关系院学报》》第33卷 第6期, 2019.

이러한 측면에서 향후 중국의 거시적 사회경제 전환 및 노동환경의 변화를 이해하기 위해서는 중국 디지털 경제의 발전 현황 및 플랫폼 노동의 전반적인 특성에 대해 구체적으로 살펴볼 필요가 있으며, 이에 대한 중국 정부의 정책적 노력이 갖는 성과와 한계에 관해서도 지속적인 관심과 연구가 요구된다. 이에 먼저 중국의 거시적 사회경제구조 전환 과정에서 디지털 경제로의 전환이 갖는 함의와 발전 현황을 간략히 검토하고, 이어서 중국 플랫폼 노동의 주요 특성 및 노동관계에서의 쟁점 등을 구체적으로 살펴보고자 한다. 그리고 디지털 플랫폼 기술의 발전과 '알고리즘 (algorithm)'[8] 통제의 전면화에 따라 더욱 불안정하고 위험한 노동으로 가속화하는 플랫폼 노동의 실상을 분석한다.

중국 경제의 디지털 전환과 불안정 플랫폼 노동의 확산

중국 정부는 지난 2021년 3월 제13기 전국인민대표대회 4차 회의에서 '중화인민공화국 국민경제와 사회 발전 제14차 5개년 규획과 2035년 장기 목표 요강'(이하 '14.5 규획')을 심의 확정했다. 1953년 이후 5년마다 시행하는 중국의 5개년 규획은 국가 경제와 사회 전반이 나아갈 중장기적 방향과 목표를 설정하는 가장 중요한 정책 지침이다. 특히 이번 '14.5 규

---

8   '알고리즘'은 원래 수학적 계산의 절차를 의미하는 용어였지만, 현재는 일반적으로 "특정 계산을 통해 투입된 데이터를 바람직한 산출물로 변형시키는 코드화된 절차들"을 지칭한다. 한편 루브루아와 베른(Thomas Berns)은 디지털 테크놀로지, 빅데이터, 데이터 마이닝에 기초한 21세기의 기술적 진보가 새롭게 만들어 낸 통치 기술을 '알고리즘 통치성'으로 개념화해 디지털 자본주의 시대의 새로운 통제 방식에 주목할 필요성을 제기한다. 김홍중, 〈플랫폼의 사회이론: 플랫폼 자본주의와 알고리즘 통치성을 중심으로〉, 《사회와 이론》 통권 제41집, 2022, 28-29.

획'은 글로벌 경제 위기로 인해 미국을 비롯한 선진 자본주의 국가의 소비시장이 대폭 위축된 상황에서 기존의 고투자, 고수출, 저소비라는 경제성장 모델을 더는 지속하기 어렵다는 인식하에 거시적인 산업구조 전환과 발전 전략이 제시되었다. 즉 양적 성장에서 질적 성장으로의 전환, 자립적 과학기술 혁신, 국내시장 활성화와 국제시장 요소 및 자원 유치를 접목한 '쌍순환' 전략 실현 등을 핵심 목표로 제시했다.[9] 또 취업 및 고용 안정을 통한 민생 보장, 향촌 진흥 전략과 신형 도시화를 통한 도시와 농촌 및 지역 간 불균형 해결, 사회보장 체계의 개선을 통한 사회안전망 구축 등도 제시되었다.

'14.5 규획'에서 무엇보다 주목되는 것은 디지털 인프라 구축을 통한 사회경제적 혁신을 중요한 과제로 상정하고, 이를 통해 지속적이고 안정적인 발전을 견인해 나가겠다는 구체적 목표가 제시되었다는 것이다. 실제로 중국 국가정보센터에서 발간한 〈중국 공유경제 발전 보고 2021〉에 따르면 중국 디지털 경제 규모는 2005년 약 2조6,000억 위안에서 2020년 약 39조2,000억 위안으로 20배 성장했으며, 연평균 성장률이 19.8%에 달한다. 그리고 중국 디지털 경제의 GDP 비중은 2005년 14.2%에서 2020년 38.6%로 꾸준히 증가하고 있으며, 2020년 중국 공유경제 시장 거래 규모는 3조3,773억 위안에 달하는 것으로 나타났다.[10]

이러한 중국 디지털 경제의 성장은 노동 영역에도 큰 영향을 미치고 있는데, 특히 기존 고용 방식과는 다른 비표준적 형태의 플랫폼 노동자가

---

9   新华网, "中华人民共和国国民经济和社会发展第十四个五年规划和2035年远景目标纲要". http://www.xinhuanet.com/2021-03/13/c_1127205564.htm(검색일: 2022. 4. 23).
10   中国国家信息中心, "中国共享经济发展报告 2021". http://www.sic.gov.cn/archiver/ SIC/UpFile/Files/Default/20210219091740015763.pdf(검색일: 2022. 3. 25).

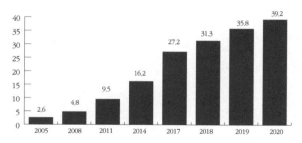

〈그림 8-2〉 중국 디지털 경제 규모(단위: 만억 위안)[11]

급속히 증가하고 있다. 즉 〈중국 공유경제 발전 보고 2021〉에 의하면 공유
경제 영역의 플랫폼 노동자 규모는 2015년 500만 명에서 2020년 631만 명
으로 증가했으며, 코로나의 충격이 가장 컸던 2020년을 제외하고는 매년
고용 규모 증가율이 비교적 높은 수준을 유지하고 있음을 알 수 있다.

이처럼 디지털 경제의 급속한 발전은 중국 경제성장의 원동력이 되
고 있으며, 중국 정부도 플랫폼 노동과 같은 새로운 형태의 일자리 창출
을 통해 고용 및 민생 안정이라는 거시적 정책 목표를 실현하겠다고 거
듭 강조하고 있다. 이와 관련해 중국 국무원 및 인력자원과사회보장부는
2020년 5월 '디지털 플랫폼 경제를 통한 고용 촉진과 빈곤 탈출 행동' 방
안을 발표해 플랫폼 경제의 긍정적 효과를 대대적으로 선전하고 있다.[12]
그러나 플랫폼에 기반해 창출된 고용은 기존의 전통적인 노동관계와는
다른 비표준적 노동인 경우가 대부분이며, 사실상 임시로 서비스 계약을
맺고 일감을 수주하는 '긱 노동' 형태이다. '긱'은 원래 1920년대 미국 재

---

11   中国国家信息中心, 〈中国共享经济发展报告 2021〉.
12   新华网, "人社部, 国务院扶贫办部署实施'数字平台经济促就业助脱贫行动'".
     https://baijiahao.baidu.com/s?id=1667746491152059321&wfr=spider&for=pc(검색일:
     2022. 3. 25).

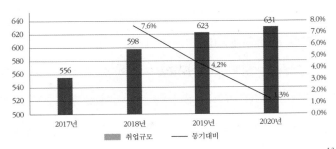

〈그림 8-3〉 2017~2020년 중국 공유경제 플랫폼 노동자 규모(단위: 만 명)[13]

즈 공연장에서 연주자를 수시로 섭외해 단기 계약을 맺던 방식에서 유래
한 용어인데 온라인 중개 플랫폼을 기반으로 한 디지털 경제가 확산하면
서 이를 '긱 경제'라고 부르며, 온라인 중개 플랫폼을 통해 필요에 따라 임
시로 계약을 맺는 노동자를 '긱 노동자'라고 칭한다.[14] 배달, 대리운전, 퀵
서비스 등에서 증가하기 시작한 긱 노동자는 현재 가사도우미, 간병 및
호스피스, 청소, 경비 용역 등 점차 서비스 시장 전반으로 확산하고 있다.
중국도 '유연 고용 노동시장 발전 연구 보고(中国灵活用工市场发展研究报
告)'에 의하면 2021년 임시직과 비정규직 등을 포함한 비표준적 유연 고
용 노동자가 약 2억 명에 달하는데, 이는 총 취업 인구의 26.7%에 해당하
는 규모이다.[15] 그리고 그중에서 약 7,800만 명이 온라인 플랫폼을 통해
생계를 유지하는 플랫폼 노동자이다.

주지하듯이 플랫폼 노동은 디지털 기술 발전을 기반으로 한 외주화 및
노동 유연화가 최적화된 고용 형태이다. 즉 온라인 플랫폼을 매개로 전통

13　中国国家信息中心,〈中国共享经济发展报告 2021〉.
14　닉 서르닉, 심성보 옮김,《플랫폼 자본주의》, 킹콩북, 2020.
15　李嘉娜,"平台用工劳动关系的现状,挑战与应对",《工会理论研究》第1期(2022), 21.

적 고용관계가 서비스 계약관계로 바뀌면서 플랫폼 노동자는 노동관계에서 점차 열악한 지위로 내몰리고 있다. 그리고 공유경제(sharing economy) 실현이라는 환상과는 달리 거대 플랫폼 기업에 이윤이 독점화되는 불평등 구조를 내재하고 있으며, 플랫폼 노동 과정에서 발생하는 모든 위험과 비용은 개인사업자로 등록된 개인에게 외주화된다. 더구나 플랫폼 노동은 흔히 '자유로운 노동'으로 선전되지만, 실제로는 자동화된 디지털 통제 시스템에 의해 노동과정과 노동시간, 노동 평가 등이 훨씬 체계적으로 통제되고 있다. 이에 따라 최근 플랫폼 노동에 관한 연구는 고용관계의 표준화나 노동관계 인정, 노동과정의 통제 양식, 사회적 보호와 법제도 개선 등 다양한 측면으로 확장되고 있다.[16] 중국도 플랫폼 노동의 이러한 일반적인 특성을 공유하고 있지만, 관련 노동법이나 사회보험법, 플랫폼 시장 규제 정책 등에 있어서 일정한 차이를 보이기에 더욱 세밀한 분석이 요구된다. 그리고 중국 플랫폼 노동자의 사회인구적 특징이 플랫폼 노동시장 형성에 어떤 영향을 미치고 있는지, 또 알고리즘 등 디지털 노동 통제에 대한 사회적 인식과 작동 방식은 어떤지를 구체적으로 살펴보는 것이 중요하다.

중국 플랫폼 노동의 주요 특성과 노동관계 쟁점

1) 플랫폼 노동의 유형과 분류

플랫폼 노동을 어떻게 정의하고 유형화하느냐에 따라 플랫폼 노동시

16 신승철·이승준·장윤석·전병옥, 《포스트 코로나 시대, 플랫폼 자본주의와 배달노동자》, 북 코리아, 2021.

장의 규모나 특성에 대한 분석이 전혀 달라진다. 국제노동기구(ILO)에서 채택한 가장 대표적인 유형화 방식은 웹 기반(대표적으로는 프리랜서 플랫폼 직군이 이에 속함)과 지역 기반(대표적으로 승객 운송, 음식 배달, 가사 노동 등이 속함) 플랫폼 노동으로 분류하는 것이다. 웹 기반의 플랫폼 노동은 노동과정과 결과가 모두 온라인에서 이루어지며, 이에 반해 지역 기반 플랫폼 노동은 고객과의 대면이 필수로 행해지는 오프라인 호출형 노동 형태이다. 한편 장귀연은 플랫폼이 노동을 조직하는 방식에 주목해 호출형, 관리형, 중개형, 전시형, 미세작업형 플랫폼으로 구분하는데,[17] 이러한 분류는 플랫폼의 역할과 기능에 따라 플랫폼 노동이 실제로 수행되는 과정을 분석하는 데 훨씬 유용한 방식이라고 할 수 있다.

중국도 플랫폼 노동에 대한 정의나 분류 방식을 둘러싼 다양한 이견이 존재하는데, 주로 서비스 유형에 따라 디지털 경제 및 플랫폼 노동을 분류한다. 즉 중국 국가정보센터(国家信息中心)는 디지털 플랫폼 기반 공유경제를 '교통 이동, 공유 숙박, 지식 기능, 생활 서비스, 공유 의료, 공유 사무실, 생산능력' 등 7개 분야로 세분화해서 발전 현황 및 노동시장 상황을 매년 발표하고 있다. 이에 따르면 플랫폼 기반 '교통 이동 산업'과 배달을 주요 서비스로 하는 '생활 서비스 산업'의 시장 규모가 가장 크고 고용 창출 효과도 가장 큰 것으로 나타나 중국 디지털 플랫폼 경제의 양대 축으로 자리 잡았음을 알 수 있다.[18] 그리고 플랫폼을 활용한 교통 이동 및 생활 서

17　플랫폼 노동의 유형화 방식에 관해서는 김종진, 〈디지털 플랫폼 노동 확산과 위험성에 대한 비판적 검토〉, 《경제와 사회》 통권 제125호, 2020; 장귀연, 〈노동 유연화로서 플랫폼 노동의 노동 조직 과정과 특성〉, 《산업노동연구》, 제26권 2호, 2020 참고.

18　中国人民大学劳动人事学院课题组, 《数字经济发展对劳动关系领域的影响及对策分析》, 2019年 10月.

비스 산업은 ILO와 〈표 8-1〉의 분류법을 종합해서 고려하면, '지역 기반형 호출형 플랫폼 노동'으로 유형화할 수 있다.

유형	주요 직종	노동의 조직 방식	노동의 통제 방식
호출형 플랫폼	대리운전, 퀵서비스, 음식 배달, 승객 운송, 출동 견인 등	서비스 이용자의 요청이 있을 때 지역적으로 가까운 곳에 위치한 노동자들에게 동시다발적으로 호출을 띄워 먼저 호출을 잡는 노동자가 선점하는 방식	호출 반경 축소, 지연 호출
관리형 플랫폼	가사, 청소, 홈케어, 수리, 택배 배송	서비스 이용자의 요청이 있을 때 요구 사항에 가장 적합하다고 생각되는 노동자에게 일감을 배분 (거절할 경우 차순위)	일감의 배분, 보수의 차등 지급
중개형 플랫폼	프리랜서 직종, 가사 돌봄, 화물 운송	서비스 이용자와 노동자 양쪽 또는 한쪽에서 작업 내용과 견적, 프로필 등을 받아 게시하고 매칭하는 수단을 제공	게시 자리 배치, 서비스 이용자 평가의 노출
전시형 플랫폼	영상, 웹툰, 웹소설	노동자의 창작물을 게시하여 서비스 이용자가 구독하게 함	창작물의 자리 배치, 서비스 이용자 평가의 노출
미세작업 플랫폼	서베이, 인공지능 훈련용 작업, 바이럴 마케팅	서비스 이용자의 의뢰를 게시하거나 전송	결과물의 검수 (그에 따른 보수 미지급이나 일감 제한)

〈표 8-1〉 플랫폼의 역할에 따른 유형 분류[19]

분야	이용자 규모(만 명)	네티즌 이용율(%)
온라인 배차	36,528	36.9%
온라인 배달	41,883	42.3%

〈표 8-2〉 2020년 중국 온라인 배차 및 배달 서비스 보급 현황[20]

2) 중국 플랫폼 노동자의 사회인구적 특성과 노동관계의 복잡성

실제로 중국에서 플랫폼을 통해 생계를 유지하는 플랫폼 노동자의

---

19   장귀연, 〈노동 유연화로서 플랫폼 노동의 노동 조직 과정과 특성〉.
20   CNNIC, 〈第47次中国互联网络发展状况统计报告〉에서 정리.
　　 http://www.cac.gov.cn/2021-02/03/c_1613923423079314.htm(검색일: 2022. 3. 25).

대부분이 온라인 배달(음식, 택배 등)과 배차(택시, 대리운전 등) 업종에 종사하고 있는데, 이들의 사회인구적 특성을 보면 연령대는 주로 20~30대이고 80% 이상이 농촌 출신의 농민공이며, 90% 정도가 남성인 것으로 나타났다.[21] 이는 플랫폼 노동시장의 진입 장벽이 낮고, 노동시간의 유연성, 상대적으로 높은 수입 등으로 인해 젊은 남성 농민공이 요식업과 제조업 부문에서 많이 유입되었기 때문이다. 그리고 플랫폼 노동시장의 진입이 쉽다는 것은 플랫폼 노동자의 유동성과도 연결되는데, 실제로 온라인 배달 플랫폼 기업인 어러머(饿了么)의 경우 매월 30% 정도의 배달 노동자가 이직하며 6개월 이상 근무하는 노동자의 비율이 10%를 넘지 않는다.[22] 플랫폼 노동의 또 다른 특징은 장시간 불규칙 노동이 일상화되어 있다는 것이다. 메이퇀과 어러머의 자체 통계 자료에 의하면 배달 노동자의 하루 평균 노동시간은 약 12시간이며, 배송 업무의 확대와 소비자 수요의 다양화로 인해 밤낮이 바뀌는 등 근무시간대가 상당히 불규칙하다. 한편 배달 플랫폼 노동자의 월평균 소득은 4,000~8,000위안 정도로 제조업(4,096위안)이나 건축업(4,699위안)에 종사하는 농민공의 월평균 소득보다는 높은 편이다.[23] 그러나 배달 플랫폼 노동자의 수입은 대체로 건당 수수료 형태로 지급되기에 소득이 불안정하고, 더 많은 소득을 얻기 위해서는 장시간

21   中国人民大学劳动人事学院课题组,《数字经济发展对劳动关系领域的影响及对策分析》, 2019年 10月; 常凯 · 郑小静, 〈雇佣关系还是合作关系: 互联网经济中用工关系性质辨析〉,《中国人民大学学报》2019年 第2期; 김경환 · 황선영, 〈중국 플랫폼 노동자의 노동환경 연구: 음식 배달 산업을 중심으로〉,《아시아연구》25(1), 2022.

22   李嘉娜, 〈平台用工劳动关系的现状, 挑战与应对〉,《工会理论研究》2022年 第1期, 16.

23   美团研究院,《新时代新青年：2018年外卖骑手群体研究报告》. https://max.book118.com/html/2018/1003/7035122106001151.shtm(검색일: 2022. 3. 25); 饿了么,《2018外卖骑手群体洞察骑手报告》. https://www.sohu.com/a/285591384_170557(검색일: 2022. 3. 25).

노동과 교통사고 등의 위험을 감수해야만 한다.

무엇보다 대부분의 플랫폼 기업이 핵심 영역만 직속으로 유지하고 이외의 영역은 모두 외주를 주는 경(輕)자산화 전략을 추진하고 있기에 플랫폼 노동자의 고용관계가 매우 복잡하며, 이로 인해 노동관계의 불안정과 사회안전망의 결핍이라는 특성이 강하게 나타난다. 구체적으로 중국 플랫폼 노동의 고용 형태는 크게 세 가지로 구분할 수 있다. 첫째는 '플랫폼 전속 고용'으로 플랫폼 기업의 핵심적인 관리자 및 기술직이 이에 해당한다. 둘째는 '외주 고용'으로 플랫폼 기업이 인력 수급 문제를 저렴하고 편리하게 해결하기 위해 인력 모집과 파견 등의 업무를 외부 배달업체에 외주를 주는 형태이다. 셋째는 '크라우드소싱 고용'으로 노동자가 스스로 플랫폼에 가입하기에 노동자라기보다는 개인사업자에 가깝다.

3) 중국 플랫폼 노동자 권익 보호의 한계 지점

〈표 8-3〉에서 볼 수 있듯이 고용 형태에 따라 노동관계 인정 여부가 달라지는데, 플랫폼 기업의 직접고용보다는 노동관계가 인정되지 않는 외주나 크라우드소싱 고용 형태가 대부분을 차지한다. 이는 플랫폼 노동자의 노동 계약 체결과 사회보험 가입을 어렵게 만드는 요인이 되고 있다. 중국의 노동계약법은 "노사관계가 성립되기 위해서는 반드시 서면으로 노동계약을 맺어야 한다"라고 규정하는데, 실제 플랫폼 노동시장에서는 외주나 크라우드소싱 등 유연한 고용관계가 대부분이기에 40.82%에 달하는 배달 및 택배 노동자가 노동계약서를 쓰지 않았거나 자신의 노동계약에 대해 잘 모르고 있는 것으로 나타났다.[24] 그리고 상하이시의 한 조사 결

---

24   澎湃, "走出系統之困 專訪鄭廣懷: 核心是勞資問題, 算法應以人為本", 2020. 9. 12.

고용 방식	주요 특징
플랫폼 전속 고용	대부분 플랫폼 기업의 핵심적인 관리자 및 기술직이 이에 해당함. 플랫폼 기업으로부터 노무관리를 받고, 노동시간이 비교적 고정적이어서 노동관계 인정률이 높음. 소득도 비교적 안정적임.
외주 고용	플랫폼 기업이 인력 문제를 저렴하고 손쉽게 해결하기 위해 인력 모집, 파견 등의 업무를 다른 업체에 외주를 주는 형태. 따라서 플랫폼 기업과 노동자 사이에는 직접적인 고용관계가 성립되지 않음.
크라우드소싱 고용	노동자가 스스로 플랫폼에 가입해 주로 파트타임으로 종사하며, 노동시간을 자유롭게 선택하고 결정함. 노동자라기보다는 개인사업자에 가깝기에 대체로 노동관계가 인정되지 않음.

〈표 8-3〉 중국 플랫폼 노동의 주요 고용 방식 및 특징

과에 의하면 유연제 노동자들이 사회보험에 가입한 비율은 50%에 미달하고, 그중에서 음식 배달 노동자와 가사 노동자의 사회보험 가입률은 20%에도 못 미치는 것으로 나타났다.[25] 실제로 중국의 현행 사회보험 제도는 고용관계를 전제로 보장이 이루어지기에 플랫폼 노동자 대부분이 산재보험, 실업보험, 출산보험 대상자에서 제외되어 있으며, 의료보험과 연금보험의 경우는 고용관계가 인정되지 않아 직장보험이 아닌 지역보험으로만 가입이 가능하다.[26] 그러나 플랫폼 노동자의 대부분이 농촌에 호적을 두고 있기에 근무 지역에서 실질적인 사회보험 혜택을 거의 받지 못하는 실정이다. 이처럼 플랫폼 노동자들은 '자율적이고 독립적인' 노동자로 불리지만, 그 이면에는 노동관계가 부정됨으로써 사회적 위기도 개인이 책임져야 하는 상황이다. 따라서 플랫폼 노동자와 같은 새로운 형태의 노동자를 포괄할 수 있는 사회보장 시스템의 설계 및 실행 방안이 요구되고 있다.

　　https://www.thepaper.cn/newsDetail_forward_9127954(검색일: 2022. 3. 27).
25　新浪网, "28部门发文! 推进平台从业人员职业伤害保障试点", 2021. http://k.sina.com.cn/article_5328858693_13d9fee45020015azt.html(검색일: 2022. 3. 25).
26　유밍, 최미향 옮김, 〈중국 플랫폼 노동자 보호를 위한 정책 과제〉, 《국제사회보장리뷰》 2021 가을호.

그리고 플랫폼 노동자의 권익 보호를 위한 수단도 미흡한 상황이다. 특히 플랫폼 노동자와 같은 유연 인력의 고용업체는 현재 법적인 노동관계 주체로 인정받지 못하기 때문에, 이들에 대한 노동 감독 시행의 법적 근거가 없는 상황이다. 더구나 플랫폼 노동의 특성상 복잡한 고용 방식과 유동적인 노동 장소 및 노동시간의 제약으로 인해 이들의 노동 조건에 대한 실질적인 감독도 쉽지 않다.[27] 그리고 플랫폼 노동자는 고용 형식에 따라 노동 조건이 상이하고, 노동과정도 전통적인 노동자와 달리 개별적으로 이루어지는 경우가 많기에 집단적인 목소리를 내기가 어려우며 공식 노동조합인 공회(工会)를 통한 조직화도 어렵다.[28] 이러한 조건에서 만성적인 임금 체불이나 가혹한 노동환경에 항의하는 플랫폼 노동자의 쟁의와 파업이 계속 발생하고 있어 사회적으로 큰 문제가 되고 있다. 이에 따라 플랫폼 노동자의 권익을 보호할 수 있는 법제도의 보완과 정책 수립이 중국 노동 영역의 시급한 과제로 제기된다.

중국 플랫폼 노동 관련 정책 변화 및 과제

한편 디지털 플랫폼이 국민경제와 고용에 미치는 영향이 커지면서, 중국 정부도 플랫폼 경제에 대한 관리 감독과 플랫폼 노동자의 권익 보호를 위한 정책을 적극적으로 추진하고 있다. 구체적으로 살펴보면 첫째, 플랫폼 기업의 독점화 문제 및 시장 질서에 미치는 악영향을 개선하기 위

27 정규식, 〈중국 디지털 경제의 발전과 노동 사회의 변화〉, 《중국연구》 제83권, 2020, 259.
28 中国劳动关系学院课题组, 〈平台经济下劳动力提供者权利保护与劳动关系协调机制创新〉, 《中国工运》 2020年 第1期, 36.

한 지침이 꾸준히 제시되고 있다. 먼저 2019년 8월 중국 국무원 판공청은 〈플랫폼 경제 규범 및 건강한 발전 촉진에 관한 지도 의견〉을 발표해 플랫폼 경제와 관련된 법령의 정비와 참여자의 합법적 권익 보호 및 법치 보장 등을 철저히 할 것을 강조했다.[29] 또 2021년 발표된 '14.5 규획'에서도 "법에 근거한 플랫폼 경제의 감독 강화, 플랫폼 기업의 지위와 관리 규칙의 명확화, 반독점 규제 법규범의 완비"를 강조하고 있다. 이에 따라 국무원 반독점위원회에서는 '플랫폼 경제 영역의 반독점에 관한 지침(关于平台经济领域的反垄断指南)'을 발표해 플랫폼 경제에서의 독점 행위에 대해 상세하게 규정했다. 그리고 같은 해 11월 전국인민대표대회 상무위원회 법제공작위원회는 2021년도 입법 사업 계획을 발표하면서 반독점법 개정을 중점 사업 중 하나로 포함했다. 실제로 국가시장감독관리총국은 알리바바 그룹이 기업 인수 과정에서 행한 독과점 행위를 법에 따라 입건해 조사했으며, 2021년 4월 10일 알리바바의 독과점 행위에 대한 행정처분 결과를 공시했다.[30] 이처럼 중국 정부는 플랫폼 시장의 공정한 경쟁을 보호하고, 플랫폼 경제를 규범화해 질서 있고 창조적이며 건강한 발전을 촉진하고, 소비자와 사회 공공의 이익을 보호할 것을 강조하고 있다.

둘째, 플랫폼 노동자의 권익 보호와 관련해서도 중요한 정책들이 제시되었다. 먼저 2021년 7월 16일 인력자원과사회보장부, 국가발전개혁위, 교통운수부, 시장감독관리총국, 중화전국총공회 등 8개 부처가 합동으로 〈신규 취업 형태 노동자의 노동 보장 및 권익 보호에 관한 지도 의견〉을

29　国务院办公厅, "关于促进平台经济规范健康发展的指导意见". http://www.gov.cn/zhengce/content/2019-08/08/content_5419761.htm(검색일: 2022. 4. 22).
30　박우, 〈중국의 플랫폼 기업과 국가의 관리에 관한 탐색적 연구〉, 《아시아리뷰》 제11권 3호, 2021.

발표해 플랫폼 노동과 같은 새로운 취업 형태의 노동자 권익을 보장하는 것은 고용 안정, 민생 개선, 사회 거버넌스 혁신을 선도할 핵심 의제라고 강조했다. 더욱 구체적으로 각급 정부와 기업 및 플랫폼 취업자가 계약 또는 협약을 체결할 것, 쌍방의 권리와 의무를 명확히 할 것, 플랫폼 노동자의 권익과 사회보험 등 복지와 관련된 기관의 책임 명확화 등을 명시했다.[31] 이는 중국 중앙정부가 플랫폼 기업의 고용에 대해 처음으로 발표한 지도성 정책 문건으로, 플랫폼 노동이라는 새로운 고용 모델과 이들에 대한 권익 보호를 점차 중시하고 있음을 보여 준다. 그리고 2021년 7월 26일에는 인력자원과사회보장부, 국가발전개혁위, 시장감독관리총국, 중화전국총공회 등 7개 부처 공동으로 〈온라인 음식 배달 플랫폼의 배달원 권익 보호를 위한 지도 의견〉을 발표했다.[32] 이 문건에는 배달 노동자의 임금체계 개선, 사회보험 가입 의무화, 노동환경 개선 등이 플랫폼 기업의 책임으로 명시되어 있다.

셋째, 플랫폼 노동자의 권익 보장을 위해 공회(노동조합)의 개혁 노력도 꾸준히 전개되고 있다. 구체적으로 2021년 7월 28일 중화전국총공회는 〈중화전국총공회의 새로운 취업 형태 노동자의 권익 보장에 관한 의견〉을 발표해, 각급 공회 조직에 플랫폼 경제 분야에서 공회 건립을 신속히 추진하고 회원 가입을 적극적으로 유도할 것을 강조했다.[33] 또 이와 관련된

31 中华人民共和国人力资源和社会保障部,《人力资源社会保障部, 国家发展改革委, 交通运输部, 应急部, 市场监管总局, 国家医保局, 最高人民法院, 全国总工会关于维护新就业形态劳动者劳动保障权益的指导意见》, 2021年 7月 16日 发布. http://www.mohrss.gov.cn/xxgk2020/fdzdgknr/zcfg/gfxwj/ldgx/202107/t20210722_419091.html(검색일: 2022. 4. 22).

32 搜狐科技, "'美团' 饿了么称将遵守《维护外卖送餐员权益指导意见》, 保障骑手权益". https://www.sohu.com/a/479759432_100302690(검색일: 2022. 4. 22).

33 中华全国总工会,《关于切实维护新就业形态劳动者劳动保障权益的意见》. https://

문건	공표 기관 / 공표일	주요 내용
〈플랫폼 경제 영역의 반독점에 관한 지침〉	국무원 반독점위원회 / 2021.2.7	플랫폼 경제에서의 독점 행위 규정, 시장의 공정한 질서 보호.
〈국민경제와 사회 발전 제14차 5개년 규획과 2035년 장기 목표 요강〉	전국인민대표대회 / 2021.3.13	플랫폼 경제와 공유경제의 건강한 발전 촉진, 법에 의거한 온라인 플랫폼 감독 강화, 플랫폼 기업의 지위와 감독 규칙의 명확화, 독과점 인정 법규범 완비, 독과점 행위 엄중 단속.
〈신규 취업 형태 노동자의 노동 보장 및 권익 보호에 관한 지도 의견〉	인력자원과사회보장부, 국가발전개혁위, 시장감독관리총국, 중화전국총공회 등 8개 부처 공동 / 2021.7.16	플랫폼 고용 현상의 규범화 요구, 각 주체의 책임 명확화, 제도의 완비와 효능 향상을 통해 플랫폼 노동자의 권익과 복지(노동시간, 사회보험, 직업훈련 등) 강화, 관련 주체의 감독 책임과 노동자 권리 보장 업무 기제의 명확화.
〈온라인 음식 배달 플랫폼의 배달원 권익 보호를 위한 지도 의견〉	인력자원과사회보장부, 국가발전개혁위, 시장감독관리총국, 중화전국총공회 등 7개 부처 공동 / 2021.7.26	임금체계 개선(해당 지역 최저임금 수준 이상 유지)과 업무 수행 인정 범위 확대, 주문량과 배송시간 설정 완화, 배달 노동자의 사회보험 가입 의무화, 대기 장소 마련 등 근무 환경 개선 등.
〈중화전국총공회의 신규 취업 형태 노동자의 권익 보장에 관한 의견〉	중화전국총공회 / 20201.7.28	각급 공회의 새로운 취업 형태 노동자의 권익 보호 사업을 위한 지도 의견 제공, 예컨대 공회 건립 및 가입 가속화와 인터넷 사업자 서비스 수준 향상, 해당 공회별로 신규 취업 형태 노동자의 권익 보호에 관한 책임과 기능의 명확화.

〈표 8-4〉 중국 정부와 공회의 플랫폼 경제 및 노동자 권익 보호 관련 주요 정책 및 의견

지도 문건을 신속히 제정해 플랫폼 기업에서의 공회 설립과 신규 취업 형
태 노동자의 공회 가입 규범화, 화물차 운전사와 온라인 콜기사, 배달 노
동자 등 직종별 특성에 맞는 다양한 형태의 공회 설립 및 입회 방식을 적
극적으로 모색하고 있다. 실제로 광저우시총공회는 디지털 기술에 기반
한 새로운 업종 형태에서의 기업 공회 건설과 플랫폼 노동자의 공회 가입
을 적극적으로 유도하고 있으며 2019년 1월 9일, 350명의 음식 배달 노
동자가 광저우시총공회에 가입 신청해, 배달 플랫폼 분야의 첫 번째 공회

www.acftu.org/wjzl/wjzlzcwj/qzwj/202107/t20210728_784163.html?sdiOEtCa=qqrwW
PeCAEWogwLg934Ig3qtv9BlrzkynS3cBhfcEX1QAzXVRLVGzGhz7sYsr,DdhG,t1TllC
hQRfaKj2hm0z0rjWpAnl28SH0S2QQ2YdEiPrw84aarIeFy00yqPnwwjmQH7DpOLA2
N2Lko46zoHQsK0qko(검색일: 2022. 4. 22).

회원이 되었다. 또 난창시총공회도 2021년 4월 온라인 아나운서, 콜 기사, 배달 노동자 등을 중심으로 긱경제공회연합회를 설립하고 제1차 회원대표대회를 개최했다.[34]

이처럼 중국 정부는 디지털 기술의 발전에 따라 국가적으로 새로운 산업 모델에 대한 성장을 적극적으로 지원하면서 플랫폼 경제 및 노동자 권익 보호를 위한 다양한 정책들을 제시하고 있다. 하지만 아직 국가 차원의 최상위 설계가 부재한 채 당면 문제 해결과 점진적인 정책 개선에만 그치고 있으며, 새로운 취업 형태에 대한 법적 보장도 미흡한 상황이다. 더욱이 앞서 보았듯이 플랫폼 노동자와 같이 새로운 업종에 고용된 인력에 대한 노동 계약 형태가 상대적으로 모호해 노동 권익이 제대로 보호받지 못하는 경우가 적지 않다. 또 이들에 대한 사회보장 체계도 미흡한 수준이다. 기존 사회보장 서비스는 전통적인 시스템이 유지되고 있어서 새롭게 등장한 고용 형태의 특성을 제대로 반영하지 못하고 있기 때문이다.

그리고 전통적 노동관계 시스템으로 포괄되지 않는 새로운 형태의 노동자에 대한 관련 법제도 및 정책 시스템이 완비되지 않아 여러 방면에서 불협화음을 내고 있다.[35] 첫째, 겸직 업무에 대한 현행 노동법 규정이 미비하다. 디지털 기술의 발전과 공유경제의 확산으로 노동시장에서는 이미 겸직·겸업 노동자가 증가하고 있지만, 이에 대한 법률적 보호 체계는 아직 제대로 마련되지 않고 있다. 즉 기존의 노동계약법에 따르면 노동자는

---

34 "350名外卖小哥加入工会啦", 〈广州日报〉 2019年 2月 2日. https://baijiahao.baidu.com/s?id=1624299043035222786&wfr=spider&for=pc(검색일: 2022. 4. 22); 南昌市人民政府, "南昌成立全国首个零工经济工会联合会", 2021年 4月 27日, http://www.nc.gov.cn/ncszf/jrnc/202104/cf90eb37a5f141d09b9b45ba9131a9e1.shtml(검색일: 2022. 4. 22).

35 정규식, 〈중국 디지털 경제의 발전과 노동 사회의 변화〉, 《중국연구》 제83권, 2020.

282   인공지능, 플랫폼, 노동의 미래

일반적으로 하나의 고용업체와 노동관계를 맺을 수밖에 없다. 하지만 동시에 노동자가 둘 이상의 고용업체와 이중 또는 다중 노동관계를 맺는 것을 불법으로 규정하지도 않아서 명확한 판단이 어려운 상황이다.[36]

둘째, 플랫폼 노동자들은 노동과정과 관리 방식 등에서 기존의 노동관계와 큰 차이를 보인다. 따라서 이로 인해 파생되는 노동 문제에 대해서도 현행법과 규제는 효과적으로 대응할 수 없는 실정이다.

셋째, 플랫폼 노동과 같은 비정형 노동자에 대한 권익 보호 체계가 제대로 수립되어 있지 않다. 즉 플랫폼 노동자들은 근로시간, 업무 장소, 근로조건 등이 관련 노동법의 제약을 받지 않기 때문에 노동자의 권익을 보호할 수 있는 법적 근거 자체가 미약하다.

마지막으로 플랫폼 노동자의 권익 보호를 위해 업종과 지역에 기반한 공회 건설이나 가입 등의 일부 정책이 각 지방 공회에서 산발적으로 실시되고 있지만, 아직 전국적으로 통일된 정책이나 방침이 마련되어 있지 않고 더욱이 임금 단체협상이나 단체협약 등에서의 역할은 미비한 상황이다. 이에 따라 최근에는 플랫폼 노동자에 대한 법적 지위를 명확히할 필요가 있으며, 나아가 이들의 사회안전망을 확보하기 위해 노동법, 사회보험법, 공회법 규정을 점차 확대 적용해 나갈 것이 플랫폼 노동 영역의 중요한 과제로 제기되고 있다.

---

36 명쉬둬(孟續鐸), 〈중국의 새로운 형태의 취업·창업 연구〉, 《국제노동브리프》 2019년 3월호.

중국 플랫폼 노동 통제 구조: 알고리즘 통제의 전면화와 규율화

플랫폼 노동은 고용구조의 복잡성과 노동관계의 불안정이라는 특성 뿐만 아니라, 노동 통제 구조에서도 새로운 형태를 보인다. 즉 디지털 자본주의 시대에 플랫폼 노동자들은 새로운 노동과정에서의 통제와 감시를 경험하고 있으며, 이는 또 다른 형태로 노동자를 속박하는 굴레가 되고 있다. 주지하듯이 근대의 노동규율은 '테일러리즘'이라고 통칭되는 '노동에 대한 과학적 관리'가 핵심이었다. 즉 고용주나 관리자가 측정 가능한 단위로 노동을 세분화해 노동자의 움직임, 동선, 작업 범위 등을 표준화해 감독함으로써 생산 효율성을 극대화하는 방식이었다. 하지만 플랫폼 노동에서는 노동과정 중 고용주나 관리자에 의한 직접적인 지시나 감독 없이 알고리즘에 의해 통제된다. 이처럼 사용자의 직접적인 업무 지휘나 감독이 없다는 점이 플랫폼 노동의 '고용-종속' 관계를 부정하는 근거가 되기도 하지만, 실제로는 전통적인 노동 관리 방식과는 다른 알고리즘에 의한 디지털 노동 통제를 받고 있다. 주요 외국의 대법원들은 이 점을 중시해 플랫폼 노동자의 임금노동자성을 인정하고 있다. 예컨대 프랑스 대법원은 2018년 11월 28일 음식 배달 라이더의 임금노동자성을 인정했으며, 2020년 3월 4일에는 우버 기사를 임금노동자로 인정했다. 독일 연방노동법원도 2020년 12월 1일 크라우드 노동자의 임금노동자성을 인정했다. 그리고 영국 대법원은 2021년 2월 19일 우버 기사를 노동자로 인정했다.[37]

중국에서도 마찬가지로 플랫폼 노동자의 인격 종속성과 경제 종속성이 노동관계 인정 여부의 중요한 근거로 작용한다. 현재 중국에서 '노동관계' 인정에 관해 가장 명확하게 규정하고 있는 것은 2005년 노동과사회

---

37 박재성, 〈디지털 시대의 노동과 사회정의〉, 《황해문화》 2021 가을호, 45-46.

보장부에서 발표한 '노동관계 확립과 관련된 사항에 관한 통지'인데, 제1조에서 고용 단위와 노동자 간의 노동관계 수립은 아래의 세 가지 요건을 반드시 포함해야 한다고 규정하고 있다. 첫째, 고용 단위와 노동자는 법률, 법규에서 규정한 주체 자격에 부합해야 한다. 둘째, 고용 단위는 법에 의거해 제정된 각항의 노동 규정 제도를 노동자에게 적용해야 하며, 노동자는 고용 단위의 노동 관리를 받아야 하고, 고용 단위가 분배한 유급 노동에 종사해야 한다. 셋째, 노동자가 제공한 노동은 고용 단위 업무의 구성 부분이어야 한다.[38] 이에 대해 중국 인민대 창카이(常凯) 교수는 플랫폼 노동은 형식적으로는 독립적이고 자주적인 고용 형태라고 할 수 있지만, 실질적으로 경제적·인격적 종속성이 강하게 나타난다고 주장한다.[39] 먼저 플랫폼 노동자는 대부분 농촌 출신이며(약 80%), 저학력 저기능 노동력이기에 대체 가능성이 크다는 점에서 경제적으로 약한 지위와 불평등한 종속관계에 놓여 있다는 것이다. 즉 플랫폼 노동자들은 생존과 생활을 위해 업무에 더 많은 시간과 노력을 쏟을 수밖에 없으며, 일자리를 유지하기 위해 노동조건, 노동시간, 임금수준 등의 결정에서 기업의 권한이 매우 강하게 나타난다(경제 종속성). 그리고 플랫폼 노동자들은 노동 장소와 시간이 자유롭다고 인식되지만, 실제로는 알고리즘에 의한 디지털 노동 통제와 고객 평가에 따른 감정 노동 등 더욱 엄격한 인격적 속박 구조에 놓여 있다(인격 종속성). 이러한 측면에서 디지털 플랫폼 시대 노동관계 변화의 중요한 특성은 '종속'과 '자유'가 혼재되어 있다.

---

38   刘敏丽, 〈平台经济下的劳动关系认定〉, 《企业技术与发展》 2021年 第10期(总第480期), 148.
39   常凯·郑小静, 〈雇佣关系还是合作关系: 互联网经济中用工关系性质辨析〉, 《中国人民大学学报》 2019年 第2期, 82-83.

죽음의 질주로 내몰리는 플랫폼 배달 노동자

특히 '일하고 싶을 때 자유롭게 일하고, 일한 만큼 수입을 보장'받는
다고 선전되는 배달 플랫폼 노동자들은 디지털 기술의 발전에 따른 알고
리즘 통제 기제의 전면화로 인해 점점 더 불안정하고 위험한 노동으로 전
락하고 있다.[40] 실제로 중국 배달 플랫폼 시장의 양대 산맥으로 자리 잡은
메이퇀과 어러머의 경우 각각 '초뇌(超腦)'와 '방주(方舟)'로 불리는 '실시간
스마트 배달 시스템'을 통해 배달 노동자의 노동시간, 노동과정, 노동 평
가가 실시간으로 통제된다.[41] 먼저 노동시간의 측면에서 보면 배달 플랫
폼 노동자들은 알고리즘 시스템의 통제에 따라 배송 제한시간이 계속 짧
아지고 있다. 실제 '메이퇀'의 경우 3km 거리의 배달 소요 시간을 2016년
1시간에서 2020년 28분으로 단축했다. 그리고 1일 배송 건수(약 30~50건)
를 채우기 위해 장시간 노동과 교통사고 등의 위험을 감수한 '죽음의 질
주'를 감내할 수밖에 없다. 더구나 주문(call)을 받기까지 기다려야 하는
대기시간과 이동시간은 어디에서도 보상받지 못하는 그림자 노동, 즉 보
이지 않는 노동으로 취급된다.

플랫폼 노동은 노동과정과 노동 평가의 측면에서도 엄격한 통제가
이루어지고 있다. 구체적으로 메이퇀과 어러머의 경우 약간의 차이는 있
지만, 기본적으로 고객 만족도, 시간 준수율, 주문율을 기준으로 상벌제를

---

40 중국 배달 플랫폼 노동자에 대한 알고리즘 통제 구조에 관한 더욱 자세한 내용은 다음의
    연구를 참고. 孙萍·陈玉洁, 2021; 谢玉华·谢华青·苏策, 2022.
41 중국의 플랫폼 기반 배달 산업은 2012년부터 본격적으로 성장하기 시작했으며, 2017년 통
    합과 합병의 시기를 거쳐 현재 '메이퇀와이마이(美团外卖)'와 '어러머(饿了么)'가 양대 산
    맥으로 각축을 벌이는 구도가 형성되었다(노세리 외, 2019: 247). 2021년 1분기 기준 메이
    퇀과 어러머의 플랫폼 배달시장 점유율은 각각 67.3%, 26.9%이며, 소속 배달 노동자는 각
    각 720만 명, 300만 명에 달한다.

시행하는 등 엄격한 노동과정 통제와 평가가 시행된다. 즉 고객 만족도(별점)에 따라 배달 노동자의 등급이 매겨지는데, 등급이 높을수록 알고리즘 시스템에 의해 할당받는 주문도 많아지고 기본 수수료도 인상된다. 그리고 고객 만족도가 좋으면 상점과 1~2위안 정도의 현금이 추가로 지급된다. 반대로 나쁜 평가를 받으면 벌점과 함께 수수료에서 10~20위안이 차감된다. 그리고 배달 제한시간을 지키지 못해 벌점이 쌓이면 매달 소득에서 일정 금액이 공제되고, 주문 접수율이 떨어지면 시스템에 의해 페널티가 부과되어 마음대로 주문을 거부할 수도 없다. 따라서 배달 노동자들은 배송 제한시간과 주문량을 맞추기 위해 '저승사자와의 경주'라고 불릴 정도로 위험한 노동에 내몰리고 있다. 실제 2017년 기준 상하이에서는 평균 2.5일에 한 건씩 배달 노동자 교통사고가 발생했으며, 2020년 9월까지 배달 노동자의 교통법규 위반이 4만3,000천여 건에 이르는 것으로 나타났다. 이처럼 플랫폼 노동자는 업무량을 자유롭게 선택할 권리가 없으며, 알고리즘 시스템에 따라 노동과정이 실시간으로 감시되어 노동 평가에도 그대로 반영된다.

요컨대 배달 플랫폼 노동자들은 고용주가 아닌 인공지능 알고리즘에 의해 출퇴근 시간 및 휴게시간, 대기 지역, 배송시간, 근무 태도, 고객 만족도 등이 실시간으로 전송되는 '디지털 판옵티콘'에 갇혀 있다.[42] 그리고 이 자료가 빅데이터로 저장되어 점수화되기 때문에, 배달 노동자들은 호출 배제나 감소, 벌금 등의 각종 불이익을 받지 않기 위해 비가시화된 착취 구조와 노동과정에서의 통제 및 규율에 잠식되고 있다. 또 플랫폼업체들

---

42 李胜蓝·江立华,〈新型劳动时间控制与虚假自由: 外卖骑手的劳动过程研究〉,《社会学研究》2020. 6.

은 노동 생산성과 효율성을 높이기 위해 노동과정을 게임화(gamification, 업무 실적의 점수화)해 직무등급제나 인센티브 지급에 반영함으로써 노동자 간의 경쟁을 가속화하고 있다. 따라서 디지털 기술을 활용한 알고리즘 노동 통제의 적용 범위나 방식에 대한 명확한 기준을 마련해 플랫폼 노동자의 기본적 권익을 보호할 필요가 제기된다.

디지털 시대, 부유하는 중국 플랫폼 노동자

이상에서 살펴보았듯이 최근 중국은 디지털 기술의 혁신을 통한 산업구조 전환을 국가 중점 전략으로 강조하고 있으며, 경제구조와 노동 양식의 변화가 매우 빠르게 전개되고 있다. 이에 따라 중국에서도 디지털 시대의 대표적 노동 유형인 플랫폼 노동자들은 새로운 형태의 불안정 노동으로 전락하고 있으며, 알고리즘 기술에 의해 새로운 통제와 착취를 경험하고 있다. 특히 최근 중국 정부는 코로나의 충격에 따른 실업률 증가를 해결하기 위해 '노동 유연화' 정책을 적극적으로 시행하고 있는데, 이로 인해 불안정 고용(특히 여성, 농민공, 대학생 등 청년)이 더욱 확산하면서 노동자들의 삶의 안정성이 더욱 위협받고 있다.

구체적으로 중국 국무원은 2020년 7월에 〈유연한 취업(灵活就业) 다각화를 위한 의견(国务院办公厅关于支持多渠道灵活就业的意见)〉을 발표해 코로나로 인한 노동시장의 충격에 대응하겠다는 정책을 제시했다. 여기서 '유연한 취업'이란 시간제, 임시직, 탄력 근로 등과 같이 노동 유연성이 높은 취업 형태를 의미하는데, 플랫폼 배달 노동자가 대표적인 예라고 할 수 있다. 실제로 코로나 방역 기간에 많은 기업이 파견 노동, 기간제, 외주

등을 확대했으며, 코로나의 위협에 가장 먼저 노출됐던 집단도 파견 노동과 외주업체에 종사하던 비정규직 노동자였다. 이에 따라 플랫폼 노동자를 비롯한 각종 유연한 형태의 고용 종사자들의 불안정한 일자리와 소득 감소 등이 중요한 사회문제가 되고 있다. 따라서 디지털 기술의 발전이 가져올 사회적 위험을 최소화하고, 새롭게 창출될 기회를 어떻게 모든 구성원이 함께 공유할 수 있을 것인지에 대한 대책 마련이 시급한 상황이다. 이러한 측면에서도 중국 플랫폼 노동자들의 권익 보호를 위한 사회적 저항은 향후 어떤 양상을 보일 것인지, 또 중국 정부의 정책적 대응이 갖는 성과와 한계는 어떠할지에 대한 지속적인 연구와 관심이 요구된다.

2장

강남훈,《정보혁명의 정치경제학》, 문화과학사, 2002.

강남훈·강성윤·류동민·박성수·이경천·이채언·채만수,《정보재 가치논쟁》, 한신대학교출판부, 2007.

김상민,〈AI 자동화 이론의 지형: 유령 노동에서 자동화된 공산주의까지〉,《문화과학》통권 105호, 2021, 103-26.

김종진,〈디지털 플랫폼 노동 확산과 위험성에 대한 비판적 검토〉,《경제와 사회》통권 125호, 2020, 296-322.

김하영,《뭐든 다 배달합니다》, 메디치미디어, 2020.

문화과학 편집위원회,〈특집: 플랫폼 자본주의〉,《문화과학》통권 92호, 2017, 4-145.

문화과학 편집위원회,〈특집: 인공지능 자본주의〉,《문화과학》통권 105호, 2021, 12-179.

박정훈,《배달의민족은 배달하지 않는다》, 빨간소금, 2020.

심광현 · 유진화,《인간혁명에서 사회혁명까지》, 희망읽기, 2020.

이광석,《데이터 사회 비판》, 책읽는수요일, 2017.

이문호 · 안재원 · 오민규 · 황현일,〈전환기 자동차 산업 대안 모색 연구〉, 전국민주노동조합총연맹, 2020.

이은진,〈[특집: 과학기술혁명과 노동자계급] 자동화의 현 단계〉,《경제와 사회》통권 8호, 1990, 107-22.

이진경,〈인공지능 이후의 자본의 축적 체제〉,《사회경제평론》53호, 2017, 49-78.

정성진,《21세기 마르크스 경제학》. 산지니, 2020.

조정환,《인지자본주의》, 갈무리, 2011.

진태원,《애도의 애도를 위하여》, 그린비, 2019.

하대청,〈루프 속의 프레카리아트: 인공지능 속 인간 노동과 기술 정치〉,《경제와 사회》통권 118호, 2018, 277-305.

한국산업사회학회 (편),〈특집: 과학기술혁명과 노동자계급〉,《경제와 사회》통권 8호, 1990, 4-175.

"코로나 충격으로 줄어든 일자리 작년 한 해 46만 개",〈한겨레〉, 2021, 5, 9. URL:

https://www.hani.co.kr/arti/economy/economy_general/994377.html#csidx65a6f7ab3297005b
474cab8bf207e4a

三浦展,《下流社會: 新たな階層集團の出現》, 2005(미우라 아쓰시, 이화성 옮김,《〈하류사회: 새
로운 계층집단의 출현》, 씨앗을뿌리는사람, 2006).

Adams-Prassl, J. *Humans as a service*, 2018(제레미아스 아담스 프리슬, 이영주 옮김,《플랫폼 노
동은 상품이 아니다》, 숨쉬는책공장, 2020).

Andrejevic, M. *Automated media* (London, UK: Taylor & Francis, 2020).

Bastani, A. *Fully automated luxury communism: A manifesto*, 2019(아론 바스타니, 김민수 · 윤
종은 옮김,《완전히 자동화된 화려한 공산주의》, 황소걸음, 2020).

Benanav, A. *"Automation and the future of work—1"*, *New Left Review* (119), 2019, 5-38.

Benanav, A. Automation and the future of work (New York, NY: Verso, 2020).

Berardi, F. *The soul at work: From alienation to autonomy*, 2009(프랑코 베라르디, 서창현 옮김,
《노동하는 영혼: 소외에서 자율로》, 갈무리, 2012).

Berardi, F. *Heroes: Mass murder and suicide*, 2015(프랑코 베라르디, 송섬별 옮김,《죽음의 스펙
터클: 금융자본주의 시대의 범죄, 자살, 광기》. 반비, 2016.

Berardi, F. *Futurability: The age of impotence and the horizon of possibility* (New York,
NY:Verso, 2017).

Braverman, H. *Labor and monopoly capital: The degradation of work in the twentieth century*
(New York, NY: Monthly Review Press, 1974).

Brynjolfsson, E., & McAfee, A. *The second machine age: Work, progress and prosperity in a time
of brilliant technologies*, 2014(에릭 브린욜프슨·앤드루 맥아피, 이한음 옮김,《제2의 기계
시대: 인간과 기계의 공생이 시작된다》, 청림출판, 2014).

Caffentzis, G. *In letters of blood and fire: Work, machines, and the crisis of capitalism*, 2013(조
지 카펜치스, 서창현 옮김,《피와 불의 문자들: 노동, 기계, 화폐 그리고 자본주의의 위기》,
갈무리, 2018.

Cant, C. *Riding for deliveroo: Resistance in the new economy. Cambridge* (UK: Polity Press,
2019).

Chan, J., Selden, M., & Ngai, P. *Dying for an iPhone: Apple, Foxconn and the lives of China's
workers* (London, UK: Pluto Press, 2020).

Conference of Socialist Economists (Ed.). "Special issue: Machines and measure", *Capital &
Class 44(2)*, 2020, 139-285.

Dyer-Witheford, N. Cyber-proletariat: *Global labour in the digital vortex* (London, UK:Pluto

Press, 2015).

Dyer-Witheford, N., Kjøsen, A. M., & Steinhoff, J. *Inhuman power: Artificial intelligence and the future of capitalism* (London, UK: Pluto Press, 2019).

Federici, S. Revolution at point zero: *Housework, reproduction, and feminist struggle*, 2012(실비아 페데리치, 황성원 옮김,《혁명의 영점: 가사노동, 재생산, 여성주의 투쟁》, 갈무리. 2013).

Fisher, M. *Capitalist realism: Is there no alternative?*, 2009(마크 피셔, 박진철 옮김,《자본주의 리얼리즘: 대안은 없는가》, 리시올, 2018).

Ford, M. *Rise of the robots: Technology and the threat of a jobless future*, 2015(마틴 포드, 이창희 옮김,《로봇의 부상: 인공지능의 진화와 미래의 실직 위협》, 세종서적. 2016).

Frase, P. *Four futures: Life after capitalism. Brooklyn* (NY: Verso, 2016).

Frey, C. B. *The technology trap: Capital, labor, and power in the age of automation*, 2019(칼 베네딕트 프레이, 조미현 옮김,《테크놀로지의 덫: 자동화 시대의 자본, 노동, 권력》, 에코리브르, 2019.

Frey, C. B., & Osborne, M. A. "The future of employment: How susceptible are jobs to computerization?(Working paper)," Oxford Martin Programme on Technology and Employment, 2013. Retrieved from https://www.oxfordmartin.ox.ac.uk/downloads/academic/future-of-employment.pdf

Gray, M. L., & Suri, S. *Ghost work: How to stop silicon valley from building a new global underclass*, 2019(메리 그레이 · 시다스 수리, 신동숙 옮김,《고스트워크: 긱과 온디맨드 경제가 만드는 새로운 일의 탄생》, 한스미디어., 2019).

Huws, U. *The making of a cybertariat: Virtual work in a real world*, 2003(어슬러 휴즈, 신기섭 옮김,《싸이버타리아트》, 갈무리, 2004).

Huws, U. *Labor in the global digital economy: The cybertariat comes of age* (New York, NY: Monthly Review Press, 2014).

Huws, U. "Logged labour: A new paradigm of work organisation?," *Work Organisation, Labour & Globalisation 10(1)*, 2016, 7-26.

Huws, U. "Reaping the whirlwind: Digitalization, restructuring, and mobilization in the covid crisis," 2020, In L. Panitch & G. Albo (Eds.), *Socialist register 2021: Beyond digital capitalism: New ways of living* (London, UK: Merlin Press, 2021), 1-13.

Illich, I. *Shadow work*, 1981(이반 일리치, 노승영 옮김,《그림자 노동》, 사월의책. 2015).

Kaplan, J. *Humans need not apply: A guide to wealth and work in the age of artificial intelligence*, 2015(제리 카플란, 신동숙 옮김,《인간은 필요 없다: 인공지능 시대의 부와 노동의 미래》, 한스미디어. 2016.

Keynes, J. M. "Economic possibilities for our grandchildren", In J. M. Keynes (Ed.), *Essays in persuasion* (London, UK: Norton, 1930), 358–73.

Lazzarato, M. *Signs and machines: Capitalism and the production of subjectivity*, 2014(마우리치오 랏자라또, 신병현 · 심성보 옮김,《기호와 기계: 기계적 예속 시대의 자본주의와 비기표적 기호계 주체성의 생산》, 갈무리, 2017).

MacKenzie, D. "Marx and the machine," *Technology and Culture 25(3)*, 1984, 473-502.

Marx, K. *Capital: Volume III (D. Fernbach, Trans.)* (London, UK: Penguin Books, 1991), (Original work published 1894).

Mason, P. *PostCapitalism: A Guide to Our Future* (London, UK: Penguin Books, 2015).

Moody, K. "High tech, low growth: Robots and the future of work," *Historical Materialism 26(4)*, 2018, 3-34.

Moore, P. V. *The quantified self in precarity* (New York, NY: Routledge, 2018).

Moore, P. V., & Woodcock, J. (Eds.), *Augmented exploitation: Artificial intelligence, automation, and work* (London, UK: Pluto Press, 2021).

Moore, P. V., Upchurch, M., & Whittaker, X. (Eds.), *Humans and machines at work: Monitoring surveillance and automation in contemporary capitalism* (London, UK: Palgrave Macmillan, 2018).

Morris-Suzuki, T. *Robots and capitalism* (New Left Review I(147), 1984), 109-21.

Noble, D. F. "Social choice in machine design: The case of automatically controlled machine tools," In A. Zimbalist (Ed.), *Case studies on the labor process* (New York, NY: Monthly Review Press, 1979).

Precarity Lab, *Technoprecarious. London* (UK: Goldsmiths Press, 2020).

Reich, R. "Covid-19 pandemic shines a light on a new kind of class divide and its inequalities," *The Guardian*, 2020. 4. 26. Retrieved from https://www.theguardian.com/commentisfree/2020/apr/25/covid-19-pandemic-shines-a-light-on-a-new-kind-of-class-divide-and-its-inequalities

Rensi, E. "McDonald's says goodbye cashiers, hello kiosks," *Forbes*, 2018. 7. 11. Retrieved from https://www.forbes.com/sites/edrensi/2018/07/11/mcdonalds-says-goodbye-cashiers-hello-kiosks/?sh=5a6758336f14

Rifkin, J. *The end of work: The decline of the global labor force and the dawn of the post-market era* (New York, NY: Putnam, 1995).

Rosenblat, A. Uberland: *How algorithms are rewriting the rules of work*, 2018(알렉스 로젠블랫, 신소영 옮김,《우버 혁명: 공유경제 플랫폼이 변화시키는 노동의 법칙》, 유엑스리뷰, 2019.

Sadowski, J. "Why silicon valley is embracing universal basic income," *The Guardian*, 2016. 6. 22. Retrieved from https://www.theguardian.com/technology/2016/jun/22/silicon-valley-universal-basic-income-y-combinator

Smith, J. E. *Smart machines and service work: Automation in an age of stagnation* (London UK: Reaktion Books, 2020)

Srnicek, N. *Platform capitalism*, 2016(닉 서르닉, 심성보 옮김,《플랫폼 자본주의》, 킹콩북, 2020).

Srnicek, N., & Williams, A. *Inventing the future: Postcapitalism and a world without work* (London, UK: Verso, 2015).

Standing, G. *The corruption of capitalism: Why rentiers thrive and work does not pay,* 2017(가이 스탠딩, 김병순 옮김,《불로소득 자본주의: 부패한 자본은 어떻게 민주주의를 파괴하는가》, 여문책, 2019).

Stiegler, B. *Automatic society: The future of work* (Cambridge UK: Polity Press, 2017).

Taylor, A. "The automation charade," *Logic Magazine*, 2018. 8. 1. Retrieved from https://logicmag.io/failure/the-automation-charade/

Terranova, T. "Free labor," In T. Scholz (Ed.), *Digital labour: The internet as playground and factory* (London, UK: Routledge, 2012), 33-57.

Terranova, T. *The city is a technosocial medium*, 2021(〈디지털 시티스케이프 지도 그리기〉, 도시인문학연구소 제18회 국제학술대회 자료집, 2021, 37-43).

Trudell, C., Hagiwara, Y., & Jie, M. "'Gods' edging out robots at Toyota facility," *The Japan Times*, 2014. 4. 7. Retrieved from https://www.japantimes.co.jp/news/2014/04/07/business/gods-edging-out-robots-at-toyota-facility/

World Economic Forum, *The future of jobs 2016 employment trends*, 2016. Retrieved from https://reports.weforum.org/future-of-jobs-2016/employment-trends/

World Economic Forum, *The future of jobs report 2018*, 2018. Retrieved from http://www3.weforum.org/docs/WEF_Future_of_Jobs_2018.pdf

World Economic Forum, *The future of jobs report 2020*, 2020. Retrieved from http://www3.weforum.org/docs/WEF_Future_of_Jobs_2020.pdf

Yang, A. *The war on normal people: The truth about america's disappearing jobs and why* universal basic income is our future, 2018(앤드루 양, 장용원 옮김,《보통 사람들의 전쟁: 기계와의 일자리 전쟁에 직면한 우리의 선택》, 흐름출판, 2019.

Ziady, H. "Adidas is closing hi-tech sneaker factories in Germany and the US," *CNN Business*, 2019. 11. 12. Retrieved from https://edition.cnn.com/2019/11/12/business/adidas-speedfactory-plants-closing/index.html

Zuboff, S. The age of surveillance capitalism: *The fight for a human future at the new frontier of power* (London UK: Profile Books, 2019).

5장

강정한·송민이, 〈탈진실 시대 서사 복원적 데이터 마이닝의 필요성과 방법론〉,《한국사회학》 57(2), 2023, 89-130.

고학수,《AI는 차별을 인간에게서 배운다》, 21세기북스, 2022.

김리원, 〈택배 도시 현상의 거시적·공간적 행위 경관 연구: 마켓컬리 샛별배송 서비스를 중심으로〉,《공간과 사회》 32(2), 2022, 203-47.

김수영·강명주, 〈플랫폼 노동자가 경험하는 시공간 구조와 대응 전략〉,《한국사회정책》 29(1), 2022, 3-47.

김애라, 〈디지털 노동의 성별성에 관한 비판적 고찰: 여성 '페북스타'의 디지털 노동을 중심으로〉, 《언론과 사회》 24(4), 2016, 98-145.

김준헌, 〈음식 배달 산업 현황과 배달 라이더의 소득 자료 제출에 따른 쟁점〉,《이슈와 논점》 1935호, 국회입법조사처, 2022.

마쓰오카 게이스케, 홍성민 옮김,《구글 맵, 새로운 세계의 탄생》, 위즈덤하우스, 2017.

박상철·이웅규·고준·류성열, 〈디지털 기술 환경에서의 그림자 노동 메커니즘 규명 연구〉,《경영학연구》 49(1), 2020, 31-50.

박수민, 〈플랫폼 배달 경제를 뒷받침하는 즉시성의 문화와 그림자 노동〉,《경제와 사회》 130, 2021, 208-36.

박정훈,《배달의민족은 배달하지 않는다》, 빨간소금, 2020.

박정훈,《플랫폼은 안전을 배달하지 않는다》, 한겨레출판, 2023.

브루노 라투르 외, 홍성욱 엮음,《인간·사물·동맹》, 이음, 2010.

이광석,《피지털 커먼즈》, 갈무리, 2021.

이광석, 〈자본주의 종착역으로서 '플랫폼 자본주의'에 관한 비판적 소묘〉,《문화과학》 92, 2017, 18-47.

정예슬, 〈전치된 자들의 장소 만들기〉,《공간과 사회》32, 2022, 82-114.

채석진, 〈테크놀로지, 노동, 그리고 삶의 취약성〉,《한국언론정보학보》79(5), 2016, 226-59.

하대청, 〈루프 속의 프레카리아트: 인공지능 속 인간 노동과 기술 정치〉,《경제와 사회》118, 2018, 277-305.

Altenried, M. *The Digital Factory: The Human Labor of Automation* (The University of Chicago, 2021)(모리크 알텐리트, 권오성·오민규 옮김,《디지털 팩토리: 디지털 자본주의 시대, 보이지 않는 노동》, 숨쉬는책공장, 2023).

Andrejevic, M. "Exploiting YouTube: Contradictions of user-generated labor", *The YouTube Reader 413(36)*, 2002, 406-23.

Asaro, Peter M. "What should we want from a robot ethics?", *International review of information ethics 6*, 2006, 9-16.

Braverman, H. *Labor and monopoly capital: the degradation of work in the twentieth century* (New York: Monthly Review Press, 1974)(해리 브레이버맨, 이한주·강남훈 옮김,《노동과 독점자본: 20세기에서의 노동의 쇠퇴》, 까치, 1987).

Burawoy, M. *Manufacturing Consent: Changes in the Labor Process Under Monopoly Capitalism* (Chicago: University of Chicago Press, 1979).

Cameron, L. D. "'Making out' while driving: Relational and efficiency games in the gig economy", *Organization Science 33(1)*, 2022, 231-52.

Christin, A. "The ethnographer and the algorithm: beyond the black box", *Theory and Society 49(5-6)*, 2020, 897-918.

Cohen, R. L. "Rethinking 'mobile work': boundaries of space, time and social relation in the working lives of mobile hairstylists", *Work, employment and society 24(1)*, 2010, 65-84.

Cresswell, T. *On the move: Mobility in the modern western world* (Taylor & Francis, 2006)(팀 크레스웰, 최영석 옮김,《온 더 무브》, 앨피, 2021).

de Souza e Silva, A. "From cyber to hybrid: Mobile technologies as interfaces of hybrid spaces", *Space and culture 9(3)*, 2006, 261-78.

Edwards, R. *Contested terrain: The transformation of the workplace in the twentieth century* (New York: Basic Books, 1979).

Ekbia, H. & Nardi, B. "Heteromation and its (dis) contents: The invisible division of labor between humans and machines", *First Monday 19(6)*, 2014.

Ekbia, H. R. & Nardi, B. A. *Heteromation, and other stories of computing and capitalism* (MIT Press, 2017).

Ekbia, H. R., Nardi, B. & Sabanovic, S. *On the margins of the machine: Heteromation and robotics* (iConference 2015 Proceedings, 2015).

Fin, Ed. *What algorithms want: imagination in the age of computing* (MIT Press, 2017)(에드 핀, 이로운 옮김,《알고리즘이 욕망하는 것들: 우리 삶과 사회 깊숙이 침투한 알고리즘의 내면을 성찰하다》, 한빛미디어, 2019).

Gray, M. L. & Suri, S. *Ghost work: How to stop Silicon Valley from building a new global underclass* (Eamon Dolan Books, 2019)(메리 그레이·시다스 수리, 신동숙 옮김,《스트워크: 긱과 온디맨드 경제가 만드는 새로운 일의 탄생》, 한스미디어, 2019).

Gruber, J. & Hargittai, E. "The importance of algorithm skills for informed Internet use", *Big Data &Society 10(1)*, 2023.

Guda, H. & Subramanian, U. "Your uber is arriving: Managing on-demand workers through surge pricing, forecast communication, and worker incentives", *Management Science 65(5)*, 2019, 1995-2014.

Hayles, N. K. *How we became posthuman: Virtual bodies in cybernetics, literature, and informatics* (The University of Chicago Press, 1999)(캐서린 헤일스, 허진 옮김,《우리는 어떻게 포스트휴먼이 되었는가》, 플래닛, 2013).

Heiland, H. "Controlling space, controlling labour? Contested space in food delivery gig work", *New Technology, Work and Employment 36(1)*, 2021, 1-16.

Irani, L. "The cultural work of microwork", *New media &society 17(5)*, 2015, 720-39.

Kücklich, J. "Precarious playbour: Modders and the digital games industry", *fibreculture 5(1)*, 2005, 1-5.

Lambert, C. *Shadow work: The unpaid, unseen jobs that fill your day* (Catapult, 2015)(크레이그 램버트, 이현주 옮김,《그림자 노동의 역습》, 2016, 민음사).

Lazzarato, M. "Immaterial labor", *Radical thought in Italy: A potential politics*, 1996, 133-47.

Lefebvre, Henry. *La production de l'espce* (Economica, 2000)(앙리 르페브르, 양영란 옮김,《공간의 생산》, 에코리브르, 2011).

Massey, Doreen. *For space* (Sage, 2005)(도린 매시, 박경환·이영민·이용균 옮김,《공간을 위하여》, 심산, 2016).

Mateescu, A. & Elish, M. *AI in context: the labor of integrating new technologies*, 2019.

Miller, D. & Slater, D. *The Internet: an ethnographic approach* (Routledge, 2020).

Mitchell, K. 2005. "Hybridity", *Cultural geography: A critical dictionary of key concepts, 3*, 2005, 188(데이비드 앳킨슨 외, 박경환 옮김, 2011,《현대문화 지리학: 주요

개념의 비판적 이해》, 논형).

Moore, P. V. *The quantified self in precarity: Work, technology and what counts* (Routledge, 2017).

Neff, G. & Stark, D. "Permanently beta", *Society online: The Internet in context*, 2004, 188.

Newlands, G. "Algorithmic surveillance in the gig economy: The organization of work through Lefebvrian conceived space", *Organization Studies 42(5)*, 2021, 719-37.

Parker, G. G., Van Alstyne, M. W. & Choudary, S. P. *Platform revolution: How networked markets are transforming the economy and how to make them work for you* (WW Norton & Company, 2016)(마셜 밴 앨스타인 외, 이현경 옮김, 《플랫폼 레볼루션》, 부키, 2017).

Posner, E. A. & Weyl, E. G. *In Radical Markets* (Princeton University Press, 2018)(에릭 포즈너 외, 박기영 옮김, 《래디컬 마켓: 공정한 사회를 위한 근본적 개혁》. 부키, 2019).

Qadri, R. & D'Ignazio, C. "Seeing like a driver: How workers repair, resist, and reinforce the platform's algorithmic visions", *Big Data & Society 9(2)*, 2022.

Ritzer, G. & Jurgenson, N. & Jurgenson, N. "Production, consumption, prosumption: The nature of capitalism in the age of the digital 'prosumer'", *Journal of consumer culture 10(1)*, 2010, 13-36.

Rosenblat, A. & Stark, L. "Algorithmic labor and information asymmetries: A case study of Uber's drivers", *International journal of communication 10*, 2016, 27.

Sallaz, J. J. "Permanent pedagogy: How post-Fordist firms generate effort but not consen", *Work and Occupations 42(1)*, 2015, 3-34.

Shapiro, Aaron. "Between Autonomy and Control: Strategies of Arbitrage in the 'on-Demand' Economy", *New Media & Society 20(8)*, 2018, 2954-71.

Sharma, S. *In the meantime: Temporality and cultural politics* (Duke University Press, 2014) (사라 샤르마, 최영석 옮김, 《틈새시간》, 앨피, 2022).

Star, S. L. "The ethnography of infrastructure", *American behavioral scientist 43(3)*, 1999, 377-91.

Taylor, P. & Bain, P. "An assembly line in the head: work and employee relations in the call centre", *Industrial relations journal 30(2)*, 1999, 101-17.

Terranova, T. "Free labor: Producing culture for the digital economy", *Social text 18(2)*, 2000, 33-58.

Urry, J. *Sociology Beyond Societies: Mobilities for the Twenty-first Century* (Psychology Press, 2000)(존 어리, 윤여일 옮김,《사회를 넘어선 사회학》, 휴머니스트, 2012).

van Doorn, N. & Badger, A. "Platform capitalism's hidden abode: producing data assets in the gig economy", *Antipode 52(5)*, 1475-95.

Willis, K. S. "Sensing place: Mobile and wireless technologies in urban space", *Encountering urban places: Visual and material performances in the city*, 2007, 155-69.

Zheng, Y. & Wu, P. F. "Producing speed on demand: Reconfiguration of space and time in food delivery platform work", *Information Systems Journal*, 2022.

Zuboff, S. *The age of surveillance capitalism: The fight for a human future at the new frontier of power* (Profile books, 2019)(쇼샤나 주보프, 김보영 옮김,《감시자본주의 시대》, 문학사상사, 2021).

Zweig, K. *Ein Algorithmus hat kein Taktgefühl: Wo künstliche Intelligenz sich irrt, warum uns das betrifft und was wir dagegen tun können* (Heyne Verlag, 2019)(카타리나 츠바이크, 유영미 옮김,《무자비한 알고리즘》, 니케북스, 2021).

7장

강이수,〈4차산업혁명과 디지털 성별 격차〉,《페미니즘연구》18(1), 2018, 143-79.

김재필·성승창·홍원균,〈웹툰 플랫폼의 진화와 한국 웹툰의 미래〉, KT경제경영연구소, 2013.

김종진, "웹기반과 지역기반 플랫폼 노동 특징과 정책과제",《노동포럼》144, 2019, 25-52.

김종진, "디지털 플랫폼 노동 확산과 위험성에 대한 비판적 검토",《경제와 사회》3호, 2020, 296-322.

김준영·권혜자·최기성·연보라·박비곤,《플랫폼 경제 종사자 규모 추정과 특성 분석》, 한국고용정보원, 2019.

박석환·박현아,〈웹툰 산업의 구조적 문제점과 개선 방안: 웹툰 대형 포털 플랫폼 유통 구조를 중심으로〉,《코카포커스》2014-02호(통권 79호), 한국콘텐츠진흥원, 2014.

박유리·오정숙·양수연·임세실·최충·최동욱,〈O2O 비즈니스 확산에 따른 시장 변화 및 정책 방안 연구〉, 정보통신정책연구원, 2016.

백욱인, "서비스 플랫폼의 전유 방식에 관한 시론: 플랫폼 지대와 이윤을 중심으로",《경제와 사회》104, 2014, 174-96.

(사)서울여성노동자회, "게임업계 사상 검증으로 여성 노동자는 설 곳이 없다",〈우린 달라진 세

상을 살 거야〉, 2020.

양경욱, 〈플랫폼 경제와 문화 산업: 만화 산업의 플랫폼화와 웹툰 작가의 자유/무료 노동〉,《노동정책연구》20(3), 2020, 79-106.

오은진·신선미·구미영·권소영·길현종, 〈기술 발전에 따른 여성 일자리 전망과 대응 전략(Ⅱ): 플랫폼 일자리를 중심으로〉, 한국여성정책연구원, 2020.

이승렬, 〈공연 예술 분야 종사자는 예술인인가, 노동자인가〉,《노동리뷰》2008년 10월호, 2008, 42-51.

이승윤·백승호·남재욱, 〈한국 플랫폼 노동시장의 노동과정과 사회보장제의 부정합〉,《산업노동연구》26(2), 2020, 77-135.

장귀연, 〈노동 유연화로서 플랫폼 노동의 노동 조직 과정과 특성〉,《산업노동연구》26(2), 2020, 183-224.

장지연, "프레카리아트의 확산과 사회보험의 미래: 디지털 플랫폼 노동을 중심으로", 제8회 아시아미래포럼 세션 5, 2017.

장지연, "한국의 플랫폼 노동과 사회보장", 제10회 아시아미래포럼, 2019.

전국여성노동조합, 〈디지털 콘텐츠 창작 노동자들의 노동 실태와 보호 방안〉, 2020.

전병유, "변화하는 노동과 노동정책 패러다임: 기술 변화를 중심으로", 〈기로에선 노동〉, 사회정책학회 춘계 학술대회, 2019.

조성재·박준식·전명숙·전인·김기웅, 〈한국의 산업 발전과 숙련노동: 명장의 생애사를 중심으로〉, 한국노동연구원, 2013.

㈜글로벌리서치, 〈2019 웹툰 사업체 실태 조사〉, 한국콘텐츠진흥원, 2019a.

㈜글로벌리서치, 〈2019 웹툰 작가 실태 조사〉, 한국콘텐츠진흥원, 2019b.

최계영, 〈디지털 플랫폼의 경제학 Ⅰ: 빅데이터·AI 시대 디지털 시장의 경쟁 이슈〉, KISDI Premium Report 20-01, 정보통신정책연구원, 2020.

최인이, "창작물 유통 플랫폼의 노동 통제 방식에 관한 연구: 유료 웹툰 플랫폼의 사례를 중심으로",《산업노동연구》26(2), 2020, 45-76.

한국콘텐츠진흥원, 〈2019년 하반기 및 연간 콘텐츠 산업 동향 분석 보고서〉, 2020a.

한국콘텐츠진흥원, 〈2019 만화산업백서〉, 2020b.

Adams-Prassl, Abi. & Berg, Janin, "When home affects pay: an analysis of the gender pay gap among crowdworkers", *SSRN 3048711*, 2017.

Barzilay, Arianne Renan. "The Technologies of Discrimination: How Platforms Cultivate Gender Inequality", *Law and Ethics of Human Rights 13(2)*, 2019, 172-202.

Churchill, Brendan. & Lyn Craig. "Gender in the gig economy: Men and women using digital platforms to secure work in Australia", *Journal of Sociology 55.4*, 2019, 741-61.

Cohen, Nicole S. "Cultural Work as a Site of Struggle: Freelancers and Exploitation", *tripleC 10(2)*,2012, 141-55.

Duffy, Brooke Erin., Thomas Peoll. & David B. Nieborg. "Platform Practices in the Cultural Industries: Creativity, Labor, and Citizenship", *Social Media and Societ October-December*, 2019, 1-8.

Hoang, Lyn., Grant Blank. & Anabel Quan-Haase. "The winners and the losers of the platform economy: Who participates?", *Information, Communication & Society 23.5*, 2020, 681-700.

Huws, U., Spencer, N. and Joyce, S. *Crowd Work in Europe: Preliminary Results from a Survey in the UK, Sweden, Germany, Austria and the Netherlands* (FEPS, 2016).

ILO. *Digital Labour Platforms and the Future of Work: Towards Decent Work in the Online World* (Geneva, 2018).

Katz, Lawrence F. & Alan B. Krueger. "The Rise and Nature of Alternative Work Arrangements in the United States, 1995-2015", *No. w22667* (National Bureau of Economic Research, 2016).

Kenney, Martin., Petri Rouvinen. & John Zysman. "Employment, Work, and Value Creation in the Era of Digital Platforms", *Berkeley Roundtable on the International Economy BRIE Workinig Paper 2018-9*, 2018.

Kim, Ji-Hyeon. & Jun Yu. "Platformizing Webtoons: The Impact on Creative and Digital Labor In South Korea", *Social Media and Society October-December*, 2019, 1-11.

Koutsimpogiorgos, Nikos., Japp van Slageren., Andrea M. Herrmann. & Koen Frenken. "Conceptualizing the Gig Economy and Its Regulatory Problems", *Policy and Internet*, 2020.

Lindbeck, A. & D. J. Snower. "Reorganization of Firms and Labor-Market Inequality", *The American Economic Review 86(2)*. 1996, 315-21.

Scholz, Trebor. *Platform Cooperativism: Challenging the Corporate Sharing Economy* (Rosa Luxemburg Stiftung, 2016).

Srnicek, Nick. *Platform Capitalism* (John Wiley & Sons, 2017).

Van Doorn, Niels. "Platform labor: on the Gendered and Racialized Exploitation of Low-income Service Work in the 'On-demand' Economy", *Information, Communication and Society 20(6)*, 2017, 898-914.

8장

김경환·황선영, 〈중국 플랫폼 노동자의 노동환경 연구: 음식 배달 산업을 중심으로〉, 《아시아 연구》 25(1), 2022.

김종진, 〈디지털 플랫폼 노동 확산과 위험성에 대한 비판적 검토〉, 《경제와 사회》 통권 제125호, 2020.

김홍중, 〈플랫폼의 사회 이론: 플랫폼 자본주의와 알고리즘 통치성을 중심으로〉, 《사회와 이론》 통권 제41집, 2022.

노세리 외, 〈중국 디지털 기술 발전과 고용관계: 한중 기업 사례를 중심으로〉, 대외경제정책연구원, 2019.

닉 서르닉, 심성보 옮김, 《플랫폼 자본주의》, 킹콩북, 2020.

멍쉬둬(孟續鐸), 〈중국의 새로운 형태의 취업·창업 연구〉, 《국제노동브리프》 2019년 3월호.

박석진, 〈불안정하고 위험한 노동으로 내몰리는 중국의 플랫폼 배달 노동자〉, 《국제노동브리프》 2020년 10월호.

박우, 〈중국의 플랫폼 기업과 국가의 관리에 관한 탐색적 연구〉, 《아시아리뷰》 제11권 3호, 2021.

박재성, 〈디지털 시대의 노동과 사회정의〉, 《황해문화》 2021 가을호.

신승철·이승준·장윤석·전병옥, 《포스트 코로나 시대, 플랫폼 자본주의와 배달노동자》, 북코리아, 2021.

아론 바스타니, 김민수·윤종은 옮김, 《완전히 자동화된 화려한 공산주의: 21세기 공산주의 선언》, 황소걸음, 2020.

아론 베나나브, 윤종은 옮김, 《자동화와 노동의 미래》, 책세상, 2022.

유명, 최미향 옮김, 〈중국 플랫폼 노동자 보호를 위한 정책 과제〉, 《국제사회보장리뷰》 2021년 가을호.

이광석, 《디지털의 배신》, 인물과사상사, 2020.

이승계, 〈플랫폼 노동 종사자의 법적 지위와 권리 보호 방안〉, 《경영법율》 제30집 1호, 2019.

임운택, "디지털 자본주의의 특성: 시장과 노동 통제의 급진화〉, 《경제와 사회》 통권 제133호, 2022.

장귀연, 〈노동 유연화로서 플랫폼 노동의 노동 조직 과정과 특성〉, 《산업노동연구》 제26권 2호, 2020.

정규식, 〈중국 디지털 경제의 발전과 노동 사회의 변화〉, 《중국연구》 제83권, 2020.

정규식, 〈중국 플랫폼 노동의 특성과 노동 통제 구조 분석〉, 《중국사회과학논총》 제4권 2호, 2022.

홍찬숙, 〈노동 4.0인가 제2 노동 세계인가〉, 《경제와 사회》 통권 제119호, 2018.

ILO. *Digital labour platforms and the future of work: Towards decent work in the online world,* *ILO*, 2018.

OECD. *OECD Employment Outlook 2019: the Future of Work*, 2019.

李嘉娜. "平台用工劳动关系的现状, 挑战与应对", 《工会理论研究》 第1期, 2022.

李胜蓝, 江立华. "新型劳动时间控制与虚假自由:外卖骑手的劳动过程研究", 《社会学研究》, 2020.6.

刘敏丽. "平台经济下的劳动关系认定", 《企业技术与发展》, 2021年 第10期(总第480期).

孙萍, 陈玉洁. "时间套利与平台劳动: 项关于外卖配送的时间性研究", 《新视野·互联网时代新型劳动形态研究》 2021.5.

谢玉华·谢华青·苏策. "互联网移动 平台的动态劳动控制过程: 基于滴滴出行的案例研究", 《湖南大学学报(社会科学版)》 第36卷 第1期, 2022.

张成刚, 冯丽君. "工会视角下新就业形态的劳动关系问题及对策". 《中国劳动关系学院学报》》 第33卷 第6期, 2019.

中国劳动关系学院课题组, "平台经济下劳动力提供者权利保护与劳动关系协调机制创新", 《中国工运》, 2020年 第1期.

中国人民大学劳动人事学院课题组, 《数字经济发展对劳动关系领域的影响及对策分析》, 2019年10月.

常凯, 郑小静. "雇佣关系还是合作关系: 互联网经济中用工关系性质辨析", 《中国人民大学学报》, 2019年 第2期.

国务院办公厅. '关于促进平台经济规范健康发展的指导意见', http://www.gov.cn/zhengce/content/2019-08/08/content_5419761.htm(검색일: 2022.04.22).

广州日报. "350名外卖小哥加入工会啦", https://baijiahao.baidu.com/s?id=1624299043035222786&wfr=spider&for=pc(검색일: 2022.04.22).

南昌市人民政府. "南昌成立全国首个零工经济工会联合会", http://www.nc.gov.cn/ncszf/jrnc/202104/cf90eb37a5f141d09b9b45ba9131a9e1.shtml(검색일: 2022.04.22).

美团研究院. "新时代新青年: 2018年外卖骑手群体研究报告", https://max.book118.com/html/2018/1003/7035122106001151.shtm(검색일: 2022.03.25).

搜狐科技. "美团、饿了么称将遵守《维护外卖送餐员权益指导意见》, 保障骑手权益", https://www.sohu.com/a/479759432_100302690(검색일: 2022.04.22).

新浪网. "28部门发文! 推进平台从业人员职业伤害保障试点", http://k.sina.com.cn/article_5328858693_13d9fee45020015azt.html (검색일: 2022.03.25).

新华网. "人社部, 国务院扶贫办部署实施'数字平台经济促就业助脱贫行动'", https://baijiahao.baidu.com/s?id=1667746491152059321&wfr=spider&for=pc (검색일: 2022.03.25).

新华网. '中华人民共和国国民经济和社会发展第十四个五年规划和2035年远景目标纲要', http://www.xinhuanet.com/2021-03/13/c_1127205564.htm (검색일: 2022.04.23).

饿了么. 《2018外卖骑手群体洞察骑手报告, https://www.sohu.com/a/285591384_170557 (검색일: 2022.03.25).

中国国家信息中心. "中国共享经济发展报告 2021", http://www.sic.gov.cn/archiver/SIC/UpFile/Files/Default/20210219091740015763.pdf. (검색일: 2022.03.25).

中国劳工通讯. "中国运输业工人抗议模式转变, 工会面临重大挑战", https://clb.org.hk/zh-hans (검색일: 2022.04.27).

中国劳工通讯.. "外卖骑手研究报告: 官方政策难追平台发展, 工会形式主义或将再错失为骑手维权机会", https://clb.org.hk/zh-hans/content (검색일: 2023. 05.25).

中华人民共和国人力资源和社会保障部, 2021年7月16日发布, 《人力资源社会保障部, 国家发展改革委, 交通运输部, 应急部, 市场监管总局, 国家医保局, 最高人民法院, 全国总工会关于维护新就业形态劳动者劳动保障权益的指导意见》, http://www.mohrss.gov.cn//xxgk2020/fdzdgknr/zcfg/gfxwj/ldgx/201107/t20210722_419091.html (검색일: 2022.04.22).

中华全国总工会, 《关于切实维护新就业形态劳动者劳动保障权益的意见》, https://www.acftu.org/wjzl/wjzlzcwj/qzwj/202107/ (검색일: 2022.04.22).

澎湃, "走出系统之困 专访郑广怀: 核心是劳资问题, 算法应以人为本", https://www.thepaper.cn/newsDetail_forward_9127954 (검색일: 2022.03.27).

CNNIC, <第47次中国互联网络发展状况统计报告>, http://www.cac.gov.cn/2021-02/03/c_1613923423079314.htm (검색일: 2022.03.25).

저자 소개

조정환

서울대학교와 대학원에서 한국근대문학을 연구했고, 1980년대 초부터 민중미학연구회와 그 후
신인 문학예술연구소에서 민중미학을 공부했다. 1986년부터 호서대, 중앙대, 성공회대, 연세대
등에서 한국근대문예비평사와 탈근대사회이론을 강의했다. 《실천문학》 편집위원, 월간 《노동
해방문학》 주간을 거쳐 현재 다중지성의 정원[http://daziwon.com] 대표 겸 상임강사, 도서출
판 갈무리 대표로 활동하고 있다. 저서로 《민주주의 민족문학론과 자기비판》, 《노동해방문학의
논리》, 《지구 제국》, 《21세기 스파르타쿠스》, 《제국의 석양, 촛불의 시간》, 《아우또노미아》, 《제국
기계 비판》, 《카이로스의 문학》, 《미네르바의 촛불》, 《공통도시》, 《인지자본주의》, 《예술인간의
탄생》, 《절대민주주의》, 《증언혐오》, 《까판의 문법》, 《개념무기들》 등이 있고, 다수의 공저서, 편
저서, 편역서, 번역서가 있다.

이광석

테크놀로지, 사회, 생태가 상호 교차하는 접점에 비판적 관심을 갖고 연구, 비평 및 저술 활
동을 해 오고 있다. 서울과학기술대학교 IT정책대학원 디지털문화정책 전공 교수이며, 비
판적 문화이론 저널 《문화과학》의 편집인으로 활동하고 있다. 주요 연구 분야는 기술문화 연
구, 커먼즈, 플랫폼, 기술 생태정치학, 자동화 사회 등에 걸쳐 있다. 《디지털 폭식 사회》, 《피지
털 커먼즈》, 《포스트디지털》, 《디지털의 배신》, 《데이터 사회 미학》, 《데이터 사회 비판》, 《뉴아
트행동주의》, 《사이방가르드》, 《디지털 야만》, 《옥상의 미학 노트》, *IT development in Korea: A
Broadband Nirvana?*를 썼다. 직접 기획하고 엮은 책으로 《불순한 테크놀로지》, 《현대 기술·미
디어 철학의 갈래들》, 《사물에 수작 부리기》 등이 있고, 그 외 다수의 국내외 학술 논문이 있다.

김상민

기술, 미디어, 예술의 접점에서 관찰되는 다양한 (비)인간의 삶에 관심을 기울이는 문화연구자다.
조지메이슨대학교에서 문화연구 박사학위를 받고 연세대학교 커뮤니케이션대학원 객원교수로
일하고 있다. 《문화과학》 편집위원, 한국문화연구학회와 캣츠랩의 운영위원이다. 주요 저서 및
논문으로 《디지털 자기기록의 문화와 기술》, 《큐레이팅 팬데믹》(공저), 《서드 라이프》(공저), 〈사
회적 참사와 사물의 정치〉, 〈디지털 리터러시의 위기와 교양교육의 새로운 과제〉, 〈신체, 어펙트,
뉴미디어〉 등이 있다.

김종진

일하는시민연구소 소장 및 유니온센터 이사장. 불안정 노동, 노동시간, 감정 노동, 정의로운 전환 등 다양한 노동 문제를 정책화하고 실천적으로 사회 의제화하는 데 관심을 두고 활동하고 있다. 현재 국가인권위원회 사회권 전문위원, 한국산업노동학회 운영위원, 〈한겨레〉 열린독자편집위원을 맡고 있다. 주요 저서로는 《노동자의 시간은 저절로 흐르지 않는다》, 《숨을 참다》 등이 있다.

박수민

연세대학교 사회학과 BK21 교육연구단 박사후연구원. 기술, 노동, 문화가 교차하는 방식을 연구하며, 현재는 경제의 데이터화와 노동하는 신체의 물질성에 가장 큰 관심을 두고 있다. 배달 노동자들의 노동조합인 라이더유니온에서 현장 활동하며 박사학위 논문 〈플랫폼 경제의 부상과 노동과정의 변화〉를 썼다. 주요 연구 분야는 노동과정, 시간성, 플랫폼 경제, 질적연구 방법 등이다. 연세대학교 경영학과에서 학사, 사회학과에서 석·박사 학위를 받았다.

신현우

인공지능, 플랫폼, 게이밍, 블록체인 등 정보 커뮤니케이션 환경의 기술 체계와 문화를 마르크스주의의 시각에서 연구한다. 저서로 《사물에 수작 부리기: 손과 기술의 감각, 제작 문화를 말하다》(공저), 《게임의 이론: 놀이에서 디지털 게임까지》(공저), 《위기와 성찰의 뉴노멀 시대》(공저) 등이 있으며, 논문으로 〈크립토 자본주의 블록체인 노동지형학: 암호화폐와 NFT의 탈중앙화 기술 체계 비판〉, 〈플랫폼·알고리즘 신경망에서의 헤테로메이션 연구: '인지자동화'는 잉여 노동을 어떻게 포획하는가?〉 등이 있다. 《문화과학》 편집위원으로 활동하며, 서울과학기술대학교, 한국예술종합학교에서 기술문화이론과 아트&테크놀로지를 강의하고 있다.

윤정향

중앙대학교에서 사회복지학을 공부했으며, 현재 한국노동사회연구소에서 노동기본권이 취약한 노동자의 노동시장 실태와 보호 정책을 두루 연구하고 있다. 최근에는 돌봄과 여성 노동의 이해 대변에 관심을 두고 있다. 〈한국의 비정규직 노동자〉(공저), 〈양극화 시대의 일하는 사람들〉(공저)을 썼다.

윤자영

충남대학교 경제학과에서 노동경제학을 가르치고 있다. 가족과 노동시장에서 드러나는 젠더를 포함한 다차원적 차별과 불평등, 돌봄 노동이 젠더 불평등에 갖는 함의, 돌봄 경제의 사회경제적 가치와 의의 등을 연구하고 있다. 《보이지 않는 가슴》을 우리말로 옮겼고 여러 권의 여성주의 저작을 함께 옮겼으며, 함께 지은 책으로 《열 가지 당부》가 있다.

최혜영
'주로 놀고 가끔 일하는' 삶을 지향하며 여성과 노동 관련 활동과 연구를 하고 있다. 여성학을 공부했고, 여성 노동 관련 단체에서 활동했다. 일하는여성아카데미 연구원이며 아시아 지역에서 연대 활동도 하고 있다.

윤자호
이화여자대학교 사회학과에서 공부하며 사단법인 일하는시민연구소에서 일하고 있다. 최근에는 성별화된 이주와 노동, 플랫폼·프리랜서 노동자들의 노동환경과 건강권에 관해 연구하고 있다. 일하지 않는 시간에는 대체로 이야기를 보며, 이야기가 주는 위안과 힘을 믿는다.

정규식
성공회대 노동사연구소 연구교수이자 동국대 북한학연구소 공동연구원. 원광대 한중관계연구원 HK연구교수를 역임했다. 주로 중국 노동 체제와 대중 정치에 관한 연구를 진행하고 있으며, 주요 연구 성과로 《노동으로 보는 중국》,《도시로 읽는 현대중국2》(공저),《아이폰을 위해 죽다》(공역),《중국 신노동자의 형성》(공역),《중국 신노동자의 미래》(공역) 등이 있다.

인공지능, 플랫폼, 노동의 미래 AI, Platform and the Future of Work

1판 1쇄 발행 2023년 11월 10일

엮은이 이광석 | **지은이** 조정환 이광석 김상민 김종진 박수민 신현우 윤정향 윤자영 최혜영 윤자호 정규식

펴낸이 임중혁 | **펴낸곳** 빨간소금 | **등록** 2016년 11월 21일 (제2016-000036호)

주소 (01021) 서울시 강북구 삼각산로 47, 나동 402호 | **전화** 02-916-4038

팩스 0505-320-4038 | **전자우편** redsaltbooks@gmail.com

ISBN 979-11-91383-37-9(93330)

•이 저서는 2021년 대한민국 교육부와 한국연구재단의 지원을 받아 수행된 연구임(NRF-2021S1A5C2A03088606).

•책값은 뒤표지에 있습니다.